北京市社会科学基金项目

U0569495

马辉 著

基本医疗背景下医疗损害责任研究

中国人民大学出版社
·北京·

2016 年度北京市社会科学基金项目成果出版资助

2013 年度北京市社会科学基金项目成果

项目名称：与基本医疗相适应的损害赔偿规则研究

项目编号：13FXB020

目　录

第一章 医疗损害赔偿制度概述

医疗损害责任，是指医疗机构及其医务人员在诊疗活动中因过错，或者在法律规定的情况下无论有无过错，造成患者人身损害、精神损害或者财产损害，应当承担的以损害赔偿为主要方式的侵权责任[①]。《侵权责任法》出台前，法学界通常称其为医疗侵权。医疗侵权有时指医疗侵权行为，在另外一些场合则是指医疗侵权责任。《侵权责任法》出台后，部分学者主张一概采用医疗损害责任的概念。医疗侵权行为、医疗侵权责任、医疗损害责任，着眼点略有区别，但从整体上看，所描述或者指代的客观事实并无本质区别，理论研究对象也大体相同。因此，本书并不严格区分三者，按照《侵权责任法》，以医疗损害责任作为首选概念，在不宜采用该概念时，视情况选择其余两个。

第一节 医疗损害赔偿制度历史沿革

从某种程度来说，我国医疗损害赔偿制度与我国医疗卫生体制密切相关，经历了计划经济时期的无赔偿，发展到市场化初期的补偿责任、市场化中期的限制赔偿、市场化后期的同等赔偿。2004 年，国务院发展研究中心将近二十年的医疗卫生体制市场化改革评价为"从整体上讲，改革是不成功的"[②]。2009 年开始的新医改将基本医疗定性为公共品，由政府主导提供。随着医疗卫生体制的再一次调整，医疗损害赔偿制度应否随之变更？如何变更？这将是今后一段时期的重要课题。

---

① 杨立新. 医疗损害责任法. 北京：法律出版社，2012：3.
② 葛延风，丁宁宁，贡森，等. 对中国医疗卫生体制改革的评价与建议（概要与重点）. 卫生政策，2005（9）：4.

一、无赔偿时期

新中国成立初期，传染病、寄生虫疾病、营养不良性疾病在工农群体中肆虐，我国的医疗卫生体制选择了异于西方的医疗模式，主要依靠经过很短时间就可培训出来的技能较低的医护工作者，发展劳力密集而不是资本密集的医疗技术，强调预防和初级保健①。在这样的大背景下，有限的医疗资源集中于常见病、多发病的诊疗，国家用刑罚的手段惩罚医疗事故责任人。1964年，最高人民法院发布了《处理医疗事故案件不应判给经济补偿问题的批复》，"法院在处理医疗事故案件时，不宜判决医疗部门给予经济补偿。但对患者因医疗事故而死亡或残废，造成家庭生活困难的，可以采取其他救济办法来解决"。

二、限制赔偿期

1987年到2002年，国家严格限制对受害患者的金钱补偿。1978年，党的十一届三中全会拉开了改革开放的序幕。1984年，党的十二届三中全会作出《中共中央关于经济体制改革的决定》，决定全面进行社会主义市场经济体制改革。1985年，卫生部发布《关于卫生工作改革若干政策问题的报告》，开启了医疗卫生服务市场化改革的大门。在市场化改革初期，对医疗卫生机构实行放权、让利、搞活政策，鼓励创收和自我发展。在这一政策指导下，医疗机构创收动力趋强，居民医疗费用快速上升，医患之间原有的利益格局发生改变，受害患者自行承担损失不再公平，再平衡不可避免。1987年，卫生部颁布《医疗事故处理办法》（以下简称《办法》），确立了医疗事故损害补偿的一般规则，"因医务人员诊疗护理过失，直接造成病员死亡、残废、组织器官损伤导致功能障碍的"，经当地卫生行政部门组织的医疗事故技术鉴定委员会鉴定，"根据事故等级、情节和病员的情况给予一次性经济补偿"，即在优先考虑医方利益保护的前提下，医疗事故的受害人有机会获得一定限度的金钱赔偿。

1992年，卫生部下发了《关于深化卫生改革的几点意见》，提出拓宽卫生筹资渠道，鼓励部门和企业投资、单位自筹、个人集资、银行贷款、社团捐赠、建立基金等多种形式办医，医疗服务市场化程度进一步提高，以药养医

---

① 陈美霞. 大逆转：中华人民共和国的医疗卫生体制改革. 香港中文大学中国研究服务中心. [2013-07-03]. http://www.usc.cuhk.edu.hk/PaperCollection/Details.aspx? id=5237.

蔚然成风。至此，《办法》确立的以行政机关为主导的、倾向于保护医方利益的损害赔偿规则受到社会诟病，提高患者保护水平的呼声不断高涨。2002 年，《医疗事故处理条例》（以下简称《条例》）颁布。与《办法》相比，《条例》降低了医疗事故认定标准，由各地医学会承担技术鉴定职能，并扩大了赔偿范围、提高了赔偿标准。尽管《条例》极大地提高了患者保护水平，但与一般人身损害相比，其仍具有鲜明的限制赔偿色彩。

三、限制赔偿、同等赔偿并行期

早在限制医方责任时期，最高人民法院已经尝试按照一般人身侵权救济患者。1992 年《最高人民法院关于李新荣诉天津市第二医学院附属医院医疗事故赔偿一案如何适用法律问题的复函》规定，法院可以依照《民法通则》赔偿患者。2002 年 9 月，《条例》实施。2003 年 1 月，最高人民法院发布《关于参照〈医疗事故处理条例〉审理医疗纠纷民事案件的通知》，规定"条例施行后发生的医疗事故引起的医疗赔偿纠纷，诉到法院的，参照条例的有关规定办理；因医疗事故以外的原因引起的其他医疗赔偿纠纷，适用民法通则的规定"，重申法官可以突破《条例》的限制，按照一般人身侵权救济患者。

随着《条例》生效和最高人民法院发布一系列司法解释，我国医疗损害赔偿二元化模式初步确立，即：医疗损害的案由二元化——一般人身损害赔偿和医疗事故损害赔偿；鉴定二元化——医疗事故鉴定和医疗过错司法鉴定；损害赔偿标准二元化——《条例》确定的标准和一般人身损害赔偿标准。2009 年通过的《侵权责任法》试图终结医疗损害赔偿二元化的乱象，提出了医疗损害责任的概念，希望"一般人身损害赔偿"成为医疗损害赔偿的唯一规则。但这一尝试并未在短期内得以落实，二元化格局依旧，某一案件具体按照何种规则赔偿——限制赔偿或同等赔偿，取决于原告的诉求。

四、同等赔偿期

法学界长期呼吁对患者与一般人身侵权的受害人同等保护。以郭明瑞教授的观点为例，郭教授认为，"医疗事故与非医疗事故的划分的主要意义应在于确定医疗行为人是否应承担其他责任，而不在于确定侵权的民事责任。就侵权的民事赔偿责任而言，在医疗活动中不论是基于医疗事故还是非医疗事故，也不论是积极行为还是消极行为，只要使患者的合法权益受到损害，构成医疗侵权赔偿责任，其赔偿标准就应当一致。因此，各种医疗侵权责任都应统一在侵权责任法中规定，作为行政法规的《医疗事故处理条例》则应仅规定医疗事故的其他责任"①。2013 年《最高人民法院关于废止 1997 年 7 月 1 日至 2011 年 12 月 31 日期间发布的部分司法解释和司法解释性质文件（第十批）的决定》中，以"与侵权责任法等法律规定相冲突"为由，废止了《最高人民法院关于参照〈医疗事故处理条例〉审理医疗纠纷民事案件的通知》，并将案由统一为医疗损害责任纠纷，医方不再因其身份而受到特殊保护。至此，理论上，患者与一般人身侵权的受害人享有侵权法同等保护，适用同样的损害赔偿责任规则。

第二节　医方与患方的法律关系

一般来说，医患关系是指医生与患者之间因医疗行为而产生的权利义务关系。但随着医疗技术服务的不断细分，除医生外，提供医疗服务的人员还包括护士、药学及其他医疗专业技术人员，基于此，有学者将医患关系理解为医务人员与患者之间因医疗行为而产生的权利义务关系。又由于医务人员须于特定的医疗机构内、以该机构的名义提供医疗服务，所以行为后果由医疗机构承担，法学界通常将医患关系定义为医疗机构与患者之间因医疗行为而产生的权利义务关系②。

一、相关学说

医疗机构和患者的法律地位平等，关于两者关系的性质主要有四种学说：一是"公益说"，强调医疗机构的非营利、福利属性，将医患关系定性为行政法律关系；二是"医疗消费说"，关注医疗行为的服务性质，将医患关系定性为经营者与消费者的关系；三是"法定义务说"，也称"侵权行为说"，立足于医务人员的职责职权建立在法律或者有关规章的基础上，认为违反法定义务的医疗机构需承担侵权责任；四是"医疗合同说"，认为患者支付医疗费用，医疗机构接诊，二者达成医疗服务合意，二者之间是医疗服务合同关系③。其中，

---

① 郭明瑞. 简论医疗侵权责任的立法. 政法论丛，2008（6）：37.
② 黄威. 医患关系的法律性质和法律调整. 医学与社会，2002，15（3）：46.
③ 李大平. 医事法学. 广州：华南理工大学出版社，2007：135-136；李燕. 医疗权利研究. 北京：中国人民公安大学出版社，2009：108-109.

占学界主流地位的是医疗合同说。

二、医疗服务合同关系

"合同是平等主体的自然人、法人、其他组织之间设立、变更、终止民事权利义务关系的协议"，合同的基本特征包括：当事人的地位平等，当事人协商一致，以设立、变更、终止民事权利义务关系为目的。典型的合同应具备上述全部特征，但医疗服务合同并非如此。首先，医疗服务合同当事人的法律地位平等止于抽象层面，由于医方在专业知识、技术、设备等方面的优势地位，患者实际上处于弱势，通常只能信赖医生。其次，医疗服务合同也非双方协商一致的产物。从合同订立层面看，医方无权利拒绝患者，即使基于技术、能力等原因确实无法为患者提供服务，医方也必须按照首诊负责制的要求提供必要的诊疗，并履行转诊义务。从合同终止角度观察，医疗服务合同终止也是患者的单方法律行为，医方仅拥有建议权。最后，从合同内容方面观察，医疗合同的内容具有多样性和不确定性，医疗服务合同通常可分解为检查、诊断、手术、注射等合同，既有单纯的服务，如检查、诊断、手术，也包括出卖物品，如药品、医疗器械等，具体提供哪些诊疗服务、能够取得何种治疗效果，通常视患者的具体情况而定，不能提前约定得清清楚楚、明明白白[1]。因此，医疗服务合同是劳务、租赁、买卖、雇佣等合同的综合，不同于《合同法》中有名合同——买卖、租赁、承揽、委托中的任何一个，属于非典型合同、无名合同的范畴。

维护生命和身体健康是一个人最重要的权利之一，为此，社会容忍诊疗活动所伴随的各种风险，医疗机构只需提供特定的诊疗服务，而不必保证最终结果。但随着社会进步，医疗美容大行其道，如文眉、丰胸、磨骨、变性，这类基于心理需要而非生理需要的诊疗并非生存所必需，因此，美容等非出于疾病诊疗目的的医疗行为应该被定性为消费。一般来说，医疗美容合同会约定最终应达到的结果，且采用的技术要安全，服务接受者也要支付相对高昂的服务费用。因此，医疗美容符合承揽合同的基本特征——承揽人按照定做人的要求完成工作，交付工作成果，定做人给付报酬。

如果将非诊疗目的性医疗需求定性为消费，将该类合同按照承揽合同处理，则《消费者权益保护法》关于消费者权益保护的规则、《合同法》关于违

---

① 单国军. 医疗损害. 北京：中国法制出版社，2010：17；李大平. 医事法学. 广州：华南理工大学出版社，2007：142-143.

约责任的规定应适用于医疗损害案件，例如"超女"王贝整形死亡案①。因手术麻醉意外死亡在外科手术中并不少见。意外常常是医疗机构免责或者减轻责任的理由，但在美容手术中，此种抗辩难被认可，理由有三：一是整形美容业的暴利；二是美容整形的消费属性；三是美容整形通常约定最终结果。

第三节　医疗损害责任的类型

医疗侵权本是医疗技术过失侵权的简称，仅指医生违反注意义务、因技术过失给患者造成损害时应承担的侵权责任。20世纪中后期，患者权利不断扩张，知情同意权、隐私权等逐渐走向前台。又由于对患者保护水平的不断提高，在因药品、医疗器械、血液或者管理漏洞给患者造成损害时，医方负有相应的责任。因此，当前医疗侵权的类型广泛，不再局限于传统的医疗技术过失。

传统的医疗侵权研究仅限于医疗技术过失，少有侵权责任类型的研究成果。随着社会进步，患者权利不断扩张，首先出现了患者权利类型的划分，即生命健康权、知情同意权、隐私权等，侵权责任也进行了类型划分。有学者主张通过"建立类型化的司法判断规则对医疗侵权责任处理规定加以补强，构建与我国侵权责任法相适应的本身过失认定规则和不言自明认定规则"②，从举证责任角度对医疗侵权责任进行分类。杨立新教授主张根据归责原则区分医疗侵权责任类型。

为什么根据归责原则划分医疗侵权的类型？杨立新教授认为，"以归责原则作为标准是最科学、最准确和最实用的。确定医疗损害责任的外延，就是要划分医疗损害责任的类型，以归责原则作为医疗损害责任外延的划分标准

---

① 在武汉，整形美容生意火爆，穿梭而过的双层公交车上印着高达三四米的整容美容广告，公交车车厢里也遍布着"寻找100名'牙齿难看'者"的广告语。其中，中墺医疗美容门诊部属于大型美容整形机构，已成立10多年。2009年，王贝在该门诊部接受了面部磨骨手术，术中发生意外，王贝抢救无效死亡。根据调查，王贝的死因可能是气道梗阻引发的呼吸循环衰竭。尽管该美容手术本身并无技术过错，但因缺少综合医院应对突发呼吸循环衰竭的条件和能力，使患者失去了生还机会。中墺医疗美容门诊部自知理亏，很快与死者家属达成赔偿协议，至于到底赔了多少，当事人均三缄其口，网传的版本有200万元、300万元、600万元不等。何涛. 传超女王贝家属因其整容中死亡获赔数百万元. 广州日报, 2010-12-07.

② 许晓娟，彭志刚. 医疗侵权责任的类型化司法规则探析——以《侵权责任法》第58条第一款为视角. 西南民族大学学报（人文社会科学版），2013（8）：76.

是最为适当的，既便于法官的掌握，也便于受害患者的了解"。这一观点得到学界的普遍认可。但不能否认的是，医疗损害责任的类型划分也经历了从简单到复杂的演变。

我国讨论医疗损害的早期重要文献，首推龚赛红的博士学位论文《医疗损害赔偿研究》，该文所讨论的医疗损害，是从专家责任出发，讨论医生作为专家所应承担的过失责任。在有关过失的否定部分，讨论了患者的知情同意问题，"过失侵权损害赔偿责任不需要违法性这一要件，一般医疗过失责任所讨论的医疗行为的违法阻却问题，包括容许性风险和患者同意"，"医师没有尽到取得患者有效同意的说明义务，就算违反了注意义务，依举轻明重的法理，则没有取得患者同意就更属违反注意即为过失了"[①]。2009 年，杨立新教授在《医疗损害责任研究》一书中，首次主张借鉴法国法律，将医疗过错区分为医疗科学上的过错和医疗伦理上的过错这两种类型：医疗科学过错适用过错责任原则确定责任，举证责任由受害人承担；医疗伦理过错则实行过错推定原则，将举证责任彻底归于医疗机构。外加适用无过错责任原则的药品、医疗器械、消毒药剂等医疗产品侵权，由医疗技术侵权、伦理侵权和产品侵权构成医疗损害责任的基本类型。自此，学界的研究几乎全部沿袭了这一类型划分，《侵权责任法》也是按照这一逻辑结构加以规定。2012 年，杨立新教授在《医疗损害责任法》一书中提出了四类型的观点，主张"将医疗损害责任的外延界定为医疗技术损害责任和医疗伦理损害责任两种类型，再加上适用无过错责任原则的医疗产品损害责任，作为医疗损害责任的外延，即医疗损害责任的基本类型。除此之外，在上述基本类型的医疗损害责任之外，确定医疗管理损害责任的类型作为补充，例如医疗机构违反紧急救治义务、违反病历管理义务造成患者损害，就是典型的医疗管理损害责任。故我国医疗损害责任应当分为四种类型，最为便捷，最为合理，亦最为科学"。根据杨立新教授的观点，医疗伦理侵权中的管理责任部分独立出来，从而将医疗侵权分为四种类型：医疗技术侵权、医疗伦理侵权、医疗产品侵权、医疗管理侵权。

一、医疗技术损害责任

医疗技术损害责任，是指医疗机构及医务人员从事患者病情检验、诊断、治疗方法的选择、治疗措施的执行、病情发展过程的追踪，以及术后照护等诊疗行为中，存在不符合当时医疗水平的过失行为。医疗技术损害责任的归

---

① 龚赛红. 医疗损害赔偿研究. 北京：中国社会科学院，2000：99.

责原则为过错责任原则，举证责任由受害人承担。即证明医疗机构的赔偿责任构成，须由受害患者一方承担举证责任，在必要的情况下，例如在受害患者无法提供充分证据证明医疗机构的过失时，可以实行举证责任缓和，在原告证明达到一定程度时，转由医疗机构承担举证责任。

二、医疗伦理损害责任

医疗伦理损害责任，是指医疗机构及医务人员从事各种诊疗行为时，未对患者充分告知或者说明其病情，未向患者提供及时有用的医疗建议，未保守与病情有关的各种秘密，或未获得患者同意即采取某种医疗措施或停止继续治疗等，以及其他违法诊疗行为，而违反医疗职业良知或职业伦理上应遵守的规则的过失行为。医疗伦理损害责任适用过错推定原则，将医疗伦理过错的举证责任归之于医疗机构，其他侵权责任构成要件的举证责任仍然由受害患者一方承担。在受害患者一方能够证明侵权责任的其他构成要件，而医疗机构不能证明自己没有过失时，医疗机构就应承担侵权责任。

三、医疗产品损害责任

医疗产品损害责任，是指医疗机构在医疗过程中使用有缺陷的药品、消毒药剂、医疗器械以及血液等医疗产品或者准产品，因此造成患者人身损害的，医疗机构或者医疗产品的生产者、销售者所应当承担的侵权赔偿责任。澳大利亚的医疗性产品法案认为，医疗产品是一个统称，既包括药品也包括医疗器械，是指用来或声称能预防、诊断、减缓或监测某一疾病或病情的产品。医疗产品损害责任适用产品责任的一般原则，即无过错责任原则，即如梁慧星教授所说医疗"产品缺陷致损，虽然构成侵权，但应当适用产品质量法的规定"①。在具体承担责任规则上实行不真正连带责任规则，受害患者一方既可以向医疗机构要求赔偿，也可以向生产者或者销售者要求赔偿。医疗机构承担赔偿责任后，属于生产者、销售者责任的，有权向生产者或者销售者追偿。因输入不合格的血液造成患者人身损害的，适用同样的规则。

四、医疗管理损害责任

在前述三种医疗损害责任基本类型之外，在诊疗活动中，医疗机构与医

---

① 梁慧星. 医疗损害赔偿案件的法律适用问题. 人民法院报，2005－07－06（B1）.

务人员因管理过错造成其他患者的权利损害，构成医疗损害责任的，为医疗管理损害责任①。

第四节　医疗损害责任的特征

有关医疗损害责任特殊性的研究，早期集中于医疗侵权行为的特殊性上，认为医疗行为本身的特殊性是根本，是导致医疗损害责任具有特殊性的主要原因。我国《侵权责任法》医疗损害责任独立成章后，医疗损害责任的特殊性才受到重视。

一、行为视角下的医疗损害责任的特征

（一）道德性

1. 高尚性

医师获得了崇高的社会地位，也被要求具有高度的道德和学识。医疗道德规范作为行为者自我约束机制和社会评价体系，被大量引入医疗专业法规中，医师的道德规范转化为医师所负的义务。医学伦理外造的特性愈发明显，由内部行规变为大众对医事人员的期望。

2. 自主性

医师必须有足够的专业知识和经验，在特定范围内，其诊疗行为可独立判断。自主性可从医事人员之间和医师与患者之间进行双重理解。在医师之间，下级医师的自主权受上级医师监督，但作为整体，医师可决定有利于患者之措施。在医患之间，患者享有一定的自主权，医师应予尊重。但是，患者的自主权受到一定的限制，医师的自主性仍具有较大空间。

3. 公益性

提供诊疗服务，可以收取报酬，但无论报酬有无，医师都应尽到相应的注意义务，这是同国家对专门职业者的要求相符合，也是医疗行为具有公益性的表现。

---

① 杨立新. 医疗损害责任法. 北京：法律出版社，2012：239-361.

（二）不确定性

1. 生物体之不确定性

作为个体的人，在道德上应被视为主体，受到平等尊重，但在生物学上均为独一无二的存在。同一行为，因人之不同，结果各异，因而，对诊疗行为最终结果的可预料性较低。

2. 患者本身之不可预测性

诊疗活动需要患者密切配合，如若因种种主客观原因，患者不予配合，如作虚假陈述或者不遵医嘱，则诊疗效果实难达到。随着对诊疗活动介入日深、日广，患者本人行为对诊疗结果的影响日益增强。

3. 因果关系之难确定性

医疗因果关系难以确定，是指医疗行为与不良后果之间的因果关系不容易确定。无论是病理学检验还是流行病学调查，最终结论常常隐含较多的主观判断，因而，当损害结果发生时，诊疗行为、其他的天然因素和人为因素都会是导致损害的潜在原因，对于损害结果与诊疗行为之间的因果关系实难作出科学判断。

（三）专门性

1. 专业性

专业人员至少需要具有以下特征：在某特定领域中具有足够的知识；持续训练其从事专业之谨慎与判断；与其他专业显著不同之心智活动特性；专业活动之结果于特定时期无法被标准化。医师显然应具备这些特征。医疗是举世公认的应由专家提供的专业技术服务。从医疗术语到医疗知识，一般人与医师之间的专业知识差距巨大。

2. 信赖性

"健康所系，性命相托"，患者将生命、健康及个人隐私托付给医师，一方面是出于对医师专业技术能力的信赖，另一方面，要求医师具有高度的道德操守，将患者利益放在第一位，尽到最善的注意义务，保守秘密。

3. 复杂性

随着现代医学的发展，医疗服务提供者不再是独立的医生，而是由各类人员组成的团队。医疗机构内科室不断增多，医学知识日益复杂，医务人员的专业知识通常限于相对狭窄的领域。一个患者的诊疗服务，需经过大量人员之手，在提高诊疗专业水平的同时，诊疗效率有时反而降低。

4. 排他性

专业领域都具有排他性，这是由其领域事务都需要特别知识的性质所致。医师业务的排他性包括医师名称使用的排他性及医师业务执行的排他性。前者指非领有医师证书或专科医师证书者，不得使用医师或专科医师名称；后者指不具合法医师资格者，被禁止擅行医师业务。因为医疗关乎患者的身体健康及生命安危，不具备专门医学知识不得为之，故以证照制度排除未受足够教育、训练者行医。

(四) 医疗技术运作的特殊性

1. 侵袭性和救命性

如果排除诊疗目的，单从行为本身的角度考察，医疗行为通常具有侵袭性，如针刺、刀割、开膛破肚。但是，当这些具有侵袭性的行为目的是恢复健康、挽救生命时，在主动—被动型医患关系中，这些具有侵袭性的诊疗行为天然具备正当性、合法性。因此，按照医学和医疗技术实施的医疗行为，一方面有侵袭性，另一方面却也有广义上的"救命性"。

2. 密室性

手术室戒备森严，闲杂人等不得入内。在手术室中进行手术，特别是针对全麻的患者，现场到底发生了什么，只有医务人员清楚。随着患者保护水平的提高，日常门诊、住院治疗也在强调患者隐私保护，与医疗无关系者不准进入医疗现场。

3. 闭锁性

医学是科学，也是经验。医师在提供诊疗服务时，需要基于自身经验不断作出判断、选择，在自身所从事的诊疗技术活动范围内，具有相当强的自主性。作为医学共同体的一员，医生不应随意批评同行，也不会轻易接受同行的建议。这种"闭锁性"，导致受害患者很难找到医学专家来评判诊疗行为。一般来说，我国的医疗事故鉴定专家往往带有义务的性质，因卫生行政部门的指派而不得不为。

4. 裁量性

医疗行为即使是在有最高级的设备的医疗机构实施，也要受到医学与医疗技术本身和实施时医师个人的经验、技能及患者个人的差异等多种因素的限制。由于这种客观因素的限制，医疗行为并不一定具有医学上的典型性，而往往是根据症状体征、时刻在变化着的患者的情况，采取一般被认为是最好的措施随机应变地处理。这就是医疗行为的裁量性①。

二、责任视角下的医疗损害责任的特征

（一）医疗损害责任的责任主体是医疗机构

医疗损害责任的责任主体是医疗机构，且须为合法的医疗机构，其他主体不构成医疗侵权责任。非医疗机构实施侵权行为，应当根据行为主体的性质，或者依照《侵权责任法》规定的特殊侵权责任类型确定侵权责任。例如，高度危险作业人实施侵权行为，构成高度危险作业，应当依照《侵权责任法》第九章规定确定侵权责任；一般主体实施侵权行为，依照《侵权责任法》第六条第一款规定的侵权责任一般条款确定侵权责任。

（二）医疗损害责任的行为主体是医务人员

医疗损害责任的行为主体是医务人员而不是其他人员。医疗损害责任的外延比较宽泛，包括医疗机构发生的各种医疗损害责任类型，因此，医务人员的界定范围应适当放宽，包括医院的医疗、护理人员，以及其他管理人员。例如，医疗机构调派救护车延迟救护造成患者损害的，构成医疗管理损害责任，管理人员同样被认为是医务人员，应当承担医疗损害责任。

（三）医疗损害责任产生在医疗活动之中

医疗损害责任产生的场合是医疗活动，在其他场合不能产生这种侵权责任。凡是医疗机构组织的医治、救助患者的活动，都应当视为诊疗活动，也包括与医疗活动有关的医疗机构的其他活动。医疗损害责任只能产生在医疗活动中，不能产生在超出医疗活动的场合。

（四）医疗损害责任是因患者人身权益等民事权益受损害而产生的责任

医疗损害责任主要是由造成患者健康权、生命权、身体权损害的人身损害行为产生的责任，并且须有过失。其中，造成患者健康权损害，是造成患者的人身伤害，包括一般伤害和残疾；造成患者生命权损害，是指造成患者死亡；造成患者身体权损害，是指造成患者的身体组成部分的实质完整性以

---

① 龚赛红. 医疗损害赔偿研究. 北京：中国社会科学院，2000：6-10.

及形式完整性的损害，即造成患者人体组成部分的残缺，或者未经患者本人同意而非法侵害患者身体。尤其应当注意的是对于身体形式完整性的侵害。身体权属于患者本人，未经本人同意，医务人员不得非法接触。其他损害，包括医务人员未尽告知义务所造成的患者知情权、自我决定权、隐私权和所有权等其他民事权益的损害，而且首先不是对于健康利益而言。在一般情况下，构成医疗损害责任必须有过失，但由医疗产品造成损害的医疗损害责任，在归责原则上并不要求医疗机构必须有过失。

（五）医疗损害责任的基本形态是替代责任

替代责任也称为间接责任、转承责任、延伸责任，是指责任人为他人的行为和为他人的行为以外的、自己管领下的物件所致损害承担赔偿责任的侵权责任形态。替代责任的最基本特征，是责任人与行为人相分离，行为人实施侵权行为，责任人承担侵权责任。医疗损害责任就是替代责任。造成患者人身损害的行为人是医务人员，但其并不直接承担赔偿责任，而是由造成损害的医务人员所属的医疗机构承担赔偿责任。医疗机构只有在自己承担了赔偿责任之后，对于有过失的医务人员才可以行使追偿权[1]。

第五节 医疗行为

用于描述医务人员所从事的专业技术活动的概念很多，《医疗机构管理条例》中是诊疗活动，《执业医师法》中是医疗措施、医疗服务，《医疗事故处理条例》中是医疗活动，《执业医师法》《乡村医生从业管理条例》中是执业，目前法学界普遍采用的概念是医疗行为。本书按照惯例，采用医疗行为的概念。典型的医疗行为包括打针、输液、麻醉、手术等，但随之而来的书写诊疗记录、向患者交代病情是否应纳入诊疗行为的范畴？对此，学界一直众说纷纭。本书从行为本身和行为主体两个方面分别讨论，并尝试回答最常引起争议的一些问题。

一、行为角度的医疗行为

随着医学、社会的发展，医疗行为的认定越来越困难。有学者认为，应

---

① 杨立新. 医疗损害责任法. 北京：法律出版社，2012：11-12.

依当时之医学水准、国民的生活方式之推移及卫生思想等因素确定某一行为是否属于医疗行为，这些因素包括：行为的目的、行为借助的手段、行为手段对人体的侵入程度、行为的经济性目的等①。也有学者认为，医疗行为应该是指医务人员对患者疾病的诊断、治疗、愈后判断及疗养指导等具有综合性内容的行为。医疗行为的内容包括：疾病的检查、诊断、治疗，手术，麻醉，注射，给药，以及处方、病历记录，术后疗养指导，中医的望、闻、问、切、针灸、推拿等②。司法实践中也出现了具体列举和个案归纳的方式，如在台湾地区司法实践中，一般认为下列行为亦属于医疗行为：（1）眼镜行装配隐形眼镜，但是一般的近视镜、老花镜等的验光、配镜行为则不属于医疗行为；（2）美容院以红外线照射的方法为人美容；（3）美容中心以电针等为顾客刺破青春痘、凹凸洞等，挤出脏物并填平后，再施以消炎粉等药粉的行为；（4）依患者陈述之病情予以配药，供其服用；（5）洗眼、洗鼻、洗耳及换药；（6）浴室兼营药剂全身美容以及红外线照射；（7）装置避孕器以及接生；（8）人工流产、结扎手术；（9）人工授精；（10）变性手术；（11）人体实验；（12）人体免疫；（13）隆胸、隆鼻、割双眼皮、文眉、文疤痕、文胎记、拉皮、下巴加长、耳垂加大以及以医学技术减肥；（14）为正确使用药物或诊察疾病而测量血压的行为，而为了推销血压计或为推行公共卫生政策、加强卫生教育宣传而测量血压的行为则不属于医疗行为③。在日本司法实践中，对一些行为是否属于医疗行为作出了个性化的认定：（1）接骨行为属于医疗行为；（2）病患让药剂师诊断自己的病状及病情，而求取治疗之药剂，药剂师依其诊断的结果选择必要的治疗方法，并将药剂交付给病患的行为属于医疗行为；（3）使用三棱针放血的行为属于医疗行为；（4）对结膜炎患者使用钳子类器具将颗粒除去的行为认定为医疗行为；（5）将眼睑中倒插的睫毛拔除的行为属于医疗行为；（6）柔道整复术者使用探脓针检查有无化脓的行为属于医疗行为；（7）对眼疾患者以自己售出之眼药水点眼及通过食盐水洗涤治疗眼疾的行为属于医疗行为；（8）使用高频率电流放热或照射紫外线以治病的行为属于医疗行为；（9）将自己的掌心伸至患者面前即能察知患者有无疾病，再经患者反映何处病痛后，以自己的掌心在患部施行治疗的所谓熏疗法不属于医疗行为；（10）既不问诊也不触诊，为了得知患部何在，采收似红草之野生植物（带有红色汁液），以毛刷将其刷在患部，并

---

① 黄丁全. 医事法. 台北：元照出版社，2000：120.
② 柳经纬，李茂年. 医患关系法论. 北京：中信出版社，2002：14.
③ 臧冬斌. 医疗事故罪中医疗行为的法律界定. 甘肃政法成人教育学院学报，2003（6）：23.

用圆木擦拭，使皮肤湿润并施行治疗的所谓红疗法不属于医疗行为；（11）将自己的右手手指伸向患者眼前，要患者凝视并且上下左右移动，以便判断症状的行为不属于医疗行为①。

上述论述无不说明以下问题：第一，医疗行为实际上专指诊疗技术行为，即传统的医疗行为；第二，医疗行为与诊疗技术本身的风险、复杂程度等密切相关，一般人都能够轻松掌握者不属于医疗行为；第三，医疗行为指必须由医务人员实施的行为，须尽到高度的注意义务。因此，以医疗行为本身的技术性、复杂性为逻辑起点，进而对行为实施者严格管理、对行为标准严格规范。

在界定医疗行为时，必须注意以下几点：

（一）医疗行为并不必须具有诊疗目的性

我国台湾地区将医疗行为分为狭义医疗行为与广义医疗行为。狭义医疗行为是指凡以治疗、矫正或预防人体疾病、伤害残缺或保健为直接目的所为之诊察、诊断及治疗，或者基于诊察、诊断结果，以治疗为目的开处方之行为，或者用药等行为之一部或全部之总称。广义医疗行为是指包括疾病、伤害之诊断、治疗，治后情况之判定，以及疗养指导等等具有综合性的行为内涵的法律事实；就目前医院或诊所的惯行，上述医疗行为的具体内涵包括属于诊断方面之问诊、听诊及检查，属于治疗方面之注射、给药、敷涂（外伤药物）、手术、复健，属于治疗情况判定之追踪、检证等②。但狭义和广义医疗行为区分的立足点在于医务人员实施的专业技术行为是否具有治疗疾病的目的。目前，学界已就医疗行为不必具有诊疗目的达成了共识。

（二）无须借助专业知识的行为不是医疗行为

医疗合同是以专业技术服务合同为核心的一系列合同的总和。医疗合同中，医方的义务可以分为主给付义务、从给付义务、附随义务。主给付义务指诊疗义务。从给付义务包括：制作和保存病历的义务，转诊义务，取得患者有效同意的义务。附随义务包括：疗养指导说明义务，保护义务，保密义务③。保护义务、保密义务是绝大多数市场主体均应履行的义务，并非医疗活动中所独有，如因此类义务的履行发生争议，一般也不适用医疗过失的判断

---

① 黄丁全. 医事法. 台北：月旦出版社，1995：82.
② 龚赛红. 医疗损害赔偿立法研究. 北京：法律出版社，2001：2-3.
③ 龚赛红. 医疗损害赔偿立法研究. 北京：法律出版社，2001：35-39；王泽鉴. 债法原理. 北京：中国政法大学出版社，2007：36-42.

规则，因此，不应认定为医疗行为。

（三）医疗行为必须借助于医学专业知识

日本的通说认为，医疗行为是指若欠缺医师的医学判断及其技术，则对人体会有危害的行为①。我国的一些学者同意这种观点②。随着医疗服务分工的精细化，医生、护士、药剂师和其他专业技术人员均掌握着专门的知识和技术，各类人员分工明确，在某些情况下，医生仅有权要求他们提供何种医疗技术帮助，但并不掌握技术细节，因此也没有能力"指导"这些理论上的"辅助人"工作③，可见，医疗行为并非医生所"独享"的行为；另外，以是否需要医学判断及技术为标准，必然会导致医疗行为的外延过大，因为医务人员所从事的绝大部分行为均需医学"判断"及"技术"，而其中不乏"常识性"的判断和技术，如患者昏迷时用手指刺激人中、皮肤受伤出血时压迫止血、测量体温血压等，因此，医疗行为必然是需要借助于医学知识和判断的行为，但借助医学知识和判断的行为不应全部被认定为医疗行为。

（四）几种医疗人员具体行为的定性

1. 制作病历不属于医疗行为

制作病历属于制作书面文件的义务，是市场主体的普遍义务，不具有特殊性，因此，不应认定为医疗行为。

2. 为取得患者有效同意的说明不属于医疗行为

在大陆法系侵权责任构成要件理论中，为取得患者有效同意的说明义务属于违法阻却事由，说明的对象是医疗行为，因此，可以排除在医疗行为的范围之外。但是，告知行为本身仍受国家法律约束。

3. 疗养指导说明属于医疗行为

一般认为，主给付义务中的诊疗义务是典型的医疗行为，但医务人员履行疗养指导说明义务是否属于医疗行为？如指导糖尿病患者的饮食、骨折患者术后的功能锻炼、服药时禁忌的食物等，这类医疗指导说明与诊疗义务的界限非常模糊，且属于诊疗行为中必备的一环，应该认定为医疗行为，否则，

---

① 野田宽. 医师法：上卷. 青林书院，平成四年（1992）：59-60；龚赛红. 医疗损害赔偿立法研究. 北京：法律出版社，2001：5.
② 李大平. 医事法学，广州：华南理工大学出版社，2007：123.
③ 在医学技术比较落后、分工并未如此细化的过去，医生有能力"主导""指导"其他"辅助人"的工作。

应认定为健康宣教。

我国的健康宣教制度，包括医疗机构内的健康宣教和社区的健康宣教。宣教的内容包括疾病的病因、疾病的预防、疾病的治疗、日常生活注意事项、医院的管理制度、国家的法律法规等，其立足点在于"教育"，其作用是保障患者知情权，确保诊疗行为的顺利进行，因此，不应一概认定为医疗行为。当宣教的内容属于诊疗所必需时，则应按照疗养指导说明来处理。

4. 转诊说明属于医疗行为

下级医疗机构向上级医疗机构、综合医院向专科医院转诊患者非常普遍。特别是全科医生，其作为"看门人"的作用就是识别转诊。转诊决定是医生基于对自己及所处医疗机构的技术水平和条件的判断、现行法律法规的规定，针对患者的诊疗需求，而作出的让患者转入其他医疗机构进行治疗的决定。因此，转诊是医务人员基于专业判断作出的、直接关系到患者的生命健康的行为，应该认定为医疗行为。

二、主体角度的医疗行为

（一）医疗行为是自然人的行为

部分学者认为，医疗行为指医疗机构及其医务人员实施的诊疗护理及后勤和管理工作的总和，理由是《关于〈医疗事故处理办法〉若干问题的说明》规定：诊疗护理工作包括为此服务的后勤和管理。相应的定义是：医疗行为是指医疗机构及其医务人员借助其医学知识、专业技术、仪器设备及药物等手段，为患者提供的紧急救治、检查、诊断、治疗、护理、保健、医疗美容以及为此服务的后勤和管理等维护患者生命健康所必需的活动的总和①，相当于《执业医师法》《医疗机构管理条例》中的"执业"。

一般来说，医务人员与医疗机构属于雇佣合同关系，医务人员的行为视为医疗机构的行为，医疗机构就医务人员的侵权行为承担替代责任。就医疗行为本身来说，仍然只能由医务人员实施，且医疗合同是由诊疗、护理、买卖、住宿、运输等一系列合同所组成，对医疗机构来说，除了适用医疗行为规制方面的法律外，还适用《产品质量法》《合同法》甚至《消费者权益保护法》等，如果将医疗机构的行为也视为医疗行为，无疑会大大降低医疗行为的特殊性，因此，医疗行为应限于自然人实施的行为。

---

① 唐德华.《医疗事故处理条例》的理解与适用. 北京：中国社会科学出版社，2002：50.

(二) 医疗行为的实施者不限于医务人员

有学者认为，医疗行为必须是由医务人员实施的行为①，非医务人员以及自称（非法行医）、自认（民间医生）具有医学知识者实施的"诊疗行为"都不属于医疗行为。随着急救知识的普及，心肺复苏、外伤处置等典型的医疗行为往往由非医务人员实施，如志愿者、消防人员、一般群众等接受过培训的人员。理论上，医疗行为本身不应包含太多的价值判断，非医务人员实施的行为能否认定为医疗行为，取决于行为的内容而不是行为者的身份。因此，医疗行为的实施者不应拘泥于医务人员，鉴定机构也无权以被鉴定人不具有医务人员的正式身份而拒绝鉴定申请。

(三) 提供诊疗信息的行为可能属于医疗行为

患者到医院就诊，往往不清楚自己需要找哪个专科的医生求治。一般来说，需要咨询提供挂号服务的工作人员。如果挂号人员提供的信息错误，导致病情延误，是否属于医疗过失？如果提供咨询的是专门的咨询或者导医服务人员呢？一般来说，这类信息的提供需要医学判断，信息错误也会对人体产生危害。提供挂号服务的人员并不要求具有医学专业技术知识，提供信息的行为不应属于医疗行为；如果信息提供者属于医务人员，则其应该具备特定医学知识，提供咨询的行为属于医疗行为。

随着疾病知识的普及，常见病、多发病的预防、保健、诊断、治疗措施的广泛传播，非处方药的自由购买，非专业人员常常掌握某些专业知识，如糖尿病、高血压、风湿病等的药物治疗方法，医务人员提供该类知识则属于医疗行为，非医务人员之间相互交流则不属于医疗行为。

如果提供该类信息者为掌握医学专业技术知识但没有执业许可证的人员，如退休医生、执业许可证被注销的医生，其行为是否属于医疗行为？本书认为，应考虑知识的普及程度，如果该类知识非常普及，则不宜作为医疗行为对待；如果该类知识专业性较强，则应从严把握，按照医疗行为对待比较合适，必要时，还可追究该类人员非法行医的责任。

另外，由于职业关系，医务人员往往是周围熟人或者仅仅是认识的人的义务咨询员，孩子感冒了该吃什么药、颈肩痛该如何缓解、病情有了变化是

---

① 有学者根据我国法律法规的规定，认为只有医务人员才能成为医疗行为的实施主体，民间采用的一些中医治疗方法，如按摩、针灸等不属于医疗行为，医疗行为本身包含着价值判断，非法行医的"医"不能理解为医疗行为。艾尔肯. 论医疗行为的判断标准. ［2008-03-24］. http://www.civillaw.com.cn/article/default.asp? id=30980.

否该增加药量等，这类免费咨询服务是否属于医疗行为？本书认为，应根据服务提供者与服务接受者之间的关系区别对待，如咨询发生在医务人员与"老患者"之间，则宜按照医疗行为对待；如没有该类关系，则不宜按照医疗行为对待。

（四）生活护理不属于医疗行为

护工，是在社会对护士的专业技术水平要求提高且人员短缺的情况下，为患者提供生活护理的医疗机构工作人员，其主要职责是"护"，但其身份是"工"。尽管护工需要具备一定的护理专业知识，但工作性质属于生活护理，因此，其行为不应认定为医疗行为。

第六节　医患纠纷处理制度

顾名思义，医患纠纷是患方与医方之间的纠纷。理论上，医患纠纷既包括患者对医方行为不满引发的争议，也包括医方启动的针对患方的纠纷，但在实践中，医患纠纷这一概念仅指前者。另外，医患之间的纠纷种类繁多，最常见的纠纷原因是医务人员的服务态度，此种纠纷通常没有金钱赔偿诉求，也罕见诉诸法律者，解决方式以医德教育为主。法学界关注的医患纠纷与医疗损害赔偿密切相关，医患纠纷被定义为患方对医方的医疗行为不满、以损害赔偿为主要诉求的争议，本书采用这一观点。现阶段，医患纠纷主要解决途径有三：和解、调解、诉讼。

一、和解

和解本意是指平息纷争、重归于好。在法律上，和解是指当事人在自愿互谅的基础上，就已经发生的争议进行协商并达成协议，自行解决争议的一种方式。和解可能在起诉前，也可以于诉讼进行中达成。和解的优点是能够有效减少当事人之间的对抗，有利于维护当事人之间的关系，同时也节约了时间和成本。和解的缺点是约束力较弱。由于和解协议只是合同，不具备生效裁判文书的强制执行力，因此，在协议履行前，经常有当事人反悔。法院系统对和解协议的效力问题意见不一，以至于和解协议是否有效受诸多不确定因素的影响。

我国本有"私了"的传统，20世纪90年代的医患纠纷常常通过和解解决。但随之而来的是，个别患者或家属利用这一制度索要高额的损害赔偿，为达目的甚至采用"医闹"的方式。为避免患方利用和解制度损害医方利益，医疗机构通常引导患方通过调解或诉讼程序解决纠纷。目前，和解仍为非常常见的医患纠纷解决方式，但适用范围大为缩小，部分省市禁止一定额度以上的医疗纠纷采用和解的方式处理。新《民事诉讼法》出台前，私下和解主要限于两种情形：一是医方过失严重，为避免声誉受损，医方主动寻求和解；二是医方确有过失且患方索赔额度较低的纠纷。新《民事诉讼法》施行后，经法院确认的和解协议具有执行力，当事人不能随意反悔。目前，和解再次成为医患纠纷的主要解决途径之一。

二、调解

调解是指经过法定第三者的排解疏导、说服教育，发生纠纷的双方当事人依法自愿达成协议、解决纠纷的一种活动。

(一) 调解的类型

根据调解组织的不同，调解可以分为人民调解、行政调解、司法调解。

1. 人民调解

人民调解是指人民调解组织通过说服、疏导等方法，促使当事人在平等协商基础上自愿达成调解协议，解决民间纠纷的活动。根据《人民调解法》的要求，各地纷纷建立医疗纠纷人民调解委员会或医疗纠纷人民调解中心，该类组织被定性为群众性组织，活动经费主要由政府负担。人民调解员主要由医学和法学专家组成。值得注意的是，部分地区保险公司进驻人民调解组织，全程参与医疗纠纷人民调解工作，这在某种程度上进一步提高了人民调解工作的效率。

2. 行政调解

根据《医疗事故处理条例》的规定，"已确定为医疗事故的，卫生行政部门应医疗事故争议双方当事人请求，可以进行医疗事故赔偿调解。调解时，应当遵循当事人双方自愿原则，并应当依据本条例的规定计算赔偿数额"。由于卫生行政部门与公立医院之间的隶属关系，行政调解难以取得患者信任，名存实亡。

3. 司法调解

司法调解又称法院调解或诉讼调解，是指人民法院对受理的医疗损害赔偿案件，在审判人员的主持下，医患双方通过平等协商，互谅互让，达成协议，经人民法院认可后，终结诉讼程序，使纠纷得到解决。司法调解是我国《民事诉讼法》规定的一项重要制度，也是各级人民法院依法行使审判权的重要方式。

（二）调解的程序

人民调解程序的启动者通常是当事人，即便调解组织主动启动调解程序，由于调解实行自愿原则，当事人一方拒绝的，调解组织也无权调解。根据医疗纠纷调解的需要，可以由人民调解委员会指定一名或者数名人民调解员进行调解，也可以由当事人选择一名或者数名人民调解员进行调解。在充分听取当事人的陈述后，调解员应讲解有关法律、法规和国家政策，耐心疏导，在当事人平等协商、互谅互让的基础上提出纠纷解决方案，帮助当事人自愿达成调解协议。当事人达成调解协议的，人民调解委员会应制作调解协议书，当事人认为无须制作的，可以采取口头协议方式，人民调解员应当记录协议内容。口头调解协议自各方当事人达成协议之日起生效，书面协议自各方当事人签名、盖章或者按指印，人民调解员签名并加盖人民调解委员会印章之日起生效。

经审判人员询问、当事人同意，司法调解程序启动。在事实清楚的基础上，由审判人员主持调解。调解须分清是非、确定责任。调解达成协议的，由人民法院制作调解书。调解书由审判人员、书记员署名，加盖人民法院印章，并送达双方当事人。调解书经双方当事人签收后，即具有法律效力。

（三）调解协议的效力

人民调解达成的调解协议不过是另外一种形式的合同，不具有申请法院强制执行的效力，在协议履行前任何一方都可反悔，其约束力与和解类似。

司法调解协议则具有与司法判决书同等的效力，一方当事人拒不履行协议的，对方当事人可申请法院强制执行。2011年，《最高人民法院关于人民调解协议司法确认程序的若干规定》颁布，规定经人民调解委员会调解达成的民事调解协议，人民法院经审查认为调解协议符合确认条件的，应当出具确认决定书。人民法院依法作出确认决定后，一方当事人拒绝履行或者未全部履行的，对方当事人可以向作出确认决定的人民法院申请强制执行。

三、诉讼

（一）诉讼程序

民事诉讼程序分为一审普通程序和简易程序、二审程序、审判监督程序。

基层人民法院和它派出的法庭审理事实清楚、权利义务关系明确、争议不大的简单的医疗损害赔偿案件，适用简易程序，其他医疗损害赔偿案件适用一审普通程序。一审普通程序分为起诉、受理、审理前准备、开庭审理、判决和裁定五个阶段。当事人不服一审判决或裁定的，有权上诉。二审法院按照二审程序，就一审案件事实认定是否清楚、适用法律是否正确、审理程序是否违法进行审理，并依法作出维持、变更或者发回重审的判决或裁定。我国实行二审终审制，但人民法院发现生效判决或者裁定确有错误，或者当事人提出再审申请、经人民法院审查符合再审条件的，再审程序启动。再审意味着已生效的判决或裁定失去效力。原生效判决或裁定是一审法院作出的，按一审程序再审；原生效判决或裁定是二审法院作出的，按照二审程序再审。

（二）鉴定程序

由于医疗行为本身的高技术性，法官裁判通常要借助医学专家提供鉴定意见。法官参考鉴定意见对下列事实作出判断：医疗损害结果、因果关系、医疗过错、责任程度。毫不夸张地说，鉴定是关系到医患双方切身利益的重大事件，对案件的审理及最终裁判结果起着关键作用。我国的医疗损害赔偿案件鉴定分两个系统，一个是司法鉴定，另外一个是医疗事故技术鉴定。具体适用哪个鉴定系统，通常由患方选择，也有地区采用医疗事故技术鉴定优先适用的规则。

1. 司法鉴定

司法鉴定，是指在诉讼活动中，鉴定人运用科学技术或者专门知识对诉讼涉及的专门性问题进行鉴别和判断并提供鉴定意见的活动。原则上，司法鉴定机构具有独立地位，应当事人的委托开展鉴定活动。因鉴定活动的主观性，导致不同的鉴定人可能得出差别巨大的鉴定结论（意见）①。为避免鉴定结论之间相互矛盾带来的困扰，在司法实践中，鉴定的启动通常遵循当事人共同委托或者人民法院依职权决定的规则。鉴定机构接受鉴定委托后，应指派两名以上的司法鉴定人进行鉴定，有的地区还作了进一步的要求，如至少要有一名司法鉴定人具有十年以上连续司法鉴定或者相关临床专业工作的经历。有些地区还明确要求医疗过失司法鉴定应举行听证会。

---

① 在诉讼中运用专门知识或技能，对某些专门性问题进行检验、分析后所作出的科学判断，在我国旧《民事诉讼法》中称为鉴定结论。新《民事诉讼法》改为鉴定意见，强调专家得出的鉴定意见只是证据的一种，也要经法庭查证属实才能作为认定事实的根据。本书不严格区分二者，视论述的具体情形选择采用。

医疗过失司法鉴定主要解决以下问题：（1）医疗行为中是否存在过失；（2）如存在过失，该医疗过失与患者损害后果之间是否存在因果关系，以及其参与度等。

委托事项鉴定完毕后，鉴定机构和鉴定人应向委托人出具司法鉴定文书。

2. 医疗事故技术鉴定

根据《医疗事故处理条例》的规定，医疗事故技术鉴定分为首次鉴定和再次鉴定。设区市级地方医学会和省、自治区、直辖市直接管辖的县（市）地方医学会负责组织首次医疗事故技术鉴定工作，省、自治区、直辖市地方医学会负责组织再次鉴定工作，中华医学会可以组织疑难、复杂并在全国有重大影响的医疗事故争议的技术鉴定工作。

医疗事故技术鉴定的启动方式有二：一是由卫生行政部门启动，即在解决医疗事故争议时，卫生行政部门认为需要进行技术鉴定的，交由医学会组织鉴定。二是医患双方共同委托鉴定。共同委托鉴定通常发生在诉讼中，由法官主持启动。

医学会按照一定的条件选取医疗卫生专业技术人员组成鉴定专家库。在受理鉴定申请后，医学会随机从专家库中抽取专家组成专家鉴定组。专家鉴定组的鉴定实行合议制，少数服从多数。

鉴定的主要事项包括：（1）医疗过失是否存在，医疗行为是否违反医疗卫生管理法律、行政法规、部门规章和诊疗护理规范、常规；（2）医疗过失行为与人身损害后果之间是否存在因果关系；（3）医疗过失行为在医疗事故损害后果中的责任程度；（4）医疗事故等级；（5）对医疗事故患者的医疗护理医学建议。专家鉴定组应依照医疗卫生管理法律、行政法规、部门规章和诊疗护理规范、常规，运用医学科学原理和专业知识，在事实清楚、证据确凿的基础上，综合分析患者的病情和个体差异，作出鉴定结论。

鉴定结论作出后，由医学会向委托人出具医疗事故技术鉴定书。

小　结

我国的医疗损害赔偿制度先后经历了无赔偿时期，限制赔偿期，限制赔偿、同等赔偿并行期，以及同等赔偿期这四个阶段，当前，医方已不再受到特别保护，须承担与一般加害人同等标准的损害赔偿责任。之所以如此，是因为法学界认为医患之间是平等的民事法律关系，是医疗机构及医务人员与患者之间因医疗服务而产生的权利义务关系。通常认为，医患之间的民事法律关系为医疗服务合同关系。医疗服务合同是劳务、租赁、买卖、雇佣等合同的综合，属无名合同的范畴。患者因医疗服务合同受损，既可追究医方的违约责任，也可依照侵权责任保护己方权益，但按照后者追究医方责任是主流。医疗侵权通常分为医疗技术、伦理、产品、管理侵权四种类型，分别适用过错、过错推定、无过错责任原则。其中，医疗技术侵权采用一般人身侵权责任构成理论，侵权之判断以"诊疗当时的医疗水平"——医疗水准为标准。医疗伦理侵权主要包括知情同意和隐私侵权两种类型。在实施手术、特殊检查、特殊治疗前，医师有义务告知患者医疗风险和替代医疗方案，未告知或告知不充分的，医方承担损害赔偿责任。医疗产品侵权是指由于药品、医疗器械、消毒药剂存在缺陷或者输入不合格血液造成患者损害的，由生产者承担赔偿责任，医疗机构承担连带责任。医疗管理侵权是指医疗机构及医务人员违背医政管理规范和医政管理职责的要求，因管理过错造成患者人身损害、财产损害的侵权。从医疗行为本身的角度观察，医疗损害责任具有道德性、不确定性、专门性、医疗技术运作的特殊性四个方面的特征。如果立足于损害赔偿责任观察，责任主体是医疗机构，行为主体是医务人员，损害发生在医疗活动中，是因造成患者人身权益等民事权益受损害而发生的责任，其基本责任形态是替代责任。医方承担责任的根本原因，一是提供非医疗行为时未尽到一般的注意义务，二是实施医疗行为时未尽到高度的注意义务。医疗行为应专指诊疗技术行为，具有高风险性、复杂性等特点，必须由医务人员实施。当患者认为其合法权益受到侵犯时，可以分别通过和解、调解或诉讼程序保护自己。

第二章 基本医疗的概念、特征及制度困境

第一节 我国基本医疗制度的起源

基本医疗制度（basic medical service/basic medical care）起源于初级卫生保健政策（primary health care）。1978 年 9 月，在苏联的阿拉木图召开的国际初级卫生保健大会上，世界卫生组织首次提出了"初级卫生保健"的概念。《阿拉木图宣言》给初级卫生保健下的定义是：初级卫生保健是依靠切实可行、学术上可靠又受社会欢迎的方法和技术，通过社区的个人和家庭的积极参与普遍能享受的，并本着自力更生及自决精神在发展的各个时期群众及国家能够负担得起的一种基本的卫生保健。学界普遍认为，初级卫生保健是指基本的、人人能够得到的、体现社会平等权利的、人民群众和政府都能负担得起的卫生保健服务。初级卫生保健反映的核心价值观是社会公平，所奉行的理念是"健康是人类的基本权利"，所追求的目标是人人享有健康，所采用的技术是适宜技术，其筹资机制以公共财政筹资为主，其受益对象是全体社会成员[①]。2007 年，首届全球基本职业卫生服务规划会议决议要求，基本职业卫生服务应当与国家公共卫生体系和初级卫生保健服务相结合。基本职业卫生服务的主要提供者或实施者应当是初级卫生保健工作者，基本职业卫生服务的功能包括：对劳动者个体的服务，如健康管理、职业病或工作相关疾病的初步判断，负责向上级专业机构的转诊（充当发现职业病或职业损害的哨兵），向企业和劳动者提供职业卫生信息服务，指导开展作业场所危害控制，开展工作场所职业健康促进，等等[②]。2012 年中澳全科医学论坛还在采

---

① 饶克勤，刘新明. 国际医疗卫生体制改革与中国. 北京：中国协和医科大学出版社，2007.

② 卫生部基本职业卫生服务试点工作项目办公室. 基本职业卫生服务试点动态简讯，2008（3）.

用初级卫生保健的概念，并定义了初级卫生保健的四个核心特征。迄今为止，某些国家仍采用初级卫生保健这一概念，如英国 1991 年颁布《社区保健法》（Community Care Act）、2000 年颁布《NHS 计划》，政府投入资金，增强初级卫生保健的作用，并设立了初级卫生保健服务托管局（Primary Care Trust，PCT）[1]。早在 1984 年，世界银行完成的《中国卫生部门》报告，曾盛赞中国通过政府筹资、利用适宜的卫生人力和技术，致力于初级卫生保健策略，使每个人获得基本医疗服务[2]。有学者指出，初级卫生保健概念本是翻译错误，primary 的基本词义是：最重要的，最基础的，最基本的或最初的（时间顺序上）。中文"初级"的基本意义是"最初阶段"，翻译到英文的常见词意是 junior，elementary，primary，rudiment，beginner，即年幼的、低年级的、初步的、基本的或未成熟的、新手等，但没有"最重要的、最基础的或最基本的"核心词意。"初级卫生保健"，不可避免地被误解为"低级的、简单的"卫生保健服务。回归"基本医疗卫生"这一概念，不过是纠错[3]。

我国的基本医疗，最初是相对于特殊医疗服务提出的。1989 年出台的《关于扩大医疗卫生服务有关问题的意见》（国发〔1989〕10 号）指出，进一步调整医疗卫生服务收费标准，允许特殊的、高质量的服务（所谓"特诊服务"）提高收费标准，但公费、劳保部分不予报销。1992 年出台的《关于深化卫生改革的几点意见》再次强调，"为满足社会不同层次的医疗保健需求，在确保提供基本服务的前提下开展特殊服务"，"收费可随需求浮动"。这一时期，基本医疗与高、新诊疗技术——特殊医疗相对应，允许特殊诊疗服务提高收费标准，由个人自行负担，而基本医疗服务与个人福利国家保障密切相关。

1998 年出台的《国务院关于建立城镇职工基本医疗保险制度的决定》明确提出了基本医疗这一概念，这在国家层面的政策文件中是首次。该文件提出国家要"加快医疗保险制度改革，保障职工基本医疗"，"医疗保险制度改革的主要任务是建立城镇职工基本医疗保险制度，即适应社会主义市场经济体制，根据财政、企业和个人的承受能力，建立保障职工基本医疗需求的社会医疗保险制度"，"基本医疗保险的水平要与社会主义初级阶段生产力发展水平相适应；城镇所有用人单位及其职工都要参加基本医疗保险，实行属地管

---

① 马伟宁. 英国国家卫生制度及其对我国基本医疗卫生制度改革的启示. 杭州：浙江大学，2009：19.

② 葛延风，贡森，等. 中国医改问题·根源·出路. 北京：中国发展出版社，2007：54.

③ 徐国平. 纠正概念 大力发展我国基础医疗卫生服务事业：从"初级卫生保健"中文误译说起. 中国全科医学，2014，17（25）.

理；基本医疗保险费由用人单位和职工双方共同负担；基本医疗保险基金实行社会统筹和个人账户相结合"。为推进医疗保险制度改革，1999—2000 年，国务院围绕基本医疗制度出台了多份文件，涉及医疗机构的确定及管理制度、服务设施及支付标准管理制度、诊疗项目管理、结算制度、药品管理等。随后，各地纷纷出台文件，对上述要求进行了细化。在上述制度执行了 10 年后，直到 2010 年中央政府才出台了两份重要的改革文件，一份是关于扩大诊疗项目的范围，另一份是关于实行总额控制制度。这一时期的基本医疗与医保制度密切相关，国家医疗保险制度覆盖范围内的医疗服务被界定为基本医疗服务。

在基本医疗保险制度实施的初期，政策的执行并未到位。2004 年，卫生部公布了第三次全国卫生服务调查结果。结果显示，城乡居民对医疗卫生服务的利用下降，有效需求发生转移，患者中自我医疗的占 35.7%，未采取任何治疗措施的占 13.1%。城市享有各种医疗保险的居民占调查人口的 44.6%（其中：城镇职工基本医疗保险人口的比例为 30.4%，公费医疗的比例为 4.0%，劳保医疗的比例为 4.6%，大病医疗等保险的比例为 5.6%），也就是说城市还有 55.4% 的居民没有任何医疗保险。与 1993 年调查结果比较，约 23% 的人口退出了各类医疗保险。合作医疗覆盖人口达 9.5%。50% 以上的城市人口、80% 以上的农村人口无任何医疗保障，2003 年城市低收入人口中无医疗保障的比例高达 76%[1]。城乡居民卫生服务需要量持续增加，疾病负担日益加重；城乡居民对医疗卫生服务的需求和利用呈明显下降趋势，有效需求转移；城乡间卫生服务利用的差异明显，城市或农村不同人群之间的差异逐步扩大；卫生资源总量不断增加，但配置不合理、效率低下。具体的政策建议是：政府至少应该在投资公共卫生和基本医疗服务、建立居民医疗保险制度和医疗救助制度、改革医疗卫生体系、促进多样化和竞争、转变职能、加强执法监督、规范医疗服务市场和行为等方面发挥作用。应加快发展社区卫生服务，完善社区卫生服务政策；改革基层卫生服务管理，减少基层专业性机构；规范综合性医院、专科医院的服务内涵，建立社区卫生服务双向转诊制度；加快现代医院制度建设，积极探索公立医院改革的有效途径；多渠道开办医疗卫生机构，扩大卫生筹资来源，促进卫生领域竞争，推进卫生经济政策的改革；积极探讨建立以"病种费用"为基础、多种收费制度相结合的方法；加大财政对公共卫生的投入，逐步减少公共卫生服务收费项目[2]。

---

① 卫生部统计信息中心. 第三次国家卫生服务调查分析报告. 中国医院，2005，9（1）：7.
② 同①3-9.

　　基于上述评价以及医疗保险制度执行过程中暴露的问题，2006 年《国务院关于发展城市社区卫生服务的指导意见》确立的社区卫生服务的指导思想之一，是为居民提供安全、有效、便捷、经济的公共卫生服务和基本医疗服务；工作目标之一，是居民可以在社区享受到疾病预防等公共卫生服务和一般常见病、多发病的基本医疗服务；功能定位，是社区卫生服务机构提供公共卫生服务和基本医疗服务，具有公益性质，不以营利为目的。要以社区、家庭和居民为服务对象，以妇女、儿童、老年人、慢性病人、残疾人、贫困居民等为服务重点，以主动服务、上门服务为主，开展健康教育、预防、保健、康复、计划生育技术服务和一般常见病、多发病的诊疗服务。北京市配套的《中共北京市委 北京市人民政府关于加快发展社区卫生服务的意见》进一步明确指出："社区卫生服务机构是新型医疗卫生服务体系的基础，其主要功能是以健康为中心，社区为范围，家庭为单位，面向全体居民开展健康教育、预防、保健、康复、计划生育技术服务和一般常见病、多发病的诊疗服务。农村地区的社区卫生服务中心还需进一步加强基本医疗和急诊急救功能。区域医疗中心的主要功能是以治疗为中心，开展针对疑难重症患者的诊疗和急诊急救服务，为社区卫生服务中心（站）提供技术支持。预防保健机构的主要功能是面向群体，对辖区内预防保健工作进行业务管理、指导、监测与评价等。" 2009 年新一轮医改延续了上述思路，标志是《中共中央 国务院关于深化医药卫生体制改革的意见》。该《意见》明确要求，"加快推进基本医疗卫生立法，明确政府、社会和居民在促进健康方面的权利和义务，保障人人享有基本医疗卫生服务"，"逐步建立健全与基本医疗卫生制度相适应、比较完善的卫生法律制度"。《医药卫生体制改革近期重点实施方案（2009—2011 年）》指出："把基本医疗卫生制度作为公共产品向全民提供，实现人人享有基本医疗卫生服务"。至此，除强调国家责任外，基本医疗与社区卫生和全科医生密切联系在一起，国家加强了社区卫生机构和全科医学建设，强调由基层医疗卫生机构提供基本的医疗卫生服务。

第二节　基本医疗的概念

　　1989 年出台的《国务院关于扩大医疗卫生服务有关问题的意见》提出了"特诊服务"这一概念。与"特诊服务"相对应的自然是基本医疗。尽管有此历史，但二者的区别至今仍不能说清楚。有关基本医疗的概念，历来众说纷绐。从词源角度，基本有"根本的、主要的"之意，也有"大体上"的意思，前者如基本矛盾、基本经验，后者如基本完成、基本实现①。综合看来，有关基本医疗的概念界定分为几大类。

一、多学科视角下的基本医疗

1996 年国务院办公厅下发的《关于职工医疗保障制度改革扩大试点的意见》中提出了医改要遵循的 10 项基本原则，其中两条都涉及基本医疗，其一是要为城镇全体劳动者提供基本医疗保障，其二是基本医疗保障的水平和方式要与我国社会生产力发展水平以及各方面的承受能力相适应。那么，基本医疗的范围到底如何确定呢？权威人士的解释是：我们所说的保障职工的基本医疗，是指职工在患病时，能得到目前所能提供给他的、能支付得起的、适宜的医疗技术服务②。基本医疗服务是相对特需医疗服务而言，特指居民生存发展必需的、人人都能得到的、现有政府财力与居民个人收入能支付得起的医疗服务。在职工基本医疗保险改革中，基本医疗的界定方式大致有以下几种：一是费用封顶，封顶线下的部分属于基本医疗；二是以服务项目和用药结构确定基本医疗，包括基本药物目录、可报销诊疗项目、大病保险；三是病种确定法，划定某些病种为基本医疗的诊治范围，如海南在卫生部《单病种质量控制标准》基础上制定了病种目录，效果良好③。有学者认为，基本医疗直白地说就是一个人患上了常见的普通疾病之后，能够得到目前专业化的医疗机构所能提供的、患者自身能支付得起的或者国家能够免费提供的、具有普适意义的、符合诊疗规范的适宜的诊断和治疗。基本医疗说白了就是小病看得起、普通病能得到及时诊治。基本医疗服务是任何一个负责任的政府对公民健康最基本的保障承诺。非基本医疗服务是指由单位、企业或个人针对非正常原因造成的疾病和伤害提供的医疗服务。或者说，由于可以用于医疗服务的资源是有限的，因此，一些需要支付高额费用的疾病或医疗服务项目、一些成本疗效比不好的医疗服务项目将被划归为非基本医疗④。医疗卫生服务可分为公共卫生服务、基本医疗服务和非基本医疗服务。包括计划免

① 辞海编辑委员会. 辞海：第 6 版. 上海：上海辞书出版社，2010：1732.

② 王梅. 基本医疗研究系列报告之一：从生理学和临床医学看基本医疗. 中国社会保险，1997（6）：6.

③ 周永波. 基本医疗有待科学界定. 中国社会保险，1997（3）：26.

④ 刘鑫，连宪杰. 论基本医疗卫生法的立法定位及其主要内容. 中国卫生法制，2014，22（3）：24.

疫、传染病控制、职业卫生、环境卫生、健康教育等在内的公共卫生服务属于典型的公共品，应由政府免费向全民提供。在基本医疗服务方面，应以政府投入为主，针对绝大部分的常见病、多发病，为全民提供所需药品和诊疗手段的基本医疗服务，以满足全民的基本健康需要。具体范围以常见病、多发病的诊疗经验为依据，结合政府和社会保障能力来确定①。

2009 年医改提出将建立完善的公共卫生服务体系、医疗服务体系、医疗保障体系和药品供应保障体系。有学者认为，对基本医疗卫生的认识包括两方面：一是基本医疗卫生服务的性质；二是基本医疗卫生服务的范围。前者关系提供基本医疗卫生服务的责任主体，后者关系提供基本医疗卫生服务的技术能力②。有管理者认为，国家赋予社区卫生机构的职能是提供基本医疗和公共卫生服务。社区卫生主要解决的是常见病、多发病的诊治，并且要防治结合，其特点是针对健康而非疾病、针对群体而非个体、针对主动而非坐诊。这一设计的目的就是为了在更好地保障居民健康权益的前提下，使医疗卫生资源得到合理、高效的使用③。

有学者自豪地指出，国内对于基本医疗服务的界定已经从过去单一学科和视角转向多学科、多视角的综合研究，主要从医学、经济学、社会学、伦理学等方面进行界定④。基本医疗卫生立法任务就是要以"实现人人享有基本医疗卫生服务的目标"为主线，以"建立健全覆盖城乡居民的基本医疗卫生服务制度"为主体，以"为群众提供安全、有效、方便、价廉的基本医疗卫生服务"为标准，在全民总结医改实践和科学借鉴国际经验的基础上，把成熟的、制度性的内容提炼升华⑤。基本医疗卫生本质上是法律或政策规定的、每个人都有权享有的、由政府和社会予以保障的、具有福利性质的医疗卫生服务⑥。

二、医学角度的基本医疗

多学科视角下，基本医疗是多方位的，但有学者指出，医学角度的基本医疗是基础。"关于基本医疗需求问题，从本质上说，是个医学问题，要研究

---

① 国务院发展研究中心课题组. 对中国医疗卫生体制改革的评价与建议. 卫生政策，2005（10）：6.

② 汪建荣. 让人人享有基本医疗卫生服务. 北京：法律出版社，2014：6.

③ 许峻峰. 畅所欲言 社区卫生不能触碰三条"红线". 健康报，2014-04-15.

④ 刘俊香，吴静，陈鸿君，等. 国内基本医疗服务界定研究述评. 卫生软科学，2012，26（7）：624.

⑤ 同②4.

⑥ 同②45.

基本医疗需求，应先从基本医疗需要研究入手，剖析揭示基本医疗的医学内涵。在此基础上，才能进而明确其经济学内涵及其特征，并进而探讨基本医疗需求与保险、保障的相互关系"①。2009 年出台的《关于促进基本公共卫生服务逐步均等化的意见》（卫妇社发〔2009〕70 号）指出，基本医疗是采用基本药物、使用适宜技术，按照诊疗规范程序提供的急慢性疾病的诊断、治疗和康复等医疗服务。

一些学者认为，基本医疗应包括一般常见病、多发病和诊断明确的慢性病的诊治，大病恢复期的治疗和不治之症的保守治疗，以及急诊、急救等应急处理。基本医疗服务不包括门诊大病治疗和住院服务。确定基本医疗保障的范围应以常见病症为基础，并据此测算对该疾病进行诊治所必需的医疗服务和药品（包括住院所需的服务和药品）②。

三、经济学角度的基本医疗

基本医疗概念提出之初，就与国家保障紧紧联系在一起，主要是经济学视角的概念。1989 年出台的《国务院关于扩大医疗卫生服务有关问题的意见》（国发〔1989〕10 号）指出，进一步调整医疗卫生服务收费标准，允许特殊的、高质量的服务（所谓"特诊服务"）提高收费标准，但公费、劳保部分不予报销。1992 年出台的《关于深化卫生改革的几点意见》指出，"为满足社会不同层次的医疗保健需求，在确保提供基本服务的前提下开展特殊服务"，"收费可随需求浮动"。2009 年《中共中央 国务院关于深化医药卫生体制改革的意见》明确指出要"明显提高基本医疗卫生服务可及性"，缓解"看病难""看病贵"问题，"特需医疗服务由个人直接付费或通过商业健康保险支付"。

有分析认为，基本医疗服务就是基本医疗保障制度面向参保人员提供的医疗服务。这一新概念的核心就是，无论怎样的疾病、多少医药费用，只要病人享受到医保政策且只支付自付费用，进而不感到贵，担负得起，我们可以理解，这时病人享受到的医疗服务就是基本医疗服务③。也有学者指出，基本医疗是动态的，具有区域性、层次性、时间性和群体性的特点，核心是"能支付得起"④。

---

①　王梅. 基本医疗研究系列报告之一：从生理学和临床医学看基本医疗. 中国社会保险，1997（6）：6.

②　孙逊. 基本卫生服务均等化界定、评价及衡量方法. 卫生软科学，2009，23（4）：424-425.

③　张洪才. 关于基本医疗服务若干问题的思考. 卫生经济研究，2012（2）：10.

④　周永波. 基本医疗有待科学界定. 中国社会保险，1997（3）：25.

四、社会学角度的基本医疗

社会学视角的基本医疗，有强调公平享有的，如医疗服务是否基本，首先应看需方是否公平、可及且人人支付得起。只要需方公平、可及且人人支付得起，这样的医疗服务就是基本医疗服务①。另外，也有部分学者立足于公平，但综合考量了相关因素。例如，有学者认为，医疗卫生服务被分为公共卫生服务、基本医疗服务和非基本医疗服务。在基本医疗方面，以政府投入为主，针对绝大部分的常见病、多发病，为全民提供所需药品和诊疗手段的基本医疗服务包，以满足全体公民的基本健康需要。具体措施是，政府确定可以保障公众基本健康的药品和诊疗项目目录，政府统一组织、采购并以尽可能低的统一价格提供给所有疾病患者。其间所发生的大部分成本由政府财政承担。但为控制浪费，个人需少量付费。对于一些特殊困难群体，需自付部分可进行减免。对基本医疗服务包以外的医疗卫生需求，政府不提供统一保障，由居民自行承担经济责任。为降低个人和家庭风险，鼓励发展自愿性质的商业医疗保险，推动社会成员之间的"互保"②。基本医疗服务包的范围（包括药品和诊疗项目），可以根据医疗服务领域对各种常见病、多发病的诊疗经验，并结合政府和社会的保障能力来确定。

第三节　基本医疗服务的范围

发达国家基本医疗服务的范围比较广，而发展中国家基本医疗服务的范围通常包含常见病、多发病的治疗服务和慢病管理。也有人指出，应按照医疗机构的级别，由基层医疗卫生机构提供基本医疗服务。甚至有学者主张，放弃法律上的界定，交给医学界，以现有的基本医疗目录等为标准来确定基本医疗服务的范围。凡此种种，不一而足。

一、以患方的需求为标准

有学者主张，基本医疗服务就是基本医疗保障制度面向参保人员提供的

① 张洪才. 关于基本医疗服务若干问题的思考. 卫生经济研究，2012（2）：10.
② 葛延风，贡森，等. 中国医改问题·根源·出路. 北京：中国发展出版社，2007：20.

医疗服务。基本医疗不以供方提供什么医疗服务为标准来认定，而是需方对少花钱、看好病的一种现实体验和感受[1]。

二、以供方的能力为标准

也有些学者主张从基本诊疗项目、基本药品目录、基本服务设施、基本费用水平四个方面对基本医疗进行界定，认为基本医疗的服务项目、内容终究要在适宜的费用水平上来进行量化[2]。在具体标准上，也有不同。

(一) 按照成本、收益标准综合考量

基本医疗到底应该保大病还是保小病，在我国一直争论不休。发展中国家的基本医疗通常包含常见病、多发病的治疗服务和慢病管理。如2006年墨西哥大众健康保险免费提供的基本医疗服务包括两部分：一部分是高频率、低成本的基本医疗服务，涵盖了基层服务机构100％的服务内容和综合医院95％的服务内容；另一部分是高成本、低概率的大病三级专科医院服务，根据的是流行病学分析、死亡分析、成本效益、治愈率、发生例数和基本需求，并据此确定了急性淋巴细胞性白血病、宫颈癌、早产、艾滋病等的诊断、治疗服务[3]。

部分学者认为，只有大病才构成真正意义上的疾病事故，基本医疗的政策定位应该是抓大病、放小病。因此，在经济发展的一定阶段，医疗保险体系的险种选择必须而且也只能是局限于"抓大（病）、放小（病）"。以个人账户基金来支付那些大概率、低风险的门诊治疗及药品消费，以社会统筹基金来支付那些小概率、高风险的大病住院医疗消费，两者双轨运行可能是我国新型医疗保险体系最优的筹资模式选择。我国作为一个发展中国家，在干预重点和干预方式上的选择尤其重要。第一，应当突出公共卫生服务；第二，在疾病治疗方面，应将医疗资源集中于成本低、效益好的基本临床服务；第三，对于那些按照现有技术可以取得较好治疗效果，但成本非常高昂的临床服务，在现阶段不宜广泛提倡；第四，必须彻底放弃那些成本高、效益极差的临床医疗服务；第五，应注重选择更加适宜的医疗技术路线。目前，我国无论是在城镇医疗保障制度的设计上还是在新型农村合作医疗制度的设计上，

---

[1]　张洪才. 关于基本医疗服务若干问题的思考. 卫生经济研究, 2012 (2): 10.
[2]　李少冬. 政府保障基本医疗服务的责任. 中国卫生经济, 2004, 23 (12): 25.
[3]　张奎力. 墨西哥农村医疗卫生体制及对我国的启示. 国外医学（卫生经济分册）, 2010, 27 (2): 57.

都将"大病统筹"作为医疗保障的重点①。这种办法得到很多人的认同：大病由于治疗费用高，只能通过医疗保障制度来解决；小病则因治疗成本低，可以由个人和家庭自行解决。这种思路看似合理，事实上却根本行不通。如果所有的大病问题都可以通过社会统筹来解决，则意味着公共筹资与个人筹资相结合的医疗保障制度可以满足所有人的所有医疗服务需求，这显然不符合中国的基本现实。按照这一思路进行制度设计，其结果只能是以牺牲大部分人的基本医疗需求来满足部分社会成员的大病保障需求，医疗卫生事业的公平性无法实现。另外，医疗卫生的理论和实践已经证明，很多疾病特别是部分大病的发生是无法抗拒的自然规律，对很多大病的治疗和控制成本很高而效益却很低，将保障目标定位为大病也不符合效益原则。将医疗卫生的干预重点集中于公共卫生以及成本低、效益好的常见病、多发病的治疗与控制，是无可非议的选择。但有几个问题需要强调：第一，这种选择主要是针对政府责任而言。如果部分社会成员有特殊医疗需求，而且其依靠个人和家庭力量抑或其他筹资方式（比如购买商业保险等）可以承担相关费用，则这种需求应予以满足。第二，常见病、多发病与大病的界限不能简单地以治疗费用的高低来区分，而是需要综合考虑多方面的因素。第三，对于部分治疗成本很高、治疗效果很差甚至无法治愈的大病，出于人道主义考虑不可能放弃治疗，合理的治疗方案是采用低成本的维持性措施来尽可能减轻患者的痛苦，实施临终关怀。

（二）按照疾病发生概率考量

有学者认为，基本医疗卫生应涵盖常见病、多发病的诊断治疗，基本医疗服务范围的确定应限于常见病、多发病的范畴。但全科医学界对此反对者较多。首都医科大学全科医学管理专家杜鹃教授指出，按照目前的定位，全科医学主要提供常见病、多发病的诊疗服务，按照发病概率，统计学完全有能力给出哪些是常见病、哪些是多发病的结论，但是，患者病情不同、危重程度不同、诊疗效果各异，笼统地要求全科医生提供诊疗服务是不现实的。比如，高血压是常见病，但突然恶化，足以致患者死亡时，全科医生的能力很可能就达不到相应的技术水平；再比如，心肌梗死，也属于常见病，全科医生也缺少足够的能力及时处理，即便是按照首诊负责制，提供转入上级医院前的急救服务，也不一定能够达到诊疗规范的要求。

有管理者认为，社区卫生签约内容必须聚焦基本，不能以满足多元化需求为由，设计特需、VIP等所谓高端服务包，因为政府要保障的是公平下的

---

① 和春雷. 基本医疗的政策定位：抓大病、放小病. 中国国情国力，1998（11）：14.

基本面，满足多元是市场功能，满足个体和疑难杂症就医需求是医院的职能。即使这些高端服务包不是政府付费，而是向享受对象个人收费，那也是在利用社区卫生机构的人、财、物等公共资源为少数人群提供服务，影响的还是全体居民的利益。

三、以服务提供者为标准

有学者主张以医疗场所为标准界定基本医疗，将基本医疗界定为由社区卫生服务中心提供的医疗卫生服务，以及经社区卫生服务中心审核转诊到高级别医疗机构的医疗服务[①]。

四、以服务项目为标准

1993 年世界银行《投资于健康》的报告类别包括公共卫生服务包、最低基本医疗服务包、扩展的基本医疗服务包。最低基本医疗服务包包括：结核病治疗及性传播疾病病人管理，计划生育服务，围产期和分娩保健，婴儿常见病治疗，感染和小伤的处置、咨询及缓解痛苦，阑尾切除和部分骨折等急诊治疗。扩展的基本医疗服务包包括：慢性非传染性疾病的控制性治疗（小剂量阿司匹林预防心脑血管疾病，高血压药物控制高血压，口服或注射胰岛素控制糖尿病，筛查与治疗乳腺癌、宫颈癌，某些精神病的药物治疗）、白内障切除术、疝气手术、儿童脑膜炎治疗、贫血症治疗等[②]。

根据卫生部有关农村公共卫生服务基本项目的研究成果，基本医疗包括疾病诊治、住院分娩及计划生育服务、紧急救护、特殊困难群体的医疗救治、业务培训和巡回医疗[③]。

2010 年 3 月，美国总统奥巴马签署了备受争议的《病人保护与低价医法案》，提出了"必需健康利益包"的概念，要求赋予个人和小企业的健康保险计划必需的健康利益包，有学者认为这是对 1983 年总统委员会报告中"合适的最低医疗"概念的延续[④]。学者们普遍认为，决定哪一项服务应当被包含在

---

① 梁鸿，朱莹，赵德余. 我国现行基本医疗服务界定的弊端及重新界定的方法与政策. 中国卫生经济，2005，24（7）：10.

② 葛延风，贡森，等. 中国医改问题·根源·出路. 北京：中国发展出版社，2007：345-346.

③ 同②348.

④ 刘子锋，曹培杰，程跃华. 美国"基本医疗服务"的界定及借鉴意义. 医学与法学，2014，6（4）：76.

"必需健康利益包"中是一种平衡的要求，也就是说在必须考虑到内容的广泛性的同时，还必须考虑成本问题——所包含的内容越发广泛，则所需的成本也会更加高昂。因此，核心问题就是寻找一个内容广泛性和成本可接受性的平衡点。"奥巴马法案"在上述理念下确定了以下十项框架性内容：门诊病人服务；急诊服务；住院服务；产科与新生儿医疗服务；精神健康和物质使用障碍医疗服务，包括行为健康与治疗；处方药物；康复服务与设施；化验检验服务；预防与健康服务和慢性疾病管理；儿科服务，包括口腔与视力保健①。

五、以基本医疗、药物等目录为标准

仇雨临教授认为，就城镇职工基本医疗保险而言，基本用药目录、基本医疗目录、基本设施目录等几个目录的范围，就是基本医疗的范围。但仇教授也表示，按照目录划分并非很科学，是从管理角度出发的划分标准，理想上应从人本身的需求出发进行划分②。

1975年，世界卫生组织首提基本药物；1977年将其定义为最重要的、最基本的、最不可缺少的、能满足大部分人卫生保健需要的药品；2002年完善为：基本药物是能满足人群优先卫生保健需要，在适当考虑疾病谱和药品的有效性、安全性及成本效益比的基础上遴选出来的，并在有效运行的卫生系统中，任何时间都具有足够数量、适宜剂型和质量保证，同时个人和社会都支付得起的药品③。世界卫生组织制定了基本药物示范目录，分核心目录和补充目录，核心目录收录的是基本医疗卫生服务所需要的最少量的药品。2013年第18版的基本药物示范目录收录30大类365个品种，其中204个品种收录于我国2012年版基本药物目录④。但发达国家，如美国、英国及多数欧洲国家，并没有建立基本药物制度，市场上绝大多数药品都纳入报销范围，区分已经没有必要了⑤。我国《国家基本药物目录管理办法（暂行）》规定，基本药物是指适应基本医疗卫生需求、剂型适宜、价格合理、能够保障供应、公众可公平获得的药品。医改意见规定，基本药物全部纳入医保报销范围，且

① 刘子锋，曹培杰，程跃华. 美国"基本医疗服务"的界定及借鉴意义. 医学与法学，2014，6（4）：76.

② 王鹏. 基本医疗遭遇定位模糊 落实两字无从谈起. 北京商报，2007-03-21.

③ 汪建荣. 让人人享有基本医疗卫生服务. 北京：法律出版社，2014：100-101.

④ 同③101.

⑤ 同③103.

报销比例明显高于非基本药物。2009 年，国家基本药物目录中的治疗性药品全部纳入甲类药品①。

第四节　基本医疗服务的特点

国际社会对医疗保险待遇水平到底如何定位存在严重分歧。一种被概括为"特等平均主义"的观点认为，任何个人，不论其收入高低，都应该享受充分的医疗保障，换言之，医疗保险应同患者缴费及工资脱钩，患者所享受的服务依病情而定，不受经济地位的约束。英国医疗保险制度便是对这一理念的制度化反映。另一种与此完全相反的观点主张，医疗服务应同普通商品一样进入市场，谁出钱谁消费，谁多出钱谁多消费。这是美国医疗保险模式的运行准则。作为折中观点的第三种观点认为，每个国民都有权得到某一最低水平的医疗保健，高于这一水平的由个人自负。德国模式以及新加坡模式都或多或少地反映出这一理念②。很明显，我国采用的是第三种模式，因此，我国的基本医疗呈现如下特点：

一、较低限度的医疗服务

基本医疗首先会被理解为最基本的医疗卫生服务。例如，2003 年以前，我国 78％的城镇居民、87％的农村居民曾有一段时间没有任何医疗保险，看病完全凭借自己的医疗费用支付能力和意愿③。据 2010 年统计，公立医院业务收入占总收入的比例达 91.3％，其中政府举办的公立医院这一比例达到 92.6％④。2005 年，国务院发展研究中心有关医改的评价报告指出，"由于收入差距的扩大而严重地两极分化。富裕社会成员的医疗卫生需求可以得到充分的满足，多数社会成员（包括相当多农村人口以及部分城市居民）的医疗卫生需求，出于经济原因很难得到满足，贫困阶层则连最基本的医疗卫生服务都享受不到"⑤。

---

① 汪建荣. 让人人享有基本医疗卫生服务. 北京：法律出版社，2014：108.
② 和春雷. 基本医疗的政策定位：抓大病、放小病. 中国国情国力，1998（11）：14.
③ 同①63.
④ 同①64.
⑤ 国务院发展研究中心课题组. 对中国医疗卫生体制改革的评价与建议. 卫生政策，2005（9）：6.

基本医疗以满足居民常见病、多发病、慢性病的诊治为主，强调人人享有，但享受的服务水平并不高。1999 年出台的《关于发展城市社区卫生服务的若干意见》提出，"社区卫生服务可以为参保职工就近诊治一般常见病、多发病、慢性病，帮助参保职工合理利用大医院服务，并通过健康教育、预防保健，增进职工健康，减少发病，既保证基本医疗，又降低成本，符合'低水平、广覆盖'原则"。2006 年出台的《国务院关于发展城市社区卫生服务的指导意见》提出，按照"低水平、广覆盖"的原则，不断扩大医疗保险的覆盖范围。2009 年出台的《中共中央 国务院关于深化医药卫生体制改革的意见》提出了"建立覆盖城乡居民的基本医疗保障体系……坚持广覆盖、保基本、可持续的原则，从重点保障大病起步，逐步向门诊小病延伸，不断提高保障水平"。

即便我国放弃了"低水平"的表述，"保基本"的措辞仍然难掩较低水平这一内涵。国外也是如此，1983 年 3 月，由美国总统委员会发布的《保障医疗可及性》报告，提出了"合适的最低医疗"（decent minimum of health care）概念。该报告指出，国家有"伦理道德义务"保障全民获得合适的最低医疗服务。该目标提出以后，有学者认为"合适的最低医疗"就是指一种基本医疗，并希望美国在未来的 30 年内实现上述目标①。

二、普遍享有的医疗服务

学界普遍认为，基本医疗是人人能够享有的基本医疗卫生服务。人人享有基本医疗卫生服务的本质是，国家有责任满足每个人的基本医疗卫生服务需求，且在通常情况下，个人或者家庭不会因为无力支付基本医疗卫生服务费用而不能享有基本医疗卫生服务，也不会因为支付这些基本医疗卫生服务费用而使自己或者家庭陷入经济困境②。基本医疗卫生服务的核心价值是人人享有基本医疗卫生服务，而其所获得的服务只与其健康状况有关，而与其经济社会状况无关。为达成这一目标，要分初级阶段、发展阶段和成熟阶段三步走。初级阶段要建立基本医疗卫生制度，就是目前的阶段。在发展阶段，医疗卫生服务体系应当形成基层首诊、双向转诊的分级诊疗格局，待遇趋于一致，政府投入增加，将所有的基本医疗服务纳入报销范围，不再区分政策报销范围内、外的基本医疗服务。在成熟阶段，降低个人负担，基本医疗趋于基本免费③。

---

① 刘子锋，曹培杰，程跃华. 美国"基本医疗服务"的界定及借鉴意义. 医学与法学，2014，6（4）：76.

② 汪建荣. 让人人享有基本医疗卫生服务. 北京：法律出版社，2014：2-3.

③ 同②32-33.

三、由国家保障供给的医疗服务

医改定位是"为群众提供安全、有效、方便、价廉的基本医疗卫生服务"，是指政府在提供基本医疗卫生服务方面的基本责任，也是政府确定医疗卫生服务内容、水平和服务方式时的衡量标准。政府的责任是保障人人享有，主要手段是制度构建。通过基本医疗供给模式、保障水平、筹集模式、付费模式、补偿模式等制度设计，通过政府提供或市场化供给等方式，达到人人都能享有基本医疗卫生服务的目的。

四、具有一定差异性的医疗服务

各界普遍认为，基本医疗所要求的"安全、有效、方便、价廉"，其内涵是随着经济社会的发展不断调整的。在时间的纵轴上，随着社会不断进步，总体趋势是，纳入基本医疗服务范围的项目不断增加。在横向上比较，各个地区之间也有差异，目前的县级统筹未来会向省级统筹发展，其最终目标是全国统筹。具体表现是，各地提供的基本医疗服务项目、费用标准、保障水平等均略有差异。即便未来我国的社会经济发展更加平衡，作为幅员辽阔、人口众多、民族杂居的大国，各地的差异也会长期存在。

美国医改也曾提出，各个州根据自己的实际情况，在满足联邦法律要求的前提下，选择自己合适的基准"必需健康利益包"。一些州的官员曾对联邦政府的安排表示满意，认为根据各个州的实际情况对基准"必需医疗服务包"进行弹性选择是正确的。质疑者一直期望能够建立一套单一的全国性的"必需健康利益包"。一些"奥巴马法案"的起草者指出，他们最初起草该法案的目的就是为了能够在全国制定统一的标准。一些医疗服务提供组织还提出，希望寻找一套全国标准来降低各州之间的差异性，以确保该计划的医疗质量[1]。"奥巴马法案"和卫生与公共服务部虽然对各州选择"必需医疗服务包"的内容和方式有一些强制性规定，却允许保险计划对具体利益所涵盖的弹性程度和范围予以一定限制，并且没有对限制的程度予以说明，这就导致各个州之间往往存在较大差异[2]。

---

① CASSIDY A. Health policy brief：essential health benefits. ［2014－07－07］. http://www.healthaffairs. org/healthpolicybriefs/brief. php? brief_id＝68；刘子锋，曹培杰，程跃华. 美国"基本医疗服务"的界定及借鉴意义. 医学与法学，2014，6（4）：77.

② 刘子锋，曹培杰，程跃华. 美国"基本医疗服务"的界定及借鉴意义. 医学与法学，2014，6（4）：77.

五、主要由基层医疗机构提供的医疗服务

根据《2014 中国卫生和计划生育统计提要》，至 2013 年底，我国每千人口执业（助理）医师为 2.06 人，每千人口注册护士为 2.05 人，每千人口医疗卫生机构床位数为 4.55 张，都居于世界中等水平①。但同时，我国的"看病难、看病贵"问题仍然突出，医患矛盾尖锐。其主要原因，仍然是基层医疗卫生机构并未承担常见病、多发病的诊疗服务。

在 1998 年推行城镇职工医疗保险之前，国家先期推进了社区医疗和全科医学。1997 年，中共中央、国务院下发《关于卫生改革与发展的决定》，提出要改革城市医疗卫生服务体系，积极发展社区卫生服务，逐步形成功能合理、方便群众的卫生服务网络；同时指出要发展全科医学，培养全科医生。1998 年出台的《国务院关于建立城镇职工基本医疗保险制度的决定》提出，要合理调整医疗机构布局，优化医疗卫生资源配置，积极发展社区卫生服务，将社区卫生服务中的基本医疗服务项目纳入基本医疗保险范围。1999 年颁布的《关于发展城市社区卫生服务的若干意见》指出，社区卫生服务是社区建设的重要组成部分，是在政府领导、社区参与、上级卫生机构指导下，以基层卫生机构为主体、全科医师为骨干，合理使用社区资源和适宜技术，以人的健康为中心、家庭为单位、社区为范围、需求为导向，以妇女、儿童、老年人、慢性病人、残疾人等为重点，以解决社区主要卫生问题、满足基本卫生服务需求为目的，融预防、医疗、保健、康复、健康教育、计划生育技术服务等为一体的，有效、经济、方便、综合、连续的基层卫生服务。社区卫生服务可以为参保职工就近诊治一般常见病、多发病、慢性病，帮助参保职工合理利用大医院服务，并通过健康教育、预防保健，增进职工健康，减少发病，既保证基本医疗，又降低成本，符合"低水平、广覆盖"原则，为职工基本医疗保险制度的长久稳定运行起到重要的支撑作用。2002 年颁布的《关于加快发展城市社区卫生服务的意见》、2006 年颁布的《国务院关于发展城市社区卫生服务的指导意见》提出，社区卫生服务是实现人人享有初级卫生保健目标的基础环节，政策目标包括："居民可以在社区享受到疾病预防等公共卫生服务和一般常见病、多发病的基本医疗服务"。社区卫生服务和乡镇卫生院是基层医疗卫生机构的代表，其功能定位是提供全科医疗服务。全科医疗强调以人为中心、家庭为单位、社区为范围，满足居民基本卫生需求，重在整体

---

① 汪建荣. 让人人享有基本医疗卫生服务. 北京：法律出版社，2014：8.

健康维护与促进的长期负责式照顾，并将个体与群体健康照顾融为一体。核心特征如下：全科医疗属于基层医疗保健（primary care），提供综合性服务（comprehensive care），针对各科常见问题、常见病、多发病提供全方位、立体化服务；提供连续性服务；提供协调性服务（coordinated care），全科医生是为病人组织各类资源的中心和枢纽；主动服务于社区全体居民，凡是影响居民健康的全部问题都过问；整合各临床专科，提供覆盖各科常见病、常见问题的"全科"临床服务；兼顾生物、心理、社会、环境，按现代医学模式提供全方位的服务；以病人为中心，兼顾家庭和社区，提供全范围的服务；依靠团队，融预防、医疗、保健、康复、健康教育、计划生育技术指导等为一体，提供全维度（多领域）的服务。

由于医疗服务的特殊性，不可能将全部非基本医疗服务都交给营利性机构去提供，还需要保留一部分承担基本医疗服务责任的高端公立医疗机构，其作用一是在服务价格方面发挥导向作用，二是在技术路线选择方面发挥导向作用，三是仍须承担一些相关的政府职能，例如诊疗新技术的推广、新标准的示范，以及特殊时期的应急医疗服务等[①]。公立医疗机构由政府直接兴办，其基本职能是提供公共卫生服务、基本医疗服务及部分非基本医疗服务。对于只提供公共卫生和基本医疗服务的机构，政府应确保投入，且可以参照政府行政机构的管理方式[②]。

六、主要由全科医生提供的医疗服务

世界范围内，基本医疗卫生服务和家庭/全科医学（family medicine，FM/ general practice，GP）一直是联系在一起的。2011 年出台的《国务院关于建立全科医生制度的指导意见》（国发〔2011〕23 号）指出，要"逐步形成以全科医生为主体的基层医疗卫生队伍，为群众提供安全、有效、方便、价廉的基本医疗卫生服务"。"全科医生是综合程度较高的医学人才，主要在基层承担预防保健、常见病多发病诊疗和转诊、病人康复和慢性病管理、健康管理等一体化服务，被称为居民健康的'守门人'"。

七、具有一定强制性的医疗服务

在以英国为代表的家庭医生、医院急诊模式中，除急诊外，医院只接受

---

① 葛延风，贡森，等. 中国医改问题·根源·出路. 北京：中国发展出版社，2007：20-21.
② 同①21.

家庭医生转诊的病人。荷兰也采取严格的守门人制度，医院和专科服务需要家庭医生转诊。以德国为代表的国家实行诊所、医院急诊模式，医院不承担门诊服务，如接诊小病病人，保险不予报销，并采取措施限制诊所将小病转到医院。在法国，如果越级诊疗，医保报销比例由70％降低至50％。新加坡和韩国也是采取此类措施鼓励首诊在社区。以日本为代表的模式鼓励自由竞争，诊所和医院收费相同，患者自由选择，但日本禁止设立营利性医疗机构，公立医院的医生按照公务员管理，但农村和提供初级保健服务的医生收入高于大型城市医院的医生①。我国基层医疗卫生机构承担常见病、多发病的诊疗任务，负责转诊服务，但实际运行状况欠佳。为确保基层提供基本医疗卫生服务，国家曾采取种种措施将患者留在基层。目前，北京市的社区卫生服务中心报销比例已经提高到了90％，距离免费只有一步之遥。即便如此，患者仍然纷纷选择三甲医院。未来，可供选择的路径不多：学习英国，三级医院不接受非经转诊的病人，即强制社区首诊；学习法国，越级诊疗降低报销比例；学习德国，医院不提供门诊服务。无论最终采用哪种模式，基层基本医疗服务的提供都需一定的强制力作后盾，所不同的，只是直接强制抑或间接强制而已。

第五节　损害赔偿视角下全科医疗制度困境

关于全科医疗，美国全科家庭医师学会及美国全科/家庭医师考核委员会的定义是"对个人和家庭提供连续性、综合性医疗保健的医学专科，是整合生命科学、临床医学和行为科学的宽广专科；其服务范围涵盖所有的年龄段；它是历史上开业医师的现代表现，并独特地以家庭情境作为学科的要素"。Leewenhorst 的定义是"不分年龄、性别和疾病，有行医执照的医生向个人、家庭和社区提供一线或基本的和连续的卫生保健"；澳大利亚皇家全科医师学院的定义是"医生对个人、家庭和社区提供初级综合的和连续的病人保健"②。全科医学在国外绝大多数国家和地区称为家庭医学，在我国港澳台地区亦称为家庭医学。中华医学会1993年成立全科医学分会时选择了如英国、加拿大等国习用的 general practice，general practice 直译为对于各种疾病实施治疗的业务，意译为全科医学。全科医学有两大特点：一是以尽可能简单的方法，

---

① 汪建荣. 让人人享有基本医疗卫生服务. 北京：法律出版社，2014：68.
② DICKINSON J A. 谈谈全科医学与全科医生. 全科医生，1999（1）：1.

尽可能地解决疾病的诊疗问题；二是可亲性的医疗照顾①。简而言之，全科医学是本着以人为本的理念，为家庭和社区提供预防、医疗、保健等一系列基本卫生服务的医学科学。全科医生提供的服务主要包括以下四个部分：常见病、多发病的治疗；健康促进、社区干预和疾病预防；定期筛查疾病，帮助居民提高家庭生活质量；双向转诊②。

一、全科医疗服务的具体内容

对于全科医生到底应该提供哪些服务，尚未出台统一的标准，全国各地做法各异。在北京，只要居民愿意，社区卫生服务中心就会和他们以"户"为单位签订协议。然后，中心就会按照承诺，为签约居民提供一系列的服务项目，包括建立健康状况电子档案、24小时健康问题免费咨询、对慢性病患者的健康管理等，如"为签约家庭成员建立吸烟、饮酒、运动和饮食习惯登记；提供每季度至少1次的戒烟、限酒、限盐和控制体重的生活指导；为慢性病危险因素的家庭和成员进行一年一次的体检和筛查等"。如果遇上没把握诊断的疾病，中心则会负责预约大医院的专家来"支援"③。概括起来，全科医疗服务主要包括以下几个部分：

(一) 常见病、多发病的诊疗服务

全科家庭医生要开展针对常见病、多发病的诊疗服务，尤其是糖尿病、高血压、哮喘、睡眠呼吸暂停综合征、消化系统疾病、结核病、冠心病、痴呆症、慢性眼病、皮肤病、性病、传染病的治疗。

(二) 健康促进、社区干预和疾病预防

全科家庭医生开展针对全人群和不同人群的健康教育。通过社区干预改变人们不良的生活行为，帮助人们养成良好的生活方式。如：戒烟，控制体重，减少肥胖，合理饮食，高血压病和冠心病的预防，开展儿童保健、围产保健、妇女保健、老年人保健和慢性病患者的保健等，提高儿童、妇女、老年人和慢性病患者的生活质量。

---

① 杨秉辉. 全科医学的全与专 全科医生有特定专业技能. 健康报，2008-02-29.

② 李曼春，聂建刚. 世界家庭医生组织第12届亚太地区大会会议纪要. 中华全科医师杂志，2002（9）：44.

③ 全科医生供不应求 家庭医生何时进百姓家. 环球时报—生命时报，2007-12-24. http://www.ce.cn/cysc/zyy/jrgx/200712/24/t200712.

（三）定期筛查疾病

及早发现疾病是全科家庭医生预防工作的重要内容。但是，预防工作必须提高效果和效益。问题是，何种频度的筛查是适当的？如乳腺癌、肝细胞癌、鼻咽癌、乙型肝炎、高血压、冠心病等疾病的筛查必须根据各自地区不同疾病的发病率、高危人群的比例，探讨对这类人群应该做什么，才既能满足人群需要，又能提高预防的效果，继而制定适宜的筛查标准。

（四）深入家庭

全科家庭医生应与家庭成员一起承担提高家庭生活质量的责任。全科家庭医生可以处理由家庭关系不和睦、家庭暴力、遗弃和迷失等因素所引发的各种问题。解决这些问题的技巧是提供知识、信息，进行深入的家庭心理治疗[①]。

（五）转诊

世界卫生组织坚持认为，守门人制度是坚持初级卫生保健的主要手段。1993年召开的世界医学教育高峰会议（爱丁堡会议）提出："专科医生与全科医生应达成一种平衡。一个效率高、成本效益好的卫生体系必须由全科医生对病人进行筛选，（在社区用最少的资源）解决大多数病人的健康问题，而只把很少一部分病人转诊给专科医生"。我国的大部分学者也认为"发展社区卫生事业必须完善社区医生首诊制度，真正发挥社区医生的守门作用"[②]。守门人制度，是指病人生病后首先去看全科医生，当需要更专业化的服务时，病人得到转诊服务[③]。

二、全科医疗服务提供者的损害赔偿责任

全科医疗机构的主要职责，一是公共卫生服务，二是诊疗服务，包括常见病、多发病的诊疗、疾病筛查、转诊。在提供上述服务时，全科医疗机构

---

① 李曼春，聂建刚. 世界家庭医生组织第12届亚太地区大会会议纪要. 中华全科医师杂志，2002（9）：44.

② 姜红玲. 从医生费用控制视角谈社区卫生事业发展方向. 中南财经政法大学研究生学报，2007（6）：83；卢祖洵，姚岚，金建强，等. 各国社区卫生服务简介及特点分析. 中国全科医学，2002，5（1）：38；郭清. 中国社区卫生服务可持续发展的关键问题分析与政策建议. 中国全科医学，2007，10（2）：90.

③ 杨辉. 社区卫生服务守门人好不好. 中国全科医学，2007，10（1）：36.

是否面临损害赔偿风险？该风险有多高？为了解社区卫生机构及全科医生的损害赔偿风险概况，本书项目组进行了调查。结果发现，为了管理社区卫生服务机构，北京市卫生局下设了基层卫生处。基层卫生处更多从管理的角度负责社区医院的建设和管理，并不掌握各社区医疗机构医疗纠纷的情况。从其他调查渠道反馈的信息类似，某卫生行政部门工作人员称："各个医院的医疗纠纷基本都是秘密，报上来的数据也不准。2007年北京市卫生局曾统计过相关数据，并明确说明不作为处罚依据，只为了解现状。官方如此力度，尚且无法掌握数据；非官方机构希望通过调查得到数据，更加困难。"因为没有官方权威的统计数据支持，本书只能通过研讨会、访谈的形式进行调查。调查结果表明，全科医疗服务损害赔偿风险较低，但是"代价"极其惨重，且直接影响基本医疗制度的推行。

（一）全科医疗服务损害赔偿风险低的原因及代价

全科医学的研究者、管理者们普遍认为，全科医疗服务有承担损害赔偿责任的风险，但很低。如一位研究者就认为，因为条件、经验有限，即使是常见病，对于特定的全科医生来说，也很可能就是少见病，诊疗服务质量难以保证，出现医疗过错在所难免。但是，由于以下三个原因，因全科医疗服务引发的损害赔偿风险又很小：一是病人自然分流，大病、重病、自身更在乎的人自动去大医院就医，社区里的疑难重症患者少；二是医生的自我保护意识强，将有可能产生风险的患者直接转诊；三是社区提供的诊疗服务范围有限，全科医生服务的对象通常是社区的老年病、慢性病患者，服务内容是常规处理，以开具常用药为主，发生危险的概率很低。

大部分一线全科医生承认，当前损害赔偿的风险不高。他们也承认，风险低的原因主要有四个：病人期望值低、医患关系和谐、转诊多、服务项目少。绝大多数的社区卫生服务机构甚至连简单的外伤缝合、清洁创口等服务都不提供。在城乡接合部社区卫生中心工作的某医生还指出，服务对象以农民工为主，这类群体没有经验、精力和能力索赔，这也是纠纷少的一个原因。

通过对全科医疗一线工作人员的访谈不难发现，当前全科医疗损害赔偿风险低，主要是通过缩小技术服务范围、减少服务项目、随意转诊换来的。如果全科医生切实履行义务，提供绝大部分常见病、多发病的诊疗服务，根据病情转诊，当前的低风险马上会转变成高风险。如果实行强制社区首诊，损害赔偿风险会大幅度提高，当前三级医院的医疗纠纷随即下移到社区。对此，无论一线工作人员还是研究者、管理者都应有清醒的认识。

为了限制不当转诊，有些研究者提议实行强制社区首诊，并将转诊率纳入考核。当问及如实行上述制度，是否会杜绝随意转诊现象时，一线全科医生的普遍观点是：在医患关系如此恶劣的当下，限制患者转诊就是自找麻烦，比较而言，还是违规转诊更合理。

（二）全科医生难以达到专科医生的技术服务水平

参与研讨会的全科医生普遍认为，就特定疾病的诊疗来说，全科医生还是难以达到专科医生的水平。某全科医生直陈："公共卫生服务占据了全科医生绝大部分的时间和精力，没有时间看病，技术水平自然受到影响。即便无公共卫生服务任务，人的精力是有限的，专科看一个系统的病，全科看各个系统的，怎么可能一样呢？即便转诊，转诊过程中全科医生也要负责，转诊时间段内的诊疗也难以达到专科水平。"

社区卫生中心的客观条件，也是限制全科诊疗水平的重要原因。某社区医生指出，其所在的社区还没有配备血常规检测设备，不具备诊断高血压、糖尿病的条件。某三甲医院的医生们也从侧面证实了这点。该三甲医院定期派专家到某社区卫生机构出诊，开始时，专家们热情很高，但很快，没有专家愿意去出诊，最后不了了之。分析原因，主要是社区的检测设备、治疗药品都有限，在社区出诊的专家们只能提供咨询服务，既不能诊断，也无法治疗。时间一长，不但专家们没热情，患者也知道这些专家不能解决问题，自然也不来了。

全科医学界经常强调全科是一种特殊类型的专科，其提供的诊疗服务水平并不低于专科医生。在特定疾病的特定诊疗阶段，这一点是正确的。一旦超出了特定疾病、特定诊疗阶段，则这一点通常是错误的。如原发性高血压病，基层不具备排除继发性高血压病的诊断条件，无法处理原发性高血压危象等紧急情况。学界有人动辄以解放初期为例，论证将绝大部分患者留在基层是能实现的。当年的知情者指出，刚解放的时候，镇、街道医院的医生来自解放前个体开业的医生，而解放前个体开业的医生往往都有"绝活"，否则不能生存，这样的基层医生的水平往往高于上级医院，对患者自然有吸引力。目前，基层缺少这样的医生，高度依赖设备的医学服务，医生也缺少在基层练成"绝活"的条件。

（三）损害赔偿风险已经成为制约全科医生服务意愿的主要原因

研究者及管理者普遍认为，基于自然分流、随意转诊等原因，全科医生损害赔偿风险很低，制约全科医生服务意愿的主要因素是薪酬制度、发展空间等。但部分一线全科医生并不这么认为，有全科医生列举了自己或者同行们经历的医疗纠纷，并认为，如果按照全科医生职责的要求提供诊疗服务，损害赔偿风险仍然很高，为了避免该风险，只能消极怠工、积极转诊。大部分的一线全科医生认为，损害赔偿风险是制约全科医生服务意愿的重要因素，可以与薪酬制度、发展空间等因素相提并论。更有极端者认为，损害赔偿风险的影响远远超过薪酬制度、发展空间等因素的总和。

有一线医生举例说，出现医疗纠纷，不但声誉、职业前景受影响，经济上的压力也很大。其所在的社区卫生服务中心实行追偿制，责任医生需要负担机构赔偿额度的 30%，一旦追偿，少则几千元、多则几十万元，如此高额的追偿，极端情况下甚至能够促使医生放弃职业生涯。据介绍，30% 的追偿额度只是处于一般位置，还有更高者。尽管当前的医疗执业责任险制度有助于缓解这一压力，但也只是缓解，并不能消除。

因此，在现行损害赔偿责任制度下，全科医生提供诊疗服务的主观意愿低，依法执业损害赔偿风险高，防御性医疗盛行，可以说，损害赔偿制度是基本医疗推行的重要制度障碍之一。

小　结

从初级卫生保健政策到基本医疗制度，均是从公平的角度出发，追求人人享有的基本的医疗卫生服务。当我们采用初级卫生保健的概念时，其目标之一是人人享有"基本的医疗卫生服务"。当过渡到基本医疗制度时，侧重点有所改变，在倡导人人享有的同时，强调基本医疗的公共品属性，明确国家责任。因此，初级卫生保健与基本医疗本质相同，都是公平导向，以人人享有为目标，以成本、收益分析为基础，以适宜技术、适宜药物为手段，由政府保障的医疗卫生服务。主要的不同是，基本医疗侧重目标，初级卫生保健强调手段。基本医疗以基层医疗卫生机构为主提供服务，包括提供部分专科诊疗服务；初级卫生保健强调由基层医疗卫生机构提供服务，由社区满足民众的基本医疗卫生需求。

国际上，最早的基本医疗是作为初级卫生保健制度目的出现的，强调国家保障并提供初级卫生保健服务，达到人人享有基本的医疗卫生服务的目的。我国的基本医疗，最初是相对于特诊服务提出来的。基本医疗服务收费标准由国家制定，医疗机构不得自行变更，服务费用由公费医疗、劳保医疗等报销。而特诊服务的诊疗收费可以浮动，但由患者自行承担诊疗费用，国家不再承担保障责任。1998 年开始的城镇职工医疗保险制度改革，享受基本医疗仍然是改革的目的，但筹资制度从劳保医疗、公费医疗等过渡到医疗保险，强调国家以保险的形式提供基本医疗卫生服务。2009 年开始的新医改，主要目标仍然是人人享有基本医疗卫生服务，并进一步明确基本医疗卫生服务是公共品，国家有义务保障人人享有。

尽管我国医疗保障制度变化巨大，但学界有关基本医疗的观点变化相对较小。从初级卫生保健时期开始，基本医疗一直强调必需的人人能够享有、政府有能力提供、个人能够支付、采用适宜技术的诊疗服务。但是，不同时期及不同的角度，对基本医疗概念的理解略有差异。例如，主流观点及当前的卫生政策，提及以上各个方面，似乎无所偏重。但不同学科的观察视角差异明显。从医学视角出发，基本医疗需求是基础和核心，基本医疗的本质问题被认为是医学问题，是以常见病、多发病为基础，采用基本药物，使用适宜技术，按照诊疗规范程序提供的急慢性疾病的诊断、治疗和康复等医疗服务。经济学角度的基本医疗，强调能支付得起，强调社会和个人有能力负担，且不感觉到贵。社会学角度的基本医疗，强调公平，注重人人有权利享有。也有学者更进一步，强调政府的保障责任。

关于基本医疗服务的具体范围，也是众说纷纭。有人主张以患者需求为标准，强调患者能看病、看好病。也有人主张以政府的供给能力为标准，注重政府提供能力。更多人主张综合考虑。也有学者更进一步，主张按照疾病（常见病、多发病）发生概率、疾病种类、成本收益分析、服务机构的级别进行划分，更有甚者，直接主张根据基本药物目录、诊疗项目目录等保险报销范围反推基本医疗。因此，最宽泛的基本医疗，是患者病情所需的诊疗服务；稍加限制，是政府提供一定保障的诊疗服务；再加限制，是列入政府医疗保障目录的诊疗服务。无论按照哪种观点，我国社区卫生服务机构提供的诊疗服务都是典型的基本医疗卫生服务。

基本医疗的特点如下：（1）较低限度的医疗卫生服务。新医改启动的原因之一，是贫困群体无法享有最低限度的诊疗服务。医疗卫生政策经历了早期的"低水平、广覆盖"，到近期倡导"广覆盖、保基本"，均突出了基本医疗的首要特性——相对较低限度的医疗卫生服务，美国学界甚至直接提出了"合适的最低医疗"这一概念。（2）普遍享有的医疗卫生服务。基本医疗一直强调人人享有，理想状态是人人享有病情所需的诊疗服务，但受主客观条件限制，有人主张应根据付费情况决定服务水平，我国的主流观点采取了折中主义，即在一定范围内，人人有权享有病情所需的诊疗服务。（3）国家应履行保障义务的医疗卫生服务。国家通过基本医疗供给模式、保障水平、筹集模式、付费模式、补偿模式等制度安排，通过政府直接提供或利用市场化手段，达到人人都能享有基本医疗卫生服务的目的。（4）容许存在一定差别的医疗卫生服务。人人享有并非人人享有相同水准的基本医疗服务，而是在特定时间、特定区域内，国家提供的服务项目、水平等相同，随着社会经济水平的发展，保障水平会不断提高；同时，在同一时期，不同地区的经济发展水平各异，保障水平存在地区间差异。（5）主要由基层医疗机构提供的医疗卫生服务。基本医疗服务及基本医疗保险均以常见病、多发病为目标疾病，疑难杂症并不在此范围，而基层医疗卫生机构的功能定位与此相同。（6）主要由全科医生提供的诊疗服务。全科医生被定性为综合程度较高的医学人才，主要在基层承担预防保健、常见病与多发病诊疗和转诊、病人康复和慢性病管理、健康管理等一体化服务。基本医疗服务通常由全科医生负责提供。（7）具有一定强制性的医疗卫生服务。为合理利用医疗资源，分级诊疗是大势所趋。分级诊疗制度的落实，有赖于将患者留在基层的相关制度设计，除提高基层诊疗水平外，需与直接强制或付费制度相配合。即便是在患者分流依靠报销比例的差异问题上也具有一定的强制性。

到底什么是基本医疗，学界恐怕还要争论下去。毫无疑问的是，初级卫生保健服务的核心目的是满足人们基本的医疗卫生需求。基本医疗服务的主要特征是必需的人人能够享有、政府有能力提供、个人能够支付、采用适宜技术的诊疗服务。换言之，基本医疗制度的核心是过去的初级卫生保健政策，是致力于社区卫生服务机构建设，建立分级诊疗制度，强调由社区提供大部分的医疗卫生服务。基于以上认识，可以说全科医疗是典型的基本医疗。

当前全科医疗损害赔偿风险低，但这是通过缩小技术服务范围、减少服务项目、随意转诊换来的。如果全科医生切实履行义务，提供绝大部分常见病、多发病的诊疗服务，根据病情转诊，当前的低风险马上会转变成高风险；如果实行强制社区首诊，损害赔偿风险会大幅度提高，当前三级医院的医疗纠纷会随即下移。

因此，现行医疗损害赔偿制度是基本医疗的主要制度障碍。

第三章　医疗侵权归责原则

归责原则是指以何种根据确认和追究侵权行为人的民事责任，它所解决的是侵权民事责任之基础问题①。医疗损害责任的归责原则，是指确定医疗机构承担医疗损害责任的一般准则，是在受害患者人身损害事实已经发生的情况下，确定医疗机构对自己的医疗行为所造成的损害是否需要承担赔偿责任的准则②。尽管对于医疗损害责任归责原则存在过错责任原则说、过错推定责任原则说、综合说的争论，但对医疗技术过失适用过错责任原则争议较小。在我国，医疗过失曾经是医疗损害的代名词，如果不是医学界反对医疗过失的提法、法学界试图统一医疗事故与医疗过失③，《侵权责任法》第七章的名称很可能会延续医疗过失的传统④，可以说，从医疗侵权进入法学界视野之初起，过错责任一直是医疗侵权的主要的归责原则，甚至在相当长的时间、在某些国家目前仍然是唯一的归责原则。所谓过错责任原则，是以过错作为价值判断标准，判断行为人对其造成的损害应否承担侵权责任的归责原则。主观上的过错是侵权损害赔偿的基本要件之一，缺少这一要件，即使加害人的行为造成了损害事实，并且加害人的行为与损害结果之间有因果关系，加害人也不承担民事赔偿责任⑤。在医疗技术侵权领域，各国无不适用过错责任原则。略有区别的是，某些国家并无专门规定，而是直接适用一般侵权责任条款，如德国、法国、日本、韩国、意大利等，某些国家由特别法加以明确⑥，如我国的《医疗事故处理条例》和《侵权责任法》。至于以英国和美国为代表的英美法系国家，至今仍以过错作为各类医疗侵权的唯一归责原则，在因药

---

① 张新宝. 中国侵权行为法. 2版. 北京：中国社会科学出版社，1998：42.

② 杨立新. 医疗损害责任研究. 北京：法律出版社，2009：52.

③ 同②158.

④ 全国人大常委会法制工作委员会民法室. 中华人民共和国侵权责任法条文说明、立法理由及相关规定. 北京：北京大学出版社，2010：222.

⑤ 王利明，杨立新，王轶，等. 民法学. 2版. 北京：法律出版社，2008：718.

⑥ 同②54－63.

品、医疗器械缺陷造成损害的案例中，医生仍然只承担过错责任[1]。

在《侵权责任法》医疗损害责任独立成章后，我国学界公认医疗产品应采用无过错责任原则，有争议的是医疗机构是否适用，即因医疗产品造成的损害，医疗机构承担过错责任抑或无过错责任。主流观点认为，作为医疗产品的销售者，医疗机构应承担无过错责任[2]。少数学者认为，提供医疗产品是医疗服务的一部分，借鉴美国法，医疗机构应负过错责任[3]。考虑到过错推定责任原则可以作为过错责任原则的一个组成部分，如果医疗产品侵权也适用过错责任，则医疗损害责任的归责原则可统一为过错责任原则。本书认为，在国家大力推行基本医疗的背景下，以典型的基本医疗——全科医疗为考察对象，医疗侵权应统一采用过错责任原则。

第一节　医疗产品侵权采用过错责任原则的历史传统及现实选择

一、医疗损害以过错责任为原则的传统

自现代医学伊始，医疗就需借助药物、器具，但医生承担的一直是过错责任，学界关注的也主要是过错的认定标准；至于医疗产品侵权问题，作为医疗技术过失的一部分讨论。我国较早的一部医疗损害责任专著——《医疗损害赔偿立法研究》，通篇难见讨论医疗产品侵权的[4]，只是到了《侵权责任法》立法，回顾齐二药、欣弗、刺五加等药害事件，医疗产品侵权责任才进入人们的视线。不可否认，各类药害事件的发生，是促使无过错责任进入医疗损害责任章节的主要推动力量之一。实际上，药害事件可以通过管理制度建设加以控制，甚至严格执行现行管理制度就可避免，例如，严格执行采供血管理制度，输血造成的传染病感染事件就会迅速减少。

医疗机构承担无过错责任的另外一个主要理由，是医疗机构销售药品、医疗器械等。在"以药养医"的体制下，这一判断是正确的，但"以药养医"是我国医疗体制改革的重点目标，国家正在推行基本药物制度、基层医疗卫

---

[1] 赵西巨. 医事法研究. 北京：法律出版社，2008：152-154.
[2] 杨立新.《侵权责任法》规定的医疗损害责任归责原则. 河北法学，2012，30 (12)：27-28.
[3] 赵西巨. 我国《侵权责任法》中的医疗产品责任立法之反思. 东方法学，2013 (2)：90.
[4] 龚赛红. 医疗损害赔偿立法研究. 北京：法律出版社，2001.

生机构药品销售零差率制度，随着该类制度的推进，医疗机构日益远离"销售"。目前，对于已实现零差率销售基本药物的基层医疗机构，要求其承担无过错责任已经明显不公了。

二、英美法系坚持医方承担过错责任

英国法院认为，"在医生执业时，若其符合一群负责任的且具有某特殊领域专业知识的医疗人员认为适当的职业标准，医师的行为即无过失"。美国法院对于专门职业人员的服务也未课以严格责任，其主要理由是：专门职业人员的行为以服务为主要内容，而非商品买卖；专门职业所提供的服务为社会所必需①。在某一植入体内装置瑕疵案中，法院认为不宜让医方承担医疗器械瑕疵责任，理由如下：案中的装置为治疗过程所必要的附属物，它在医疗过程中所扮演的角色具有特殊性；患者进入医院，并非在于购买药品、医疗器械、血液等，而在于获得医疗服务，以获取健康；医院或医师对于医疗器械的研发、制造及销售并无影响力，对医方课以严格责任不会使产品更安全；被告并不是较有能力分散损害赔偿的成本。在另外一起注射针头断裂案中，法院也认为：民事责任仅在一方当事人制造物品、创造危险，或者拥有比受害人较佳的能力和知识，得以控制、检查及发现瑕疵时，始课以严格责任，而在注射器针头断裂案中牙医并不比原告处于有利之地位；零售商与牙医不同，零售商销售商品，消费者支付的是商品之代价，而牙医提供服务，患者支付的对象是专业服务和技术；危险分散理论只适用于商品交易，当事人拥有巨大财产与大规模商业活动，而牙医仅为个人执业，医疗保险通常不涵盖担保责任，分摊损失之机能对于医师并不存在。即使医师能以保险方式承担器物瑕疵产生的严格责任，保费的增加也会转嫁到患者身上，此结果与损失应由有能力承担损失之人承担之严格责任不符②。

第二节　医疗产品侵权案件多采用过错责任原则

一、近年来的药害事件都是因责任人过失行为所致

之所以建立药品不良反应制度，就是因为药品引发的损害波及人数众多、

---

① 赵西巨. 医事法研究. 北京：法律出版社，2008：152-154.
② 赵西巨. 我国《侵权责任法》中的医疗产品责任立法之反思. 东方法学，2013（2）：97.

规模庞大。但是，数量庞大的药品致害事件并未引发相应数量的诉讼，甚至以药品侵权为由的案件都极难找到，而能够找到的基本都是涉及人数众多、影响广泛的药害事件，如：2004 年的龙胆泻肝丸事件①，2005 年的安徽泗县疫苗事件②，2006 年的齐二药亮甲菌素事件、欣弗事件③，2007 年的甲氨蝶呤事件，2008 年的刺五加事件④。龙胆泻肝丸事件是因药典错误，生产者使用了错误原材料所致；安徽泗县甲肝疫苗事件的起因是疫苗采购、接种违规；齐二药的亮甲菌素就是一种假药；欣弗和甲氨蝶呤事件是违反生产工艺导致的药品质量不合格；刺五加事件是药品储存不善导致污染，外加违规更换标签。上述引发社会关注的恶性事件，追根溯源，无一不是生产者或销售者违规并导致药品质量不合格，全部符合过失要件的要求。

二、大多数因医疗产品起诉的案件审查重点都是医疗过失

因医疗器械破裂、断裂起诉的案例，有些原告希望按照缺陷产品侵权规则追究责任，但是，法官审查的重点几乎都是医疗过失，裁判的主要依据是医疗事故或医疗过错鉴定结论（意见），并根据医疗过错判决医疗机构承担损害赔偿责任，医疗器械经销商通常免责。例如，患者因"心功能不全、冠心病、不稳定型心绞痛、高血压"入院，接受主动脉内气囊反搏术（以下简称 IABP）治疗，后来 IABP 泵球囊出现破裂，患者抢救无效死亡。原告起诉医疗机构，医疗器械经销商作为第三人参加诉讼。因导管已于治疗过程中剪断，无法鉴定是否存在缺陷，医疗器械销售公司提供"医疗器械注册证""入境货物检验检疫证明"等证据，证明其销售的主动脉内球囊导管符合进口产品的注册标准。根据鉴定结论，法院认为：医院在对患者的整个诊治过程中未填写"病危通知书"，在病情的告知方面存在不足；术前未将患者严重动脉硬化以及因此增加球囊破裂概率等情况告知患者本人及其家属；球囊出现破裂后，识别欠及时；球囊拔除延迟以及相应告知不足，属医疗缺陷。综合考虑患者病情、医院的医疗过错程度及过错造成损害的原因力，判定医院承担 9% 的赔

---

①　任宁. 龙胆泻肝丸事件当事人难讨赔. [2005-03-03], http://business. sohu. com/20050303/n224521724. shtml.

②　南方网. 谁在拿孩子们的生命当儿戏?. [2005-06-01]. http://www. southcn. com/news/community/shzt/bacterin.

③　新华网. "欣弗"事件回顾. [2008-10-10]. http://news. 163. com/08/1010/12/4NT4KCR80001124J. html.

④　姚娟. 药监局："刺五加注射液"要查清流向 召回入库. [2008-10-17]. http://health. sohu. com/20081017/n260079919. shtml.

偿责任。根据各方提供的证据及相关鉴定意见，无法确定医疗器械存在缺陷，进口商不承担损害赔偿责任[①]。

三、大多数法官认可过错责任原则

因药品引发的损害很常见，但诉讼不常见，判决医方承担责任的案例更罕见。因植入物断裂引发的纠纷是医疗产品侵权最主要的部分，其中，少数法官坚持无过错责任，绝大部分法官仍坚持过错责任原则，在能够证明医疗产品为合格产品的情况下，损失由患者自行承担。对此，北京市第二中级人民法院白松法官的观点具有代表性：经过严格程序才能上市的药品和医疗器械，认定缺陷必须要有科学依据，而科学的依据就是鉴定结论。在一起脊柱手术3年后钢钉断裂案中，主审法官以检验证实钢钉为合格产品为由驳回了原告的诉讼请求，并且指出"没有包治百病且没有任何风险的医生、药物、器械以及治疗手段，因此医疗损害赔偿责任是一种过错责任，只有有充分证据证明医疗机构在诊疗过程中存在过错时候才成立赔偿责任"[②]。

第三节　医疗产品侵权采用无过错责任原则的现实困难

一、缺陷鉴定的困难

医疗产品侵权采用无过错责任原则是主流观点，持此种观点的法官也认为，缺陷的有无依赖鉴定。实地调研发现，医疗产品鉴定启动极其困难，缺陷有无的鉴定更困难。

（一）使用过的药品达不到鉴定标准

《医疗事故处理条例》规定，"疑似输液、输血、注射、药物等引起不良后果的，医患双方应当共同对现场实物进行封存和启封，封存的现场实物由医疗机构保管；需要检验的，应当由双方共同指定的、依法具有检验资格的

---

① 北京市海淀区人民法院民事判决书，（2006）海民初字第 13828 号。
② 北京市西城区人民法院民事判决书，（2008）西民初字第 4712 号。

检验机构进行检验"，但在司法实践中，血液通常由血站检验，并不存在社会中立的第三方检验机构，因此，求检无门。至于药品，检验机构并不接受引发争议后封存的药品，理由是开封的药品已与外界接触，其理化性质发生改变，不具备基本的检验条件。有被告曾提议用同批次的未开封药品进行检验，但这样的提议通常又会遭到患者的强烈反对，"同批次的药品没问题，并不能代表我用的也没问题"。因此，疑因输血、输液、注射、药物等引发的纠纷不少，医疗机构按照规定封存的也不少，但真正能够启动检验鉴定程序的却是凤毛麟角。

（二）某些情况下鉴定材料难以获得

由于药品和医疗器械是消耗品，患者使用后才会出现损害，当出现损害时，药品已经消耗掉，医疗器械有时也已成为人体的一部分，因此无法提供鉴定材料。药品还可采用同批次的进行替代，植入体内且无法取出的医疗器械则连替代品都不能找到。例如，在一起诉讼中，原告术后出现假体旋转、折断等并发症，怀疑与假体质量有关。由于该假体的质量现无法通过鉴定认定是否存在质量问题（该假体因在原告体内等原因不具备鉴定的条件），根据举证责任规则，由被告医疗器械公司承担举证不能的责任[1]。

（三）鉴定的作用通常只是验证

曾有患者治疗后发生损害，认为药品存在缺陷，并同意用同批次的药品进行检验。但是，检验机构仍然无法满足需求，原因是检验只针对药物的理化属性，而引发损害的原因很多，在没有特定怀疑物质的情况下，检验如大海捞针，无法进行。例如，2007 年国家药品不良反应监测中心通报的甲氨蝶呤事件中，检验机构发现该批次药物中混入了硫酸长春新碱[2]，但检验机构之所以能够发现，也是因为该生产线上一批生产的药物是硫酸长春新碱，而硫酸长春新碱是最可能出现在该批药物中的异物，因此才能有针对性地验证，并最终验证了人们的猜测。当发生问题的原因并无明确的怀疑对象时，检验机构无从下手查找，即现有检验技术无法满足司法实践的需求。朱令案也是如此，朱令的症状很明显，协和医院的教授怀疑到铊中毒，但是不具备检验条件。后来，朱令的同学在互联网发表求助信，很多业界人士都怀疑铊中毒，

---

① 北京市西城区人民法院民事判决书，（2007）西民初字第 4501 号。
② 吕诺. 卫生部、药监局公布调查情况：甲氨蝶呤和阿糖胞苷生产过程混入了硫酸长春新碱.
[2007-09-15]. http://news. sina. com. cn/c/2007-09-15/022212571945s. shtml.

最后经北京市职业病防治所检验才得以证实①。

(四) 鉴定只能回答理化指标是否符合标准

如果采用一般人合理期待标准，缺陷的有无就是主观认识问题。即便我们将主观认识问题转化为客观的鉴定，受制于鉴定条件、技术等原因，鉴定也只能回答送检材料合格与否。以最常引发纠纷的内固定钢板、钢钉断裂案为例，鉴定也只是回答送检材料的密度、硬度等物理指标是否合格，根据这样的鉴定结论，法官只能作出送检材料是否合格的判断，除非送检材料不合格，否则法官也无法根据鉴定结论得出缺陷有无的结论。再有，医疗器械材料的鉴定标准如何选择也至关重要，很多情况下并无标准。如北京某著名医院发生过一例钢板断裂案，为科研需要，医院将断裂钢板送至北京市理化分析测试中心进行检测。检测报告指出，材料组织存在缺陷，未充分发挥材料性能的作用。经调查发现，该鉴定结论参照的标准是航天材料标准②。

(五) 鉴定机构缺少提供服务的主观意愿

任何机构与个人一样，趋利避害是本性。假如鉴定的成本大于收益，鉴定机构会采用各种手段避免提供鉴定服务。不幸的是，医疗产品鉴定也落入这一怪圈。首先，鉴定由药品检验所或医疗器械质量监督检验中心承担，这类机构的日常工作并非为法院提供帮助，而是作为药品和医疗器械厂商的重要合作伙伴，鉴定只是"副业"，重视程度自然不够。其次，与日常检验工作不同，鉴定需要回答的问题更多，也意味着需要更多的专业知识、技能和设备。为了非主业的鉴定，鉴定机构不太可能配备与此类鉴定需求相适应的人、财、物。再次，鉴定收费有限，通常是区区六千元，这点钱不足以引起鉴定机构的兴趣；另外，出庭义务影响鉴定人提供服务的积极性。最后，在"医闹"盛行的当下，当鉴定结论不利于患者时，某些患者会将"闹"的地点从医院、法院转到鉴定机构，而这是鉴定机构不愿看到的。

有人天真地认为，鉴定是鉴定机构的法定义务，鉴定机构无权拒绝。实际情况是，鉴定机构设置了相对复杂的鉴定受理程序，如要求提供各种证明材料，而部分证明材料医疗机构不会或无法留存，如此，则鉴定程序无法启动。在一起手术刀头断裂体内的案件中，医疗机构和医疗器械生产商、销售商都提出了产品质量鉴定申请，但鉴定程序也未启动，法院以无法查明刀头

---

① 吴虹飞. 清华才女中毒案十年未结 传言嫌疑人有特殊背景. 南方人物周刊. 2006-01-11.
② 北京市西城区人民法院民事判决书，(2012) 西民初字第 16078 号。

断裂的原因为由，判决生产者、销售者和医疗机构共同承担赔偿责任①。北京某知名三甲医院医务处主任证实，在其十多年的医疗纠纷处理生涯中，申请医疗器械鉴定的次数不少，成功启动的只有一次。医疗损害诉讼的业界翘楚陈志华律师也感叹鉴定困难，渴望拿到一份肯接受鉴定申请的鉴定机构名录。

二、缺陷鉴定困难引发的判决难

由于医疗产品鉴定存在的种种障碍，法官要么无法获得鉴定结论，要么仅能拿到一个产品是否合格的鉴定意见。假如仅仅是要符合一般人的合理期待标准，鉴定就是毫无必要的，其结果是无过错责任转化成了结果责任，此情形与医疗服务属行为债务的共识相违背。假如放弃一般人的合理期待标准，鉴定结论（意见）就不可或缺。但是，法官要么拿不到鉴定结论（意见），要么鉴定结论（意见）只是证明产品合格与否，无论哪种情况，法官都无法得到缺陷有无的明确意见（医疗产品不合格除外），也就无法依据《侵权责任法》第五十九条判决。此外，假如法院判决医疗机构承担缺陷产品侵权的责任，医疗机构势必追偿，此时的困局是：根据法律，医疗机构的请求应予支持，但医疗机构没有缺陷存在的证据，如果驳回医疗机构的诉讼请求，医疗机构的追偿权无法实现，这又违反了《侵权责任法》和《产品质量法》的追偿制度。可见，法官按照举证规则裁判，判决形式合法、实质违法，按照实质正义判决，则实质合法、形式违法，无论如何，对法官来说都是两难。

在实际案例中，医疗机构通常申请追加产品生产者为共同被告。从法理、诉讼法的角度，该申请没什么不妥，但是，某些法官坚决拒绝，法官的书面理由是无法律明确规定。为解决这一问题，由高院出台司法解释要求法官依申请追加。实际上，法官本来就享有追加当事人的权利，之所以拒绝，并非存在法律障碍，而是存在鉴定障碍。当只以医疗机构为被告时，根据医疗事故或者医疗过错鉴定结论（意见），法官就可以裁判案件。当加入医疗产品生产商时，医疗产品缺陷鉴定就是必需的，而法官又难以得到医疗产品存在缺陷的鉴定结论（意见），因此，理智的法官自然会千方百计避免将医疗产品生产者拉入诉讼。即便司法解释明确产品生产者须作为共同被告，只要鉴定问题解决不了，法官群体也会"发现"其他法律依据，避免适用《侵权责任法》第五十九条。

---

① 北京市第一中级人民法院民事判决书，（2004）一中民初字第 10894 号。

三、医疗过失与医疗产品责任区分的困难

就实际案例来看，即便法官并未援引《侵权责任法》第五十九条判决，最终结果也可能并无不同。法官通常以医疗机构存在违规之处，推定医疗机构有过错，如医疗机构违反告知义务、违反明示担保义务、违反记录义务等，在认定医疗机构存在违规之处后，举证责任转移。由于医疗缺陷及因果关系证明之困难，医疗机构承担损害赔偿责任就是不可避免的了。从另外的角度观察，这种现象也说明医疗产品责任与医疗过失责任高度混杂，以至于将产品责任转换为过失责任障碍很少。

（一）医疗产品侵权案件必然要审查医疗过失

在医疗损害的因果链条中，先有医疗行为，后有医疗产品的应用。假如医疗行为本身有过错、医疗产品无缺陷，损失由医疗机构承担。反之，医疗行为无过错、医疗产品有缺陷，损失的最终承担者是医疗产品生产者。无论是哪种情况，医疗行为是否有过错都是必须查明的事实，何况医疗机构还具备作为被告的各种"有利条件"——容易辨识、容易败诉、容易执行，这也是医疗机构从未缺席过被告席的原因。

（二）因果关系高度复杂、责任难以区分

在因医疗产品引发的诉讼中，产品缺陷和医疗过失往往都是损害的潜在原因。损害的原因到底是产品缺陷还是医疗过失，需要依靠鉴定。即便医疗过失鉴定与医疗产品缺陷鉴定难易度相当，损害原因的确定依然困难重重。仍以最常见的植入物断裂为例，断裂的原因可能是植入物本身有缺陷，或者是金属本身的特性——金属疲劳，也可能是医疗过失，还可能是患者不遵医嘱过早活动或负重。医疗过失鉴定能够回答过失有无的问题，医疗产品鉴定可以回答产品质量是否合格的问题，至于金属是否疲劳、受害人是否有过错，只能靠猜，各方都难以拿出明确的证据。在一例射频电极尖端断裂于患者体内无法取出的案例中，法官以损害的原因无法查清为由，判决生产者、销售者、医疗机构共同承担责任[①]。资深律师郑雪倩建议，既然生产者、医疗机构、患者都可能是内固定物断裂的责任者，则应由三者分担责任。

---

① 北京市第一中级人民法院民事判决书，（2004）一中民初字第 10894 号。

四、无过错责任与知情同意制度的冲突

以内固定钢板及其他植入物为例，植入物断裂是最常见的风险，也是知情同意书的常规内容。根据知情同意制度的一般原理，医疗属高风险行业，患者需自行承担医疗行为本身所固有的风险，非因过失医疗机构不承担内固定物断裂的责任。但是，当法官根据一般人合理期待判断缺陷之有无时，一旦内固定物断裂，医疗机构就需承担无过错责任。如此，因医疗产品造成的损害，知情同意制度形同虚设。这不但与法理相违背，也极大地损害了医务人员对法律——特别是对知情同意制度的信任，进而影响法律的权威。

第四节　医疗产品侵权采用无过错责任原则的法律后果

无过错责任这一概念，有从医疗机构责任承担角度使用的，指医疗机构无过错也要先行承担损害赔偿责任；也有从赔偿标准角度使用的，只要产品存在缺陷，生产者、销售者无论有无过错都要承担责任。本书从后一种角度使用这一概念。缺陷既指产品不合格，也指产品存在不合理风险，前者违反国家标准，可推定生产者或销售者存在过错，后者与过错毫无瓜葛，因此，本书的无过错责任仅指产品存在不合理风险时的责任承担规则。

一、影响基本医疗服务的推行

国家已将基本医疗卫生服务定性为公共品，由国家提供。因基本医疗的广泛性，服务接受者众多，出现损害后果的绝对数量自然也会多。又由于基本医疗须符合安全、可靠、方便、价廉的要求，基本医疗服务提供机构使用的药品和医疗器械也要符合上述要求。当药品和医疗器械价格低廉时，其安全性和可靠性通常无法与名牌厂商的高价产品相比，损害发生率也会相应增加。换言之，因基本医疗卫生服务造成损害的事例不会少，如果按照一般人合理期待标准，损害赔偿的案例自然会增多；如果按照侵权法的一般规则，医疗卫生机构应承担损害赔偿责任，但是，执行收支两条线政策的基层医疗

卫生机构没有赔偿能力；如果按照行政法原理，基层医疗卫生机构受国家指派完成工作任务，其行为后果应由国家承担。目前，尚未见到国家有意承担赔偿责任的迹象。因此，坚持不合理风险标准，会影响医疗机构提供基本医疗服务的积极性。

二、增加防御性医疗

不合理风险标准几近于结果责任。损害后果发生，推定医疗产品存在不合理风险，进而推定医疗产品存在缺陷。理论上，销售者有义务先行赔付。又由于医疗机构在追偿上遇到的法律障碍，医疗机构常常由理论上的中间责任人变成实际的最终责任人。如齐二药制售假药致人健康受损，而实际承担最终赔偿责任的是中山三院[①]。对于极力避免医疗纠纷的医疗机构来说，理性的选择是尽最大可能避免损害的发生。为了避免损害，在医疗产品的选择上更加注重安全、可靠，方便、价廉者只能成为牺牲品。其结果是，高质、高价医疗产品充斥医疗机构，患者获得的医疗产品的确更安全了，但"看病贵"问题更严重了。以北京某著名医院为例，所采购的内固定植入物几乎全部为进口产品，质高价贵；北京另外一知名医院，为了避免发生药物不良反应，拒绝经营中药注射制剂。

小　结

根据法学界的通说，医疗技术服务采用过错责任原则，医疗产品侵权采用无过错责任原则，二者为并列关系，并无隶属。但是，因医疗产品引发的损害赔偿案件，绝大部分都按照医疗过失救济患者，即便根据产品缺陷进行救济，缺陷的认定也通常采用不合格标准，实际上符合过错要件的要求。可见，理论界从逻辑严密的角度出发，使医疗产品侵权从医疗过失责任中独立出来；实务界从审判能力出发，拒绝这么做。因此，与其逼迫实务界想方设

---

① 广州中院的终审判决判定，齐齐哈尔第二制药有限公司是生产假药的责任人，应承担最终赔偿责任，中山大学附属第三医院等其余三方被告承担连带责任，共需赔偿原告 350 余万元。医院和销售商可以在赔偿原告损失后，继续向齐二药公司追偿。在法院开庭审理时，生产厂家齐二药并未出席，也无经济能力赔偿受害人。肖文峰，赖雨晨. "齐二药"民事索赔案终审宣判. 中国法院网. 〔2008-12-10〕. http://old.chinacourt.org/html/article/200812/10/334975.shtml.

法回避《侵权责任法》第五十九条，莫如尊重实务界，以不合格标准为缺陷认定的首要标准，重新确定第五十九条与第五十四条的关系，认可医疗产品侵权受过错责任原则调整。即便理论界仍然坚持与国际接轨，依然强调医疗产品适用无过错责任，也应当考虑以全科医疗为代表的基本医疗的特殊性，将医疗产品侵权与基本医疗国策联系起来，应以有利于基本医疗推行作为归责原则选择的主要参考条件。因此，在基本医疗、至少是全科医疗的范畴内，应坚持统一适用过错责任原则。

第四章　医疗技术过失责任

基本医疗制度以国家保障公众获得基本的医疗服务为目标。提供基本医疗服务的主力军，是以社区为单位的全科医疗队伍。换言之，全科医疗是典型的基本医疗。基本医疗制度能否成功的关键，是全科医疗制度能否发挥应有的作用。目前，医疗损害赔偿风险是全科医疗的主要制度障碍。本章从有利于贯彻全科医疗制度的角度出发，审视现行医疗技术过失侵权损害赔偿责任制度及理论，分析其特殊性，并探索完善之道。

第一节　医疗技术过失责任理论概述

现代的医疗技术过失责任理论，根植于现代西方医学。有研究表明，古代的中医、西医、印度医学等没什么两样①，不精确、不能计量、不严求客观。作为科学的现代医学，起源于 18 世纪末的法国，经过 19 世纪德、美两国医学家的推动，于 1900 年前后形成横跨欧美大陆的"医学科学"共同体②，至此，摆脱"神学"的现代医学逐步进入寻常百姓的生活。随之而来的，除了生命、健康保护水平的提高，还有医疗行为造成的损害事故。近百年来，法学界面临的新课题是如何弥补患者的损失、惩罚粗心大意的医生。自法国民法典创设、德国民法典发展了过错责任以来，医疗侵权适用一般侵权的责任构成理论，长期坚持过错责任原则，学界关注的重点是医疗过失的判断标准。

一、医疗技术过失责任构成

长期以来，医疗技术过失侵权被界定为一般侵权行为中的一个类型，并

---

① 区结成. 当中医遇上西医：历史与反思. 北京：生活·读书·新知三联书店，2005：1.
② 同①170—171.

非特殊侵权行为。"照搬"一般侵权责任构成理论，医疗技术过失损害赔偿责任需要符合以下四个必要条件：

（一）违法行为

医疗机构及其医护人员在诊疗活动中存在违法行为，包括违反医疗卫生法律、法规、规章实施诊疗活动，违反相关诊疗技术规范实施医疗行为，未尽与当时医疗水平相应的诊疗注意义务。

（二）损害后果

医方的过错给患者造成的损害后果可能是患者的死亡，也可能是患者的身体损害及精神损害。就身体损害而言，应当包括两个方面的内容：一是组成人的身体的躯干、肢体、组织及器官受到损害，导致其正常功能不能得到发挥。二是虽然表面上并未使患者的肢体、器官受到损坏，却致其功能出现障碍。精神损害，是指医疗损害所导致的受害人心理和感情遭受创伤和痛苦。

（三）因果关系

在诊疗活动中，如果患者受到损害，如无特别规定，须证明医疗机构及医务人员有过错及患者所受损害与该过错行为之间存在因果关系，才能要求医疗机构承担赔偿责任。通说认为，医疗技术损害应实行相当因果关系理论，即按照社会的一般知识经验判断，某种行为能够引起某种结果，而在现实中，这种行为也确实引起这种损害结果，那么，该行为就是损害结果的适当条件，二者之间具有相当因果关系。也有学者主张借鉴英美法系事实因果关系、法律因果关系理论，首先应由赔偿权利人证明事实上的因果关系存在，如果事实上的因果关系不存在，案件以赔偿权利人的败诉结束；如果已经证明医疗过错行为与损害结果之间存在事实上的因果关系，再由法官判断在法律上是否有充分理由使医方对损害后果承担赔偿责任。在认定法律上是否存在因果关系时，应当运用相当因果关系理论来认定。相当因果关系说强调判断因果关系的客观标准是可能性，而这种可能性取决于社会的一般见解，要求判明原因事实与损害结果之间在通常情形下存在联系的可能性。这种判断要求法官依一般社会见解，按照当时社会所具备的知识和经验来进行，只要一般人认为在同样情况下有发生同样损害结果的可能性即可，其客观依据在于事实上这种原因事实已经导致了这样的结果。

（四）主观过失

要构成医疗技术损害责任，医疗机构必须具备医疗技术过失，正是因为医疗机构具有过失，才对其课以侵权责任，以示对医疗机构的法律谴责。医疗技术过失的形式，既可以是疏忽，也可以是懈怠，都是对患者应尽的高度注意义务的违反①。

二、医疗技术过失的判断标准

医疗技术过失是医生在医疗过程中违反业务上必要的注意义务，从而引起对患者生命、身体伤害的情形。有关医疗技术过失的判断标准，英美法系主要从"人"的角度进行探讨，如合理的医生标准、理性的医生标准；大陆法系倾向于从行为本身进行判断，如最善的注意义务、万全的注意义务、医疗水准等。当然，也有少数学者支持可预见、可回避标准。

(一) 可预见、可回避标准

邱聪智教授主张，医疗技术过失应直接延续民法学界的过失理论，即未尽到结果预见与结果回避义务。医疗行为，固以除去或者预防人体之疾病为目的，但各种医疗行为，无论为药物之投与或注射或手术等，对人体组织都具有某种程度之侵袭性或者危险性。因此，在过失理论上，结果回避义务是否违反，自然亦成为判断过失的主要依据之一②。有学者进一步论述道，理解医疗注意义务的关键在于对注意义务的界定，它包括两种情形：一是结果预见义务，即医生在施行医疗行为时对于对患者可能产生的损害后果有预见的义务；二是结果避免义务，即医生在预见到其诊疗行为可能会造成患者损害时，应放弃该种疗法，或提高注意力并采取有效措施避免这种损害后果发生的义务。医生的诊疗行为以治疗患者疾病和恢复健康为目的，且具有一定的侵袭性和复杂性的特点，容易引起对患者的损害。为了避免诊疗所带来的损害，医生在治疗之前必须对一切可能发生的损害有所认识，并且采取措施防止损害的发生。如果已经预见到或应该预见到此种损害结果，而没有采取应有的避免措施，就可以认定存在医疗过失。在医疗过失责任中，首先，医生属于专家而对方是欠缺基本医学知识的患者；其次，医疗行为直接对患者的生命、健康产生重大影响，所以要求医生在医疗行为中要加以高度注意，对医疗技术过失规定的程度很低，极轻微的过失也可能使医疗技术过失责任成立。医疗技术过失的具体标准是医生施行医疗行为时法律和规章规定的程序、

---

① 杨立新. 医疗损害责任研究. 北京：法律出版社，2009：132-134.
② 邱聪智. 民法研究（一）. 北京：中国人民大学出版社，2002：309.

方式和规则。即在医疗过程中，医生必须履行依据法律和规章所规定的操作规程进行诊疗的义务。它包括在诊断过程中、在治疗过程中、在手术过程中、在注射过程中、在麻醉过程中、在输血过程中、在用药过程中、在护理过程中以及在医院内的感染等方面结果预见的义务①。

（二）医疗水平（医疗水准）

医疗过失的抽象标准又称为医生注意义务的基准，我国称为诊疗当时的医疗水平，日本学界将其命名为医疗水准。关于诊疗当时的医疗水平，代表性的观点有四种。第一种观点认为，"医务人员的注意义务就是应当尽到与当时的医疗水平相应的诊疗义务。尽到诊疗义务的一个重要方面，是诊疗行为符合法律、行政法规、规章以及诊疗规范的有关要求。然而，医务人员的注意义务并非与合法合规是完全等同的概念。一个医务人员应当具有的诊疗水平，并非完全能够被法律、行政法规、规章以及诊疗规范的有关要求所涵盖。医务人员完全遵守了具体的操作规程，仍然有可能作出事后被证明是错误的判断，实施事后被证明是错误的行为。然而，医疗行为具有未知性、特异性和专业性等特点，不能仅凭事后被证明错误这一点来认定医务人员存在诊疗过错，不能唯结果论。关键要看是不是其他的医务人员一般不会犯这种错误"②。第二种观点认为，医疗水平是指已由医学水平加以解明的医学问题，基于医疗实践的普遍化并经由临床实验研究的积累，且由专家以其实际适用的水平加以确定的，已经成为一般普遍化的医疗可以达到的目标，并在临床可以作为论断医疗机关或医师责任基础的医疗时的医疗水平。也有学者从责任角度加以论证，"判断医疗机构是否应当承担责任，要看其在诊疗活动中是否尽到了最大努力达到了与其当时所处的地域、时代相符合的技术水平，没有做到才承担责任，如果确实已经尽力达到了当地的普遍水准，没有怠于行使转院治疗告知义务的侵权事实，则不应强求医疗机构承担损害责任"③。第三种观点认为，当时的医疗水平是指医务人员在进行医疗行为时，其学识、注意程度、技术及态度均应符合同一时期具有一般医疗专业水平的医务人员在同一情况下所应遵循的标准。医务人员在实施医疗行为的过程中，应依据法律、行政法规、规章以及有关诊疗规范，保持足够的小心谨慎，以预见医疗行为结果和避免损害结果发生，一般表现为对相关的法律和规章所规定的

---

① 艾尔肯. 论医疗过失的判断标准. 辽宁师范大学学报（社会科学版），2007（3）.

② 全国人大常委会法制工作委员会民法室. 中华人民共和国侵权责任法：条文说明、立法理由及相关规定. 北京：北京大学出版社，2010：232.

③ 杨立新.《中华人民共和国侵权责任法》精解. 北京：知识产权出版社，2010：244.

具体医疗行为的操作规程和医疗惯例的遵守和执行。在实践中，判断何为"当时的医疗水平"，应当综合考虑医疗条件、医疗的地域因素、医疗的专门性因素等①。还有一种观点认为，"我国确定医疗过失的认定标准，通常称之为医疗水平，实际上就是指医疗水准"；同时又提出，"医师注意义务的基准主要是医疗基准，同时需考虑医疗行为的专门性、地域性和紧急性要素。医师注意义务的基准就是判断医疗过失的抽象标准。与此相对，法律和规章等所规定的医师在实施具体诊疗行为时应遵守的操作规程，则是判断医疗过失的具体标准。在司法实践中判断医疗行为是否有过失时，通常要将上述两种标准相结合方能得出适当的结论"，"法律、行政法规、规章以及诊疗规范规定了具体要求的诊疗行为，医疗机构和医务人员一般都应当遵守，不应当因地区、资质的不同而有所差别"②。鉴于上述四种观点均强调临床诊疗规范的重要性，有研究者认为，这些观点存在以下弊端：误以为必然存在（统一的）临床诊疗规范；片面强调临床诊疗规范的优先地位；忽视了临床诊疗规范强制性和层次性的内部区别；未明确如何适当考虑地区、医疗机构及医务人员资质等外部因素；遗漏了医生的自由裁量权问题。该研究者进一步提出，在判断一个具体诊疗行为是否符合"当时的医疗水平"时，"首先应当考查是否存在相应的（统一的）诊疗规范，如果不存在，则综合考虑实施诊疗时的具体情境、治疗措施是否最大限度地保护患者等情形，重点考查医生的自由裁量是否得当。如果存在（统一的）诊疗规范，则进一步区分强制性规范与参考性规范，违反强制性规范的行为直接构成不可推翻的过错推定，违反参考性规范的行为构成可推翻的过错推定。即使没有违反诊疗规范，在风险的预防与避免上，医生也应当尽到更大的注意义务。整个考查过程的最后一步是医生自由裁量权的法律审查，主要包括诊断提取、诊断理解、诊疗措施选择，以及地区、医疗机构资质与医务人员资质等外部因素中的参考性要素"③。

（三）合理的医生标准

合理的医生标准，指医务人员必须达到一位具有相同经验与身份而正常、谨慎的职业人员可以合理期待的注意与技术程度。若其为专科医师时，相对于欠缺特殊训练与能力之人，其应达到更高之技术程度。在英国，合理的医生具体化为 Bolam Test。Bolam 案的法官认为，医师依据一般医疗常规诊治，若该医

---

① 陈现杰. 中华人民共和国侵权责任法条文精义与案例解析. 北京：法制出版社，2010：201.

② 奚晓明，王利明. 侵权责任法裁判要旨与审判实务. 北京：人民法院出版社，2010：376—377.

③ 曾见. 论"当时的医疗水平"的法律评价. 法学评论，2016（4）：196.

疗常规为该特定专业负责任的医疗人员认为适当时，医师即无过失责任。如果医师符合一般医疗常规诊治，即使有不同意见、采取不同观点，医师仍然不负过失责任[①]。日本在探讨医疗行为是否存在过失时，采用了通常医生的标准，即"与被告医师处于相同职业、地位、客观环境中的一般的、平均的医师"，这样的标准导致"同业界的习惯行为或者同业界的标准就是过失的判断标准"[②]。韩国学界认为，注意义务的客观标准应当是当时已经被普遍推广的医学知识；医疗水平即技术或经验水平，经过一定的培训而普及于一般医师，可以成为法律基准，医师应当遵循的就是被一般的医师所普遍认可的医学原则，而不必限于一些大学、研究所、医院的研究成果；考虑医疗行为的过失，不是以一般人的水平为判断基准，而是以普通医师所应具备的医学专门知识和技术为判断基准，医师的医学水平是过失判断基准之一；医师也有裁量权，当存在几种选择时，医师有权独立判断[③]。

（四）理性的医生标准

按照合理的医生标准，医疗行为符合本地的医疗常规、习惯，就被认为没有过错。随着交通、信息的发展，医生接受继续教育和训练的机会的增加，地域差别的缩小，法学界倡导适用全国一致的标准，也称执业群体接受的标准（acceptable practice）。医生是否有过失，不在于他是否遵循了常规，而在于他的临床医疗行为是不是合理的、称职的，其同行是否能接受。也就是说，医生盲目地、错误地遵循常规不能免责[④]。法官有权审查医疗常规、惯例的合理性，强调在当时的情况下，应当采取什么样的诊疗行为[⑤]。

第二节　医疗技术过失责任构成的特殊性

以全科医疗为代表的基本医疗服务，其当前较低的损害赔偿风险率是以"消极怠工"式的全科医疗服务为代价的，是通过患者自动分流、医生随意转

---

①　陈聪富. 医疗侵权责任. 民商法律网. ［2009-01-01］. http://old. civillaw. com. cn/article/default. asp? id＝36718.

②　夏芸. 医疗事故赔偿法：来自日本法的启示. 北京：法律出版社，2007：106-107.

③　石熙泰. 医疗过失的判断标注. 中国卫生，2004（12）：47.

④　何怀文. 医疗事故诉讼中的过失认定. 法律与医学杂志，2005（12）：102.

⑤　姚苗. 英美法对医疗过失的判定原则及对我国的启示. 证据科学，2007，14（1）：54.

诊换来的。一旦全科医疗制度保质保量地执行，基本医疗服务主要由全科医生们提供，则全科医生负责的诊疗数量会大幅度增加，诊疗难度会明显提高，全科医疗的损害赔偿风险必然相应增加。另外，我国医方的医疗损害赔偿风险本就"畸高"，其原因主要是，医疗侵权照搬了一般侵权责任构成理论，并未认真考虑医疗侵权本身的特点。造成的结果是，各个构成要件仅在责任成立阶段发挥作用，且极易得到证明，加害人难以通过破坏某一构成要件而免责。换言之，医疗侵权责任的各构成要件，只有归责的作用，难以发挥限制责任或免责的功能。

一、损害结果的必然性

损害结果，是医疗损害责任的必备条件，是因果联系的另外一端。但何为损害结果，仍然存在不同的理解。比较研究表明，早期欧洲的民法典几乎都放弃对损害作出精确的定义。奥地利民法对损害的定位是一个人在财产、权利、人身方面遭受的一切不利后果，荷兰民法将损害定义为法律有提供救济义务的财产和其他损害。按照原苏联法学界的观点，损害是指法律所保护的物质财富的损害（灭失）或者非物质财富（人的生命和健康）的受害（死亡）。英美法认为，损害是法律上被认为可诉情况下遭受的损失和伤害，但损害仍被认定为一个需要在个案中具体化的概念。根据我国《民法通则》的规定，损害是指侵害财产权和人身权的后果。杨立新教授将损害定义为一定的行为（作为或者不作为）致使民事主体的人身权利、财产权利及利益减少或灭失的客观事实[①]。张新宝教授认为，损害是受害人因他人的加害行为或者准侵权行为而遭受的人身或财产方面的不利后果（事实上的损害），该损害为侵权法所认可，受害人一方就该不利后果可以获得侵权责任法上的救济（可救济的损害）[②]。

综合看来，尽管对损害的概念存在不同的理解，但在下列方面却已达成了共识：一是，损害是一种不利益，以加害行为为界对当事人的利益进行评估，前后对比利益之差即为损害；二是，损害必须是法律认为有必要且可能救济的，过于微小的或者无法救济的不利益不属于法定损害的范畴；三是，损害是客观的，一般排斥主观因素的干扰；四是，损害后果是确定的，能够

---

① 杨立新. 侵权责任法. 北京：法律出版社，2010：70；张新宝. 侵权责任构成要件研究. 北京：法律出版社，2007：119-120.

② 张新宝. 侵权责任构成要件研究. 北京：法律出版社，2007：120.

通过证据加以证明。

按照侵权法的一般理论，损害分为：物质损害与精神损害，财产上的损害和非财产上的损害，直接损害和间接损害，积极损害和消极损害，主观损害和客观损害，本人损害和受第三人反射性损害，一般损害和边际损害①，出生前遭受的损害与出生后遭受的损害，第一性损害和第二性损害，初始损害和后续损害。在医疗损害领域，根据导致损害结果的原因不同，损害可被分为：因医疗技术过失损害患者生命健康而产生的财产损害和精神损害；无生命健康损害，但对患者自我决定权、隐私权、名誉权等的侵害；因医疗行为而导致的错误受孕、错误生产等情况下所产生的财产损害和精神损害②。本书的研究对象，还包括：因医疗物品侵权导致的财产和精神损害；因医疗管理责任导致的财产和精神损害；因过度医疗导致的损害；因具有行政性质的医疗行为导致的损害。以最常见的医疗技术过失责任为例，几乎所有患者都存在损害结果。

(一) 物质性人格权受损的必然性

医疗损害受制于人类的认识能力，导致损害结果的真实原因往往难以查明，因此，如何审查至关重要。一般来说，从损害后果的角度考察医疗不作为侵权中的因果关系，倾向于保护患者的利益；而从因果关系证明的角度来考察，则倾向于对医师的保护③。事实表明，相关各方通常会从损害后果的角度来探究因果关系，导致医疗损害保护患者的倾向比较明显。

按照物质性人格权与精神性人格权的区分，医疗行为侵害物质性人格权是常态。作为侵权责任构成要件的损害结果，在医疗损害责任中几乎总是存在，至少在责任成立层面上看，损害结果要件几乎没有意义。

首先，只要医生没能阻止死亡后果的出现，理论上均可认定为侵害生命权的损害后果出现。从这个角度来说，至少有一项医生的医疗行为会与生命权受侵这一损害后果联系在一起，即生命权受损这一结果的发生具有恒常性。

其次，健康权受损也具有常态性。《辞海》中健康的概念是："人体各器官系统发育良好、功能正常、体质健壮、精力充沛并具有良好劳动效能的状态。通常用人体测量、体格检查和各种生理指标来衡量。"1946年世界卫生组织（WHO）定义的健康是："一种在身体上，心理上和社会上的完满状态，

---

① 肖青山. 论侵权损害赔偿范围之确定. 长沙：湖南师范大学，2008：15-19.

② 龚赛红. 医疗损害赔偿立法研究报告//张民安. 民商法学家：第1卷. 广州：中山大学出版社，2005：447.

③ 陶翔. 医疗不作为侵权问题研究. 成都：四川大学，2007：28.

而不仅仅是没有疾病和虚弱的状态。"将健康从生物学领域扩大到精神和社会关系领域①。医疗行为造成的患方受损，也已扩展到以上全部领域。患者因病去医院，其身体机能本来不正常（非诊疗目的性医疗行为，如整容，从广义角度来说，也属于精神不健康的类型）。假使医生无法将其身体机能逆转为完全健康状态，其都可声称健康权受侵。而世界上真正健康的人如此之少，理论上，绝大部分患者都有行使该权利的可能。如果再扩展到医疗行为或者疾病所造成的精神和社会关系不完满的状态，那么，几乎任何一个人，只要他乐意，都有办法证明其遭受了健康上的不利益。

最后，身体权受损具有常态性。身体指人或动物的整个生理组织，有时特指躯干和四肢②。患者就医，医生采取的初步检查方法是"望、闻、问、切"和"望、触、扣、听"，中医的"切"与西医的"触、扣、听"都直接作用于人体，都是医生与患者身体的直接接触。根据诊疗行为因患者同意而阻却违法理论，如无患者同意，都是侵犯身体权的行为，如果涉及身体敏感部位，更是如此。曾有一名很正直的男医生，在给一名女患者治疗牙齿时，将器械放在了铺在女患者胸前的治疗巾上——男医生的做法主要是为了取器械方便，节省治疗时间，女患者则认为男医生有不良企图。此类行为，的确难免侵犯身体权的嫌疑③。

总之，任何医疗行为都可能侵犯患者身体权和健康权，几乎任何人都至少有一次请求医生承担侵犯生命权责任的机会，如果仅从损害结果的角度看，任何医疗行为都有可能导致物质性人格权受损。

（二）精神损害的必然性

医学并非精密科学，单从结果来看，错误比比皆是。这些错误会在不同程度上造成患者的精神痛苦。

对于疾病的诊断来说，要求100%的正确率只能是幻想，但是，对于"死亡"的判断，时间能够提供极大的帮助④。可以说，在诊断问题上，最不应该出错的也就是死亡了，但是，错误却屡屡出现。广东佛山弃婴案中，护士将引产的活婴作为死婴处理，后来家属发现婴儿尚处于存活状态（对于新生儿的救护及判定死亡等问题，中华医学会有其严格的操作规范：孩子出生时无呼吸、无哭声、全身青紫，应该是出现了窒息的情况，需要立即进行复苏；

①　百度百科"健康"条. 百度网. ［2011－12－01］. http://baike.baidu.com/view/18021.htm.
②　百度百科"身体"条. 百度网. ［2011－12－01］. http://baike.baidu.com/view/38173.htm.
③　北京民航医院李蓓医生提供的案例。
④　马辉. "生""死"误诊太不该. 新京报，2008－04－16.

经规范复苏 10 分钟后，如果没有心跳、没有呼吸，才可以宣布死亡）①。东莞一女子被车撞飞，血肉模糊，医院 120 急救医生现场检查后称其已经死亡。医生走后不久，一围观者脱下上衣盖在该女子头上时，意外发现她的手还能动，遂送至医院，经抢救，患者脱离险境②。国外也出现过临床死亡又奇迹般复活的事例③。

在最不可能误诊的死亡问题上，尚难以避免误诊，其他疾病的诊断更是如此。被误诊为患有肿瘤、烈性传染病或者其他难以治疗的疾病，精神痛苦可以想象。

在治疗领域，精神痛苦也是难以避免的，最常规而且安全的医疗措施要数静脉穿刺了，静脉穿刺也会有疼痛感。其他侵袭性更强的医疗行为所造成的痛苦通常要更大。只要实施治疗行为，肉体或者精神痛苦几乎难以避免。

至于侵犯患者的知情权与隐私权，精神痛苦的损害结果自然更是不言自明的。

综合来看，只要实施医疗行为，就会造成接受者的肉体或者精神痛苦，所不同的只是痛苦的程度。就现实案例观察，何种痛苦可被视为具有法律意义的损害结果，对此尚缺明确且统一的认识，但可以肯定的是，医疗行为导致精神痛苦是普遍而且经常的。

（三）利益损失的必然性

就患者所遭受的损害结果来看，权利受损是否存在，有时还需要通过对病历材料进行评估才能得出结论。从这点来看，权利是否受损的认定尚有轻微难度。比较而言，利益受损的事实连起码的评价程序都可免除，直接出示医疗费等证据即可。因此，只要接受过医疗行为，利益损失几乎必然存在，且极其方便就可得到证明。

二、因果关系的随意性

因果关系是侵权责任的构成要件之一，现代各国无不承认。但令人遗憾的是，因果关系问题目前仍然是一个尚未解决的难题。学术上众说纷纭，立

---

① 佛山"弃婴门"事件调查. 搜狐网．［2011-11-12］．http：//health. sohu. com/s2011/foshan-qiying/.

② 120 医生称车祸伤者死亡 围观者发现救其一命. 腾讯网．［2011-11-12］．http：//view. news. qq. com/a/20100112/000039. htm.

③ 康娟. 男子被宣布死亡后复活 医生原计划切除其器官．［2010-05-10］．http：//news. qq. com/a/20080612/003547. htm.

法上含混不清，实践中举措不定——这一切都使人深感问题的艰巨与复杂①。尽管涌现出大量的法律因果关系学说，但迄今为止，没有哪个学说能够将法律因果关系问题彻底地解决。各家学说都从一定角度或在一定情况下揭示了因果关系的某些本质属性，但也都面临着在其他角度和情况下不适用的尴尬。众多学说在揭露彼此缺陷、不足的同时，也造成了新的混乱与错误②。王泽鉴先生自嘲道：值得说的已经说过多次，不值得说的更说得不少③。因果关系就是个不可解的难题④。甚至有学者主张，既然每一种因果关系的理论都存在这样或者那样的缺陷，与其如此，还不如干脆放弃对统一、明确的因果关系规则的追求。但是，如果取消现有的全部学说，用何种理论代替又是一个十分紧迫而且难以解决的问题⑤。在法律人看来，一个不好的规则也比没有规则要好，否则会造成普遍的不确定性⑥。总之，"有比没有好"。从这些议论不难看出因果关系问题之困难和复杂，而且，医疗损害责任因果关系是公认最为困难和复杂的领域之一，霍夫曼勋爵曾论述道："临床过失诉讼使得因果关系成了一个着实棘手的难题，这是路人皆知、毋庸讳言的了"⑦，追求统一规则的难度不言而喻。但是，如果放弃对统一规则的追求，法官可适用各种复杂的、差别巨大的因果关系理论，即：法官想要哪种结果，都可找到相应的因果关系理论进行论证。此种情形，类似毫无限制的自由裁量。

（一）因果关系的功能

因果关系要件公认的功能包括"归责"和"限制责任"两个方面。因果关系既要确立个人责任的基础，同时也要避免责任的无限度扩大，也须在无辜受害人的足额赔偿与责任人免于因其过错而产生过重负担二者之间寻求平衡。为体现这种平衡，法律政策及其体现的法律价值是最终的判断者⑧。也有人进行了更具体化的考察，将因果关系要件的功能概括为以下四个：（1）确立责任主体。因果关系通过考察行为与损害之间是否存在引起与被引起的关

---

① 曹兆兵. 侵权行为法上的因果关系研究报告. 中国民商法律网. [2011-04-01]. http://www.civillaw.com.cn/article/default.asp? id=8341.

② 韩强. 法律因果关系理论学说史述评. 上海：华东政法大学，2007：摘要.

③ 王泽鉴. 侵权行为. 北京：北京大学出版社，2009：182.

④ 韩强. 法律因果关系理论研究. 北京：北京大学出版社，2008：1.

⑤⑥ 同④2.

⑦ 马克·施陶赫. 英国与德国的医疗过失法比较研究. 唐超，译. 北京：法律出版社，2012：87.

⑧ 张新宝. 侵权责任构成要件研究. 北京：法律出版社，2007：301.

系，将损害的发生指向一定的行为主体①。(2) 限制责任范围。为平衡个人行动自由和生活安宁间的需求，只能截取一定的因果链条环节来考察因果关系。法律责任必须被限定于那些与结果紧密相连的原因，这些原因必须能为法律确立责任提供正当化的理由②。德国联邦法院将相当因果关系的概念理解为公平限制被告责任的方法，"被告过失行为是否在正常经验范畴之外，应依据相当因果关系认定之，此项认定并非因果律之问题，而系公平确定行为人应否对结果负责之界限，亦即责任限制问题"③。以哈特和奥诺尔为代表的法学家认为，因果关系是侵权责任的构成要件，但是，因果关系只限于事实领域，与价值无关，且是与法律政策并列的限制责任的方法。自始至终，哈特和奥诺尔都将因果关系视为限制责任的工具④。(3) 实现个人自由、个人安宁和社会效用的平衡，既要救济受害人，加害人也不能承受过重的负担，还不能让整个社会承担过高的成本⑤。(4) 以理论构架的方式确立法律的统一适用，既保持一定的弹性以适应社会需要，也要适当限制法官的自由裁量，以理论构架的方式确立法律的统一适用⑥。

实际上，学者们早就注意到，因果关系理论普遍具有事实判断与价值判断、事实问题与归责问题相混淆的弱点，单纯依靠构建在逻辑基础上的法律技术难以解决问题，因此，法学家们将政策性判断融入原有的法律技术框架，使其成为限制因果关系的工具，进而起到限制责任的作用。如果说因果关系是客观的，如何能因人的主观需要而进行限制？以至于很多法学家承认，法律因果关系、近因都与因果关系问题无关，而是纯粹的归责问题⑦。从这个角度看，个人自由与社会效用的平衡不过是法律政策性考量，属于责任限制的主要理由；至于限制法官的自由裁量权，更是侵权责任构成要件的最主要功能。换言之，所谓因果关系的四大功能，归根结底，还是要归入归责、限制责任这两大传统功能之中。

在一般人身侵权领域，因果关系的功能被界定为归责和限责，将导致损害的因素视为一个整体，在责任成立阶段，探讨这些因素的链条应该在哪个环节人为截断。在损害结果上，解决哪些结果是法律所应该保护的利益的问

---

① ② 张小义. 侵权责任理论中的因果关系研究: 以法律政策为视角. 北京: 中国人民大学, 2006: 38; 张新宝. 侵权责任构成要件研究. 北京: 法律出版社, 2007: 301-303.

③ 陈聪富. 因果关系与损害赔偿. 北京: 北京大学出版社, 2006: 12.

④ 韩强. 法律因果关系理论研究. 北京: 北京大学出版社, 2008: 202.

⑤ ⑥ 同①.

⑦ 克雷斯蒂安·冯·巴尔. 欧洲比较侵权行为法: 下卷. 焦美华, 译. 北京: 法律出版社, 2004: 527.

题。无论是原因的组成因素还是组成结果的各种利益，都被视为一个整体。但在医疗损害赔偿领域，组成原因的因素不再作为一个整体出现，而是被继续细分，则责任成立阶段就需要解决哪些因素可以作为损害引发的原因的问题，进而确定某一因素在损害中所起作用的份额。所以，有学者认为，在医疗损害因果关系成立阶段，就需要解决因果关系是否成立及在多大范围内成立的问题；诊疗行为在多大程度上导致了诊疗损害后果，则决定着医方在多大范围内承担赔偿责任①。因此，根据医方行为在损害后果中所起作用的百分比承担责任的责任方式，在发挥着归责的作用的同时，也发挥着限制责任的作用，但这已经不是传统的责任范围因果关系问题，而是承认责任范围因果关系前提下的责任限制。另外，随着医疗损害因果关系成立标准的一再降低，从必然性（必要条件）降到可能性（相当因果关系）、从可能性（相当因果关系）降到实际参与②，根据最一般的公平正义观念，被告所承担的责任自然应该是相应减轻的。最后，随着过错要件的客观化，过错要件分担了部分归责功能③，即过错要件代替了因果关系要件的部分归责功能，使得因果关系功能的比重向着限制责任方面倾斜。因此，医疗损害因果关系问题的研究，在关注传统的归责功能的同时，更应关注责任限制问题。

（二）医疗技术侵权因果联系建立的一般规律

1. 损害结果归因于医疗行为的接近必然性

因果关系研究，意图是在违法行为与损害结果之间建立某种联系，使得损害结果可被归因于违法行为人。因损害结果的相对客观性、明确性，因果关系通常会从结果出发，以损害结果为中心，回溯性地探寻原因。同时，也可以从原因出发，寻找该原因导致的结果④。理论上，既可以从违法行为出发寻找损害结果，也可以从损害结果出发寻找原因。由于造成损害的条件是复杂的，为了避免因果关系的链条过长，才有最近原因说的提出：我们沿着因果链条回溯追寻，直到找出一个应负责的行为人的错误行为，而该行为又是

① 单国军. 医疗损害. 北京：中国法制出版社，2010：88.
② 相当多的医疗案件中，损害结果是疾病的自然转归，医生过错行为并非损害结果发生的原因。但是，法官依然会以医方存在过错、医方更有能力负担损失为由，判决医方承担一项较小比例或者数额的损害赔偿责任。
③ 因人类认识的局限，诊疗行为与损害结果之间的因果关系常常难以查明，且医疗侵权行为以应为而未为——不作为为主，不同于一般侵权以作为为主要行为模式的加害行为，致使医疗损害的过错要件与因果关系要件高度重合。医疗过错一旦得以确认，因果关系要件往往同时被认定。
④ 张新宝. 侵权责任构成要件研究. 北京：法律出版社，2007：288.

距离损害结果最近（或最后）的一个自由的人类行为，该行为就是法律原因①。但也有不同意见。在张新宝教授看来，因果关系的研究，目的是确定某一行为人的行为或物件是否造成了损害、造成了多大范围内的损害事实，不是研究某一损害事实的形成都有哪些原因和条件。若将损害事实置于中心位置，发散状地回溯原因，无疑扩大了研究的工作量，也会因与前一问题的交叉而使因果关系变得错综复杂、难以辨认②。因此，建议从违法行为出发追查损害结果，主要是出于司法效率的考虑。但无论从原因出发还是从结果出发，因果关系的链条似乎都是明确、客观的。

就实际案例观察，法官基本是从违法行为出发，探讨该违法行为造成的损害结果，但论述的重点均是违法行为，违法行为一经确认，直接"贴上"与损害后果之间存在因果关系的标签。"原告因病至被告处就诊，被告对原告行诊刮术治疗，造成原告子宫穿孔并发出血，被告所行诊刮术虽未构成医疗事故，但有医疗过错，该过错导致原告身体受到伤害，而该过错与原告无关，故被告应当赔偿原告的全部损失"③。"第一医院违反手术规程，在为黄珺滢施行阑尾切除手术时误将其子宫摘除，造成黄珺滢终生丧失生育能力、部分丧失劳动能力的残疾，其行为严重侵犯了黄珺滢的健康权，依照《民法通则》第一百一十九条的规定，第一医院应承担人身损害赔偿责任。作为一名未成年的幼女，子宫被摘除，丧失生育能力，除了肉体上的痛苦外，必然也会随着她的成长，给其造成伴随终生的精神压力和痛苦，影响其作为一名女性的正常生活。这起医疗事故将给黄珺滢带来的精神损害是显而易见的，损害的后果是严重而久远的，必须给予一定物质上的抚慰和赔偿"④。"扬州市第一人民医院作为三级医院（现已为三级甲等），应当具有相应的医疗技术水准，扬州市第一人民医院对毛凯悦的诊疗行为与该水准不符，存在明显的过错，该过错导致延误了对毛凯悦后颅凹肿瘤的及时诊治，加速了后颅凹肿瘤发展的进程，与毛凯悦的死亡存在相当因果关系"⑤。"造成陈某某目前损伤（九级伤残、精神痛苦）的直接原因为被告医院的手术，但由于本案手术系在陈某某未充分了解手术后果的情况下实施的，陈某某丧失了选择手术与否的机会，从而丧失了避免手术发生的选择权，致使医疗活动不恰当地进入手术过程，使得术后并发症——提上睑肌断裂的危险由理论上的可能性转化为现实的可

---

①　韩强. 法律因果关系理论研究. 北京：北京大学出版社，2008：71.

②　张新宝. 侵权责任构成要件研究. 北京：法律出版社，2007：288.

③　上海市静安区人民法院民事判决书，（1999）静民初字第 872 号。

④　福建省高级人民法院民事判决书，（1998）闽民终字第 19 号。

⑤　江苏省高级人民法院民事判决书，（2006）苏民终字第 0033 号。

能性。该现实的可能性与手术过程结合对陈某某导致的伤害就成为其丧失选择权的必然结果。所以侵犯陈某某知情权与陈某某目前所伤害结果之间具有内在必然的联系，双方之间为间接因果关系"①。

2. 损害结果归因于医疗行为的高度可能性

在自然科学无法给出确定答案的情况下，法律降低了原因认定的客观性，风险理论大行其道。根据风险理论，被告的行为产生了危险，而且原告的损害是在这一危险范围内的，此时原告损害，被告应当负责。风险理论在 Rylands v. Fletcher 案中被首次确认。该案的原告在其所有的土地内储藏有毒物质，后此有毒物质泄入邻地而给原告造成伤害。法院认为，无论该泄漏事故是被告人本人过错所致还是第三人行为或者自然事件所致，被告在其土地内储存有毒物质这一事实本身即为事故发生的根本原因，被告应对该损害负责。风险理论主要适用于严格责任或绝对责任的侵权案件。该理论认为，被告应对他引入社会的某种异常危险承担责任；仅仅基于这些危险，便足以认为他负有责任。对于从事高危行业、所有或持有高危对象而使社会处于可能受损风险之中的人来说，一旦此行业、行为或者对象导致损害发生，则认为损害行为的实施者或致害对象权利人的行为或持有本身即为损害结果的法律上的原因，而不问其在损害中所起实质性作用如何②。在医疗损害领域，医疗行为造成了损害发生的风险，往往也会被直接认定为损害的原因。根据风险理论，被确定为法律原因的主要有以下几种情形：（1）无证行医。行医行为尽管对损害发生作用，但是不具备执照的事实却没有③，理论上，仍须考察医疗行为与损害之间是否存在因果关系。在典型的无证行医案中，一般会采用风险理论直接认定因果关系，如某无证医生私设诊所，为患者注射药物治疗，患者产生过敏反应死亡，法院判决加害人承担全部赔偿责任④。在无证疫苗注射时，法院也采用了风险理论，直接认定了因果关系。一名乡村医生无疫苗接种资格，但实施狂犬病疫苗接种，后接种者死亡。法院认定，该医生的行为为非法行医，承担全部损害赔偿责任⑤。但在出现非典型的无证行医时，法官

---

① 陈某某诉中国人民武装警察部队上海总队医院医疗损害赔偿案//人民法院案例与评注. 民事七卷. 损害赔偿（上）. 北京：中国法制出版社，2006：1-243.

② 李彭. 侵权行为法之因果关系问题探究. 上海：华东政法大学，2008：19-20.

③ 韩强. 法律因果关系理论学说史述评. 上海：华东政法大学，2007：176.

④ 裴晓兰. 无照女医生输液致他人死亡赔偿 35 万. 腾讯网. [2011-01-12]. http://news. qq. com/a/20081225/000484. htm.

⑤ 邹旭，王峰. 无资质接种狂犬疫苗出事故 一乡村医生担责赔八万余. 中国法院网. [2011-10-01]. http://www. chinacourt. org/html/article/200801/14/282868. shtml.

的关注点或在医疗技术过错上。例如，在讨论北大医院非法行医案中，张新宝教授主张应考察医疗行为本身与损害之间的因果关系，但社会舆论一致声讨"非法行医"行为，似乎采用了风险理论，直接认定非法行医行为是患者死亡的原因。就审理结果分析，法官并未审查非法行医与损害结果的关系，而是将注意力放在了医疗技术是否存在过错、患者死亡的原因是什么上，并未直接认定因果关系存在①。（2）医疗过错。丹麦一家医院错误地切除了患者的肾脏，三个月后患者脑溢血死亡，肾脏切除与脑溢血之间的关系在医学上无关。但法院倒置举证责任，从而将医疗错误与损害结果之间建立了联系②。北京某医院用药错误，后患者罹患精神病。患者认为，精神病为医院的错误用药导致，应承担损害赔偿责任。法官直接倒置了证明责任，要求医院证明加害行为与损害结果之间无因果关系。后来，医院提供了大量证据，证明该药物没有导致精神疾病的可能，履行了举证义务③。从没有直接认定因果关系的角度考察，医疗过错行为并未适用风险理论，但是倒置了举证责任，使得原告的证明责任进一步降低。

3. 损害结果归因于合法医疗行为的可能性

因果关系理论普遍具有价值问题与事实问题相混淆的缺点。与一般人身侵权相比，医疗损害因果关系的认定更加复杂、困难，导致事实与价值的混淆趋势更加明显。医疗技术侵权案件中，鉴定结论（意见）通常出现这样的表述：医疗行为与损害结果之间没有因果关系，但医疗行为存在以下不足，如病历书写不规范、没有及时进行复查、没有及时请上级医师会诊等。法官往往根据鉴定结论（意见）指出的不足，直接判决医疗行为与损害之间存在部分因果关系，由被告承担部分责任。此时，因果关系问题只是一个价值问题。例如，某患者死亡，鉴定结论为："医院对于患者低血糖处理中经验不足、处理欠及时，对脑组织损伤有一定影响，但与病人的死亡无因果关系"。法官采信了该鉴定结论，但认为："患者死亡是其疾病自然转归的结果，但医院的医疗有过错，对患者的身体健康造成伤害"，"判定医院应对患者的脑组织损伤承担10%的责任"④。

公平责任也是用价值判断代替事实因果关系判断的典型表现。理论上，公平责任的适用空间理应不存在或者限制在非常小的范围内。张新宝教授认为，原告和法官在认识案件的思维一般规律上都不容许公平责任原则先入为

---

① 北京市第一中级人民法院民事判决书，（2007）一中民初字第13348号。

② 克雷斯蒂安·冯·巴尔. 欧洲比较侵权行为法：下卷. 焦美华，译. 北京：法律出版社，2004：548.

③ 此案为王凯戎律师代理的案例，其在与本书作者交流时多次谈到过。

④ 北京市海淀区人民法院民事判决书，（2003）海民初字第18648号。

主地存在，原告不可能依公平责任原则求得赔偿，被告不可能依公平责任原则获得抗辩，法官不可能依公平责任原则正确地主持诉讼和作出判决①。也有学者认为，公平责任原则多适用于财产损害领域，因为它的目的在于平衡当事人之间的财产状况和财产损失，对于不幸的损失在当事人之间进行平衡。其适用应以侵犯财产权为主，对侵犯人身权而造成的财产损失也可适用公平责任原则，但两种情况下都限于直接财产损失的赔偿②。但在医疗损害赔偿案件中，无因果关系却适用公平责任原则的案件比较常见，如朝阳医院"准丈夫"拒绝签字造成母子双亡案，医院无过错得到法律认可，但医院应承担一定责任也有社会共识，可以说，医院自愿补偿的十万元是公平责任的结果；有血站人员分析了十二例输血感染传染病案，结果是一例承担赔偿责任，五例承担无过错补偿责任，金额从二千元到八千元不等③。当然，此类判决的作出，不能排除"维稳"的影响。

第三节　医疗技术过失理论选择

由于医疗技术侵权行为的特殊性，在侵权责任的三大构成要件中，损害结果几乎永远存在，因果关系又具有高度的弹性，导致该两大要件几乎形同虚设，其结果是，医疗过失几乎承担了全部的归责、限制责任及免除责任的功能。

关于医疗过失的判断标准问题，英美法系与大陆法系国家略有不同。根据英美法系国家的传统，"理性人"是过失判断的基本标准。某一医疗行为是否有过失，通常以"一个具有通常技能的医生""行使合理的注意"所应达到的医疗水平或是"医师成员之平均、通常具备之技术"为判断标准，也有主张按照"理性的医生"行使合理的注意所应达到的技术水平来判断过失的有无④。日本沿袭大陆法系的传统，直接从行为的角度提出了过失判断的客观标准——医疗水准，即诊疗当时的医疗水平⑤。我国《侵权责任法》第五十七条规定医疗技术过错的判断标准是"当时的医疗水平"，此种表述与日本的"诊疗当时的医学水平"有异曲同工之妙。

① 张新宝. 侵权责任法原理. 北京：中国人民大学出版社，2005：45.
② 魏振瀛. 民法. 北京：北京大学出版社，2000：684.
③ 李德钧，史志旭. 谈12宗输血感染诉讼案. 中国卫生法制，2005（1）：27.
④ 赵西巨. 医事法研究. 北京：法律出版社，2008：251.
⑤ 夏芸. 医疗事故赔偿法：来自日本法的启示. 北京：法律出版社，2007：115.

英美法主要是从执业群体的角度入手，考察群体应有的行为，进而判断个体是否达到了"医疗水准"；大陆法系国家往往直接考察个体应有的行为，但"参照物"依然无法脱离执业群体而作出单独的判断，因此才有了通常的医生和理性的医生标准之争。从过错认定抽象标准这一角度考察，"人"的标准与"行为"的标准应该是同一问题的两个方面，"描述"的应该是同样的标准，所不同的，应该只是考察时的着眼点、考察的顺序不同而已，但实际上，区别仍然存在。毫无疑问，医疗水准作为过错判断的抽象标准，是稳定的、没有异议的。但是，医疗水准仍然是空洞的、模糊的、不具体的，也是不可操作的，所以，医疗水准的确定仍然离不开"人"这一相对具体的参照物。本书主要从"行为"、辅以"人"的角度入手，探讨医疗水准的价值追求，围绕着医疗水准的价值追求，探索医疗水准确定的参考因素。

一、采用医疗水准理论的正当性

按照大陆法系的通说，医疗事关生命；医生作为专家，应该承担最善的注意义务，也有采用英美法传统称为善良家父标准的。按照侵权法的一般原理，过失的判断标准是结果预见与结果回避义务是否违反。

(一) 最善的注意义务标准检讨

按照传统民法的一般理论，医方的注意义务属于抽象轻过失类型，是在善良管理人之注意义务基础上演化而来的专业人士的注意义务，是一种伦理道德义务逐渐法定化的义务。日本所称的"最善的注意义务"，中国台湾学者陈聪富强调的具有合格专业水平的医师为自己的子女诊治所应有的注意，从人的角度考察就是善良家父标准。

在侵权法的领域，以保护自己利益的、业务上具有相当经验的人作标尺判断行为人是否有过失，并无异议。以患者为中心，善良家父标准无疑也是最高、最全面、最周到的标准。但如果考虑了医疗服务的特殊性，该标准恐怕很难在现实中适用。

首先，在医疗领域，"善良家父"一般是不存在的。医疗实践中，除了个别"猛人"外，医生很少亲自为家人"看病"，更少亲自为家人治疗。医生群体用他们的亲身实践告诉我们，在医学界，几乎不存在"善良家父"。为什么"善良家父"在医学界难觅踪迹？第一，医疗服务的提供首先是诊断，即针对病情的判断。按照一般常识，准确的判断需要判断者有超然的地位，不受个人情绪、好恶所左右。第二，医疗服务以提供治疗为目的，而患者在享受治疗利益的同时，需要承受治疗伴生的风险，没有超然的地位，无法在利益和风险之间作出理性的选择。

其次，最善的注意几近于无过失责任的严格责任。纵观医疗侵权的案例，患者起诉时，一般都能找到一个以上的医生"应该"而实际上"没有"实施的医疗行为，或者"应该"达到而实际上"没有"达到的医疗水平。这些"应该"如果成为"现实"，则患者人身损害后果要么不会发生，要么不会达到目前的严重程度。按照这样的标准要求，即使"全国人民上协和"，协和也不可能提供所有的"应该"的服务。这样的过错标准，对医疗服务提供者来说，当然是太苛刻了。

同时，最善的注意必然要求全面彻底的检查和治疗，从患者的角度观察，无异于过度检查、过度治疗。以医学诊断为例，诊断主要是根据患者的自身感觉，寻找身体的器质性病变，简单说，类似一个案件的侦破过程，按照一定的线索、依赖一定的技术寻找答案。但是，一条线索——症状对应的疾病很多，为确定诊断可依赖的技术手段也很多，即可选的检查措施很多。如果采用最善的注意义务，意味着"不放过一种可能性"，为了找到这一个"分子"，成千上万的患者都得充当"分母"。这些支付费用的"分母"当然认为这是"过度检查"。另外，人类对疾病的认识有限，无法得到最终确诊的患者比比皆是，即使本领域的检查手段穷尽，也可能选择其他领域的手段。治疗也一样，尽管人类掌握了越来越多的治疗手段，但是，真正能够征服的疾病不外几种，大量的治疗措施只能从边际产生某种效果，有时甚至只是心理暗示。但对于饱受病痛折磨的患者来说，边际的效果也是效果。因此，从患者健康角度出发的"最善"的注意，在观察者特别是具体的患者眼中就是"过度"。

在国家进行医疗体制改革的今天，必须依赖基层医院和医务人员提供基本的医疗卫生服务，只有为其设定现实可行的过错标准，才有可能使得基层医疗卫生机构存在下去，使医务人员工作下去。因此，最善的注意义务，只是看起来很"美"，只有在不计成本的前提下，才有可能实现。

(二) 损害结果可预见、可回避标准检讨

邱聪智教授认为，过失理论上之注意义务，本系就违反结果之预见义务而言，惟晚近以来，由于社会活动经常伴有高度之危险，活动本身往往同时即具有某种程度之抽象危险。因此，过失义务之理论，乃转而强调结果回避义务之阐述。医疗行为，固以除去或者预防人体之疾病为目的，但各种医疗行为，无论为药物之投与或注射或手术等，对人体组织都具有某种程度之侵袭性或者危险性。因此，在过失理论上，结果回避义务是否违反，自然亦成

为判断过失的主要依据之一①。但该理论也难以适用于医疗侵权案件。

1. 预见却轻信能够避免者比比皆是

人们早已认识到，医疗行为的特性之一是高风险性。随着医学的进步，医生们已经了解了医疗行为的大量风险，即有能力预见损害结果，却往往采取"放任"的态度。以青霉素皮试为例，在应用此类药物之前应该做皮肤过敏试验。人群中存在个别特异体质之人，皮试的那微量的青霉素就可能导致严重的过敏反应，甚至死亡。医务人员均知道这个常识，但几乎没有医生为此采取"充分"的针对性的预防措施。根据预见性理论，医生们都能预见，不存在没有预见的可能。但对于已经预见的损害后果，医生们往往不采取"充分"的措施，符合"预见到损害后果而放任损害结果的发生"的过错判断标准。

2. 预见而未采取措施避免是"常态"

仍以青霉素过敏为例，医生们能否采取措施，避免过敏事件发生？答案是：能。最简单的办法是避免使用青霉素，其他的办法是充分准备抢救条件。对于第一种办法，只要使用药物，都有可能导致过敏，更换药物的办法"弊"远远大于"利"。对于第二种措施，即抢救条件准备充分，是能够做到的。如将过敏试验的场所转入手术室，各科医师、各种抢救条件齐备。一般来说，在此条件下，生命、健康受损的严重后果几乎不可能发生。但是，根据医学惯例，各个医院的各个科室都会"适当"准备抢救条件，如常规备用抗过敏药物、复苏药物，但不会按照手术室的标准——将抗休克的人员和设备配备齐全。根据结果回避义务的理论，行为人完全有能力回避损害结果，却没有采取充分的措施防止损害的发生，无疑有"不作为"之嫌疑。

3. 基层医疗机构结果预见和避免能力较低

在另外一些情况下，特别是在基层医疗机构，医务人员缺乏避免患者受损的必要条件。如家庭病床服务，医务人员上门服务，遇有紧急情况，很难及时救治。各种卫生室、一级医院、偏远地区的二级医院条件有限，医师的水平也有限，预见的能力相应较低，避免的能力更低②。如果单纯强调结果预

---

① 邱聪智. 民法研究（一）. 北京：中国人民大学出版社，2002：309.

② 笔者有一次肺部感染，于某医务室求医。医务室设施齐全，医生至少有4个。医生告诉笔者，需要输液，"本室是不能给你输的，因为没有麻醉科医师，设备不全，万一你过敏性休克了，我们不具备抢救条件"。而任何一个医生与护士的基本工作，可能都包括输抗生素，为了作为患者的笔者的万无一失，医生拒绝了给笔者诊治。医务室不给输抗生素已经成为"规范"，成为普遍现象。医生的此种对健康过度负责的精神，必然给患者造成不必要的麻烦。也可以推想，为什么一些患者宁愿去黑诊所求治。

见与回避义务，基层医疗机构的"过错""常存"。

（三）医疗水准理论

1. 医疗水准的提出与完善

一般认为，医疗水准的概念最早由日本学者提出，伴随着一系列早产儿视网膜病变案例的判决而完善。20 世纪 70 年代，医生发现早产儿吸氧可能发生视网膜病变，有医生试验采用光凝固疗法进行治疗，有成功的个案报道。原告以医师应该知道光凝固这种新疗法，应该履行告知该疗法并建议转院的义务为由，请求医疗损害赔偿。法官在判决时论述道：即使医疗行为尚未得到医疗界的一般认可，医师也应当实施——这是医师应尽的最大注意义务[1]。此案受到医学界的强烈批评，医学界和法学界据此还展开了一场大讨论，以明确医疗过失的判断标准——"诊疗当时的医学知识"到底是什么。在这场讨论过程中，以医疗水平作为过错判断标准的见解得到了医学界、法学界的一致认可。"诊疗当时的医学知识"可以有两种解释，一种是指学术研究范围的医学水平，一种是指临床实践范围的医疗水平。医学水平是指在医学学术会议上发布，经过基础医学或临床医学学者或者学术会议的充分研讨，在医学界大致得到承认的新开发的医学知识；而医疗水平是指学术研究范围的医学水平已经成为当时医疗实践中具有一般普遍性的临床医疗实施的目标。医疗水平应该具有两个方面的内容：一是医疗行为的安全性和有效性已经得到认可；二是该医疗行为已经推广，设备、人员培训已经完成。1982 年，法官在判决中明确指出，应该以"诊疗当时的临床医学实践中的医疗水平"作为视网膜病变诉讼中判决医师注意义务的标准[2]，实际上认可了临床医师的惯常行为，将其作为医疗过错的判断标准。韩国法学界也采用类似观点（参见本章第一节医疗技术过失的判断标准部分）[3]。

2. 医疗水准的确定

医疗水准——诊疗当时临床实践中的医疗水平标准，纠正了最善注意义务的严格责任倾向，避免了医生承担过重的损害赔偿责任，比较公正地解决了医疗损害赔偿责任的负担问题。但也要看到，医疗水准概念，主要是针对"先进"医疗技术的，事关医师在何种条件下应该"告知"或者"采用"该"先进"技术，只有安全性、有效性、实施可能性均具备的医疗技术，医生才

---

① 夏芸. 医疗事故赔偿法：来自日本法的启示. 北京：法律出版社，2007：112-113.

② 同①113-114.

③ 石熙泰. 医疗过失的判断标注. 中国卫生，2004（12）：47.

有义务提供。似乎临床上已经普及的医疗技术，医生就有义务提供。考察的立足点仍然主要局限在医疗行为的安全性、有效性、实施可能性上。事实上，医师临床上提供何种诊疗服务，受多种条件的制约。如青霉素皮试过敏的预防措施，由于呼吸、循环、抗过敏等相应医疗措施的安全性、有效性早已得到认可，临床上也已经普及，而且鉴于该种情况发生的可能性非常低，临床上基本采取放任的态度。再比如某些抗肿瘤的化疗药物，副作用非常大，疗效一般，有时有效性尚无法达到50％，但仍然为社会所接受，原因无他，为了救命，只好容忍安全性、有效性都不高的医疗措施而已。因此，对于大量的、一般的医疗行为，仅仅采用安全性、有效性、实施可能性的标准是不妥当的。本书认为，应将安全性、有效性得到"认可"扩展到"已经确定"，并将"必要性"作为医疗水准的第四个参考因素。

必要性指是否有必要实施某一医疗行为，不能仅以损害后果的严重程度作为参考标准，而是还要综合考虑各种因素，包括损害后果发生可能性、社会接受程度。一般人认为有必要实施的医疗行为，医师才有实施的义务①。例如，青霉素皮试过敏，医师仅需询问是否有过敏史，并准备常规抗过敏抢救药物即可，没有必要为了防止非常少见的严重的过敏反应，而在具备各种抢救条件的情况下进行青霉素过敏试验。综上，本书认为，医疗水准的参考因素主要包括四项内容：安全性得到认可或者确定；有效性得到认可或者确定；临床上具有实施的可能性；具备实施的必要性。

3. 医疗水准的价值追求与基本医疗相契合

最善的注意义务说，要求全面彻底的检查和治疗，要求医疗服务实现最大可能的安全，提供尽可能好的服务。结果预见说与结果回避说，首先要求行为人预见到可能的损害后果，同时，重点要求采取措施，回避损害结果的发生，对医疗服务安全的要求也很高。医疗水准说尽管也强调医疗服务水平，也强调医疗水平要达到一定标准，但这个标准却已经不再是理想层面的"最善""可预见、可回避"，而是一个医生群体应该达到的标准。只要达到医生群体应该达到的医疗服务水平，就无过失，无须负责。因此，检查可以不彻底，群体的成员认为应做的检查，义务人做了即可；治疗可以不先进，只要群体认为该做的都做了就好。总之，相比较而言，医疗水准对医疗服务水平的要求有所降低。

---

① 经过成本收益分析，"经济"的医疗行为才属于法定注意义务的范畴。同时，生命健康不能认定为无价，否则保障其就成为最善的注意义务。生命、健康的价值可以参照侵权案件的损害赔偿额度确定。

最善的注意义务、结果预见与结果回避义务，都是从患者生命、健康的角度出发，考察医疗服务提供者的注意义务，追求的是医疗服务的效率和安全，基本不考虑医疗成本问题。但是，医疗服务的现实是，在实施医疗行为的过程中，行为人通常能够预见可能的结果，也知道损害结果是否发生很难确定，同时也有能力采取措施防止损害结果的发生，却经常性"放任"。可是，无论是一般民众还是法学界，都不得不容忍这类行为，原因无他，受成本限制而已。因此，医疗领域的结果预见与结果回避，已远不是行为人个人能力的问题，而是与成本的关系非常紧密。

同时，最善的注意如果不是等同于、就至少是有利于"过度检查、过度医疗"，这意味着消耗大量的医疗资源，不能发挥医疗资源的最大效用，从某种程度上说是医疗资源的浪费，明显"不经济"。如果将全体患者的利益——公共利益作为一个考量因素，从控制全社会医疗成本的角度，人们必然要忍受在某种程度上降低了的医疗服务水平，转而强调以合理的成本提供尽可能好的服务。

美国目前的医疗改革，英国、加拿大等福利国家的不堪重负，以及我国的医疗卫生体制改革，均有成本控制的要求。如果不强调医疗行为的必要性，仅仅从患者生命、健康权益维护角度出发强调"需要"，成本控制就成为一句空话。

总之，医疗水准，从生命、健康权益维护的角度出发，强调患者需要。在追求医疗行为的安全性、有效性、实施可能性的同时，也必须考虑医疗行为的必要性，从全社会成本和收益的角度出发，追求全体患者权益的最大化。

二、医疗水准的主要参考因素

医疗水准的确定，不但要考虑到医疗服务水平，而且要考虑到医疗成本的控制；不但要考虑作为个体的患者利益，而且要考虑全体患者的利益。因此，医疗水准确定的备选参考因素中，哪种"因素"符合以上两个方面——医疗服务水平和成本控制，以及个体患者利益和全体患者利益与四个维度——安全性、有效性、实施可能性、必要性的要求，哪种就应该成为医疗水准的主要参考因素。综合考察发现，医疗水准应以医疗惯例和常规作为最主要的判断标准。

（一）合理的或通常的医生与医疗惯例、常规

英国医生注意义务标准最著名的案例是 1957 年的 Bolam 案。原告因抑郁

症于被告医院治疗。被告给予电抽搐治疗，结果原告产生了剧烈的抽搐，导致骨盆骨折。如果在治疗前给予肌肉迟缓药物，抽搐反应会降低很多。被告医院根据电抽搐治疗的惯例，没有采取任何控制措施。但对于电抽搐治疗是否应该使用迟缓药物，医学上存在争议①。"（确定注意义务的标准的）方法是相关技术领域中，普通技术人员从业时具有的水平。一个人不必具备某技术领域中最高的专业技能。只要他履行了一个有资格的普通从业人员的一般技术，在法律上他就足够了"②。在 Sideway 一案中，法官指出："如果一名医生的行为被一种负责任的医学观点承认在当时的（情况下）是正确的，即使其他的医生采取与该医生不同的行为，那么该医生的行为也不具有过失。简言之，法律规定了注意义务，但是，注意的标准是一个医学判断问题"③。日本在探讨医疗行为是否存在过失时，采用了通常医生的标准，即"与被告医师处于相同职业、地位、客观环境中的一般的、平均的医师"，这样的标准导致"同业界的习惯行为或者同业界的标准就是过失的判断标准"④。韩国持相似态度，注意义务的客观标准应当是当时已经被普遍推广的医学知识，是经过一定的培训而普及于一般医师的医疗准则⑤。

尽管当时法学界也谈到理性的医生，但实质上，法学界对医学界的惯常行为给予高度尊重，合理的医生指的是通常的医生，医疗水准指的是医疗惯例和常规。

（二）理性医生标准的提出

美国传统的医生的执业标准，也即医疗水准（medical standard），是指某一临床专业的常规（customary or usual practice）。在美国，早期这一标准还有地域性，即如果医生的医疗行为符合本地的医疗常规、习惯，就被认为是没有过错。随着交通、信息的发展，医生接受继续教育和训练的机会的增加，地域差别的缩小，司法就不再考虑地域因素了，而适用全国一致的标准。1970 年 Blair v. Eblen 案，医生的执业标准发展成了"执业群体接受的标准"（acceptable practice）。法官在该案判决中说：医生在行医时，应当尽到其同行中合理的、称职的执业者在相同或类似情形下的应具备的医疗技能，履行相同的照护义务。在执业群体接受的标准下，医生是否有过失，不在于他是

① 赵西巨. 医事法研究. 北京：法律出版社，2008：249-253.
② 姚苗. 英美法对医疗过失的判定原则及对我国的启示. 法律与医学杂志. 2007，14（1）：53.
③ 同②54.
④ 夏芸. 医疗事故赔偿法：来自日本法的启示. 北京：法律出版社，2007：106-107.
⑤ 石熙泰. 医疗过失的判断标注. 中国卫生，2004（12）：47.

否遵循了常规，而在于他的临床医疗行为是否是合理的、称职的，其同行是否能接受。也就说，医生盲目地、过错地遵循常规不能免责。自此开始，法官开始主动介入对医疗标准合理性的审查，即开始审查常规、惯例的合理性，强调在当时的情况下应当采取什么样的诊疗行为①。具体来说，相比合理的医生标准，理性的医生标准避免了下列弊端。

1. 惯例和常规的滞后性

有学者认为，医疗常规标准具体、刚性而容易判断，但是相对于不断发展着的医疗实践，具有一定的滞后性，依此标准，往往那些确实存在的医疗过失的情形，因为符合诊疗护理规范、常规而难以被作为医疗过失加以认定。"一位医疗人员遵守了行业内的普遍做法并不等于他尽了一个合理人的合理注意，业内人士的通常行为标准不同于一个合理人应当具备的行为标准。另一方面，上述方法会迁就医疗业也许并不高的通常行为标准，使一些医疗人员安然享受着同行观点的庇护，而将患者利益置于不利的境地"②。同时，由于担心有违常规，医生不得不小心谨慎、墨守成规，不敢偏离常规而采取具有一定医疗风险的医疗行为，哪怕那对病人、对社会的健康福利是有益的③。

2. 惯例和常规的非科学性

20 世纪 70 年代，流行病学家分析大量已报道的资料，发现只有不足20％ 的临床诊治措施后来被证明是有效的，循证医学因此得以建立、发展。循证医学强调以国际公认的临床随机对照研究和系统评价方法及资料分析的结果，作为评价某种治疗的有效性和安全性的最可靠依据，进而以此指导临床医疗行为④。可见，医疗常规不一定有效，而且也不一定是最佳的选择。

3. 医生本身利益对诊疗行为的扭曲

近年来，医学界丑闻不断，药害事件、医疗事故、医药回扣、医院给医生下达经济指标，凡此种种，导致人们不断怀疑：医疗惯例、常规的形成是否就存在问题，是否掺杂了过多的与患者生命健康利益无关而与服务提供者利益关系密切的因素。

4. 审判权力的真实归属

合理的医师标准，几乎把医疗水准的认定"沦为"医学界的私事，被告

---

① 姚苗. 英美法对医疗过失的判定原则及对我国的启示. 法律与医学杂志，2007，14（1）：54.
② 赵西巨. 医事法研究. 北京：法律出版社，2008：267-268.
③ 郭升选，李菊萍. 论医疗注意义务与医疗过失的认定. 法律科学，2008（3）：127-128.
④ 何怀文. 医疗事故诉讼中的过失认定. 法律与医学杂志，2005（12）：102.

医师只要能证明其行为符合惯例、常规，就能免责，而证明的方法基本上完全依靠医学专家的意见，几乎"架空"了司法审查的权力。特别是在大陆法系国家，同行回护现象比较严重，依赖于专家的鉴定意见，则被告医师很少被认为有过错，即使在有些过错已经非常明显的情况下，患者仍不能得到赔偿。理性的医生标准代替合理的医生标准，司法界介入医疗惯例和常规的审查，从维护患者生命健康权益的角度考察，具有重要的理论意义。

(三) 理性医生标准的实际地位

日本的经验证明，尽管法学界试图介入常规、惯例的审查，但最终结果仍然是回到惯例、常规，理性的医生标准仍然很难实现。

1961 年东大输血感染梅毒案，确立了司法对医学惯例的审查原则。东大对于持有梅毒阴性证明文件的供血人（供血人在检测后一周内与梅毒患者发生了性行为），没有进一步问诊、检测，而是根据常规直接采血。法官在判决中论述道：只要检测结果不能证明绝对安全，医师就应该承担问诊义务以确定供血人是否感染梅毒[①]。该案例确立了法学界对医学惯例、常规的审查原则。在此原则指导下，日本出现了一系列判决，导致医疗过失出现"严格责任"的倾向[②]，典型案例是早产儿视网膜病变的案例。对于最新的、处于探索阶段的治疗措施，医师是否有义务告知患者并建议转院，法院认为，该治疗措施已经在专业杂志发表，医师应该知道，从保护患者的角度出发，医师有义务告知。此判决受到医学界的强烈批评。医学界普遍表示，使医师承担一般临床上尚未认可的医疗行为的实施义务，一般临床医师都难以接受[③]。在此背景下，松仓教授提出了学术上的水准与实践中的水准的区分，指出安全性和有效性已经得到认可、临床上已经广泛采纳的水准是实践中的水准，只有实践中的水准才是医疗行为是否存在过失的判断标准。该区分受到了法学界与医学界的一致赞同[④]。1982 年，在高山红十字医院案中，法官采用了"诊疗当时的临床医学实践中的医疗水平"的概念，但是在实质上，该案把"临床一般医师的惯例行为"与"诊疗当时的临床医学实践中的医疗水平"作为同一概念处理，实质上，正式承认了临床医师的惯例行为就是医疗水准[⑤]。

英美判例的回顾性分析表明，在大多数案件中，理性医生标准与合理医

---

① 夏芸. 医疗事故赔偿法：来自日本法的启示. 北京：法律出版社，2007：109.

② 同①111.

③ 同①113.

④⑤ 同①115.

生标准的区分并不显得有什么特别意义，在法庭审判的过程中往往被忽略①。理性医生与合理医生的争论更多停留在理论上，似乎仅仅是学界的游戏，与司法实践的关系不大。

（四）合理医生标准的现实意义

1. 合理的医生标准有利于医疗成本控制

合理的医生按照医学惯例、常规行事，而医学惯例、常规是根据长期的经验，综合考虑成本和收益之后形成的。例如，某一老年男性，因小腿抽筋求医，没有其他症状。医师没有进行进一步的检查，按照常规开出了静脉注射葡萄糖酸钙的医嘱。三天后，患者不适，再次于同一家医院求医，确诊为糖尿病酮症酸中毒。患者以医生没有进行糖尿病检测就给葡萄糖酸钙有过失为由，要求医生承担过失责任。法官在判决中论述道：医院对治疗病人负有严格审慎的义务，应尽最大可能防止和减少损害的发生，医生在患者首次门诊时询问病史不够详细、检查欠全面，有过失，应该承担相应责任②。在这个案例中，医生按照合理的医师标准——医疗惯例提供了诊疗服务，法官审查了这个惯例，采用的标准是理性的医生标准，强调从患者的生命健康权益出发，医生负有严格、审慎的义务，"预见"到患者可能患有糖尿病，应该通过血糖检测，从而"避免"输注葡萄糖导致糖尿病恶化的损害结果。法官仅考虑了患者健康权益的最大化，没有考虑如果法官的意见真的"规范"了医学界的行为，即全部使用糖的患者都查血糖，全社会将会因此付出多少"成本"。

对合理的医生标准进行审查，否定医疗惯例和常规，往往是医疗成本上涨的"推手"。如美国的 Helling v. Carey 案，被告眼科医师为二十四岁的原告进行眼底检查，没有发现异常。七年后，原告发现患有青光眼，且病史已经十年。被告抗辩说：青光眼检查一般仅针对四十岁以上的人，因为四十岁以下的地域发病率为二十五万分之一，没有为二十四岁的原告进行青光眼检查符合惯例。一审法院支持了被告，即采用了合理的医生标准。上诉法院认为，此项检查安全，而且不昂贵，并可以避免青光眼带来的重大损害后果，医师没有进行检查，有过失③。鉴于生命、健康是无价的，按照成本收益分析

---

① 姚苗. 英美法对医疗过失的判定原则及对我国的启示. 法律与医学杂志，2007，14（1）：54.

② 朱立毅. 医院负严格审慎的义务 法院判医院赔偿病人. ［2014－07－15］. http://news. 163. com/06/0724/13/2MQ5331L00011229. html.

③ 陈聪富. 医疗侵权责任. 百度文库. ［2016－03－31］. http://wenku. baidu. com/link? url＝mgs08yinrG—rt2864QvlbOaH1KTcuWRWX8HdSkb—E8IbGXcXo34uy5tYv3gfxXRNhh5ai2c5＿YRsot-nnPQFh571xrKjZj45Omxzb_EjQWem.

的理论，任何有价的检查和治疗，与无价的生命健康损害相比较，收益都是大于成本的。换而言之，任何有可能防止损害发生的措施都是应该采取的。但实际情况是，为了防止一个青光眼的漏诊，需要检查二十五万名患者，按照我国目前的收费标准，检查一次的费用是十元人民币左右，也就是说，支付二百五十万元人民币就是为了在早期发现一个青光眼患者①。

2. 合理的医生标准有利于全体患者的保护

在轰动全国的新生儿丁胺卡那霉素耳聋案中，法官论述道：《临床用药须知》说明，该药具有耳毒性，所以应该测血药浓度，尤其是新生儿，如果不能测血药浓度，则应测肌酐清除率调整剂量②。全国也没有几家医院有监测血药浓度的条件，即使有，也没有多少家长愿意出钱去监测。对医生来说，使用这类药物就意味着高风险。在这类案例的指导下，氨基甙类抗生素几乎退出了儿科领域。

氨基甙类抗生素是儿科抗感染领域的基本药物③，如用于治疗儿童腹泻。该类药物的特点是：效果好，价格便宜，口服几乎没有副作用。临床上应用了几十年，积累了大量的经验。尽管医学界早已发现其可能导致耳毒性、肾毒性的副作用，但该类药物仍被长期、大范围使用。在法院作出了医生承担耳毒性责任的判决后，医学界痛下决心，在儿科领域基本清除了氨基甙。目前，医生普遍选择了更高等级的抗生素，尽管不会导致耳聋、肾衰，但其他方面的副作用也可能更大，如肝脏受损等。可以说，这样的判决促使医生过分关注"安全"，变相淘汰了某些仍具有应用价值的药物及医疗措施，受损的是全体患者的利益。

3. 司法机关有能力审查合理的医师标准

在过错的认定方面，大陆法系国家往往依赖于专家鉴定意见，且专家鉴定意见往往是唯一的，是否存在过错的答案也是唯一的。法官依赖专家鉴定意见作出判决，当然容易给人以"医学专家"审案的印象。在采用对

---

① 社会普遍认为的过度检查、过度医疗，医生都能从保护患者生命健康的角度论证其合理性。本书的分析路径，可以作为过度检查、过度医疗的判断方法。

② 北京华卫律师事务所公布的案例。

③ 氨基甙类抗生素包括链霉素、卡那霉素、庆大霉素等，对革兰氏阳性菌、革兰氏阴性菌均有作用。氨基甙类抗生素的主要毒副作用，一是内耳淋巴液中药物浓度过高导致耳毒性，二是经肾脏排泄导致肾毒性。口服难吸收，在肠内形成高浓度，适合肠道感染的治疗，但几乎不会导致耳毒性和肾毒性。参见百度百科"氨基甙类抗生素"条. [2017-07-31]. https://baike.baidu.com/item/%E6%B0%A8%E5%9F%BA%E7%94%99%E7%B1%BB%E6%8A%97%E7%94%9F%E7%B4%A0/10844860? fr=aladdin.

抗制的英美法系，合理的医生应该有什么行为、医学的惯例和常规到底是什么往往是双方争议的焦点。人们心目中认为的、似乎非常明确的"惯例和常规"，在实际案例中却往往很难发现。惯例、常规的发现过程往往是这样的：原告专家证人证明的惯例与常规同被告专家证人证明的惯例与常规非常不同，甚至截然相反，只好依赖于"不用讲道理"的陪审团裁决，根据少数服从多数的原则，确定哪方的医疗惯例与常规才是"通常医生"的惯例与常规。

由于惯例与常规如此不明确、如此难以发现，法律在惯例与常规的发现过程中完全可以大有作为。比如，在法官的主持下发现医疗惯例和常规，要求被告医院在声称"本院的行为符合诊疗、护理常规"的同时，提出相应的证据。本书认为，只要法官介入过错鉴定的过程，法律完全有能力介入惯例和常规的审查。

以医疗水准代替医疗常规，不能不说是一个进步，但显然，这个标准更加抽象，更加难以确定，在实际应用上也更加难以操作，如果我们认可法学家的任务是发现法，而不是创造法，那么，法只有在拥有充分且正当的理由的前提下，才能用理性的医生标准代替合理的医生标准，才能用"应该"是什么否定"实际"是什么。另外，根据一般常识，医学本质上仍然是经验科学，医生们通过长期的实践总结的经验是惯例的"来源"，可能没有科学依据，也可能受到不正当干扰，但是常规和惯例已经接受了长期的、反复的检验，符合医学界现阶段的认识，人们也普遍接受，即使以科学的名义，也不能随便否定。

三、医疗水准的其他参考因素

医疗水准是医疗过失的判断标准之一，而不是全部。韩国法学界就认为：第一，在无法履行转诊义务的情况下，地域性和医疗设施状况是医疗水准的修正要素之一；第二，在偏远地区或者紧急状态下无法移送患者或者无法回避诊疗时，提供专业领域外服务的医疗人，其非专门性就成为判断过失的合法根据；第三，情况紧急而须立即施救时，过失的判断需要参照紧急状态①。我国也应有类似的参考标准。本书认为，在医疗水准的判断过程中，应参考下列因素：

---

① 石熙泰. 医疗过失的判断标注. 中国卫生，2004（12）：47.

（一）医学文献

1. 医学院校教材

司法实务界往往用医学院校的教科书作为医疗行为是否存在过失的判断标准。"比较切实可行的办法是以原卫生部、教育部在全国通用的医学院校统编教材中规定的诊疗标准、用药原则和中华医学会提出的且已被临床广泛运用的诊疗技术作为医疗行为是否合理的一般标准"①。教科书，记载的是医学界的最杰出人士在总结前人所有经验的基础上，针对疾病得出的所有的、通常认为有效的诊断、治疗措施。其优点是客观、明确、准确、全面。缺点是：除了少数的超级医院，其他医院往往不具备实施教科书所列诊断、治疗措施的条件，有时是缺乏几种条件；在基层医疗机构，往往是缺乏绝大部分条件。因此，根据医疗水准的价值追求，教科书提供的标准符合安全性和有效性两个方面的要求，但是，在实施可能性方面则考虑较少，在实施的必要性方面则完全忽略。

本书认为，教科书除了列明医生可以做什么外，还应明确列明不可以做什么，而不可以只是列明一种消极义务，几乎不受客观条件的制约。这样，医生如果实施了教科书明令禁止的行为，则必有过失无疑；如果受条件制约，没有实施可以实施的行为，是否有过失，则需依照实践中的医疗水准进行判断。

2. 科研论文

医疗水准的提出就是为了解决有关医学文献有报道而现实中未普及的新知识、新技术，医师是否有义务提供的问题。经过长达数十年的讨论，法学界基本达成了一致意见，即医学文献要求的水准属于医学水准，医疗水准是实践中的水准，对实施的可能性和普及性有要求，因此，仅有文献报道还不足以导致医师承担相应的义务。

发生于 2006 年的北大医院非法行医案，原告在二审中提出，北大医院正在进行脊椎手术术后抗凝效果的临床观察，患者随机分为两组，一组常规给予抗凝剂，另外一组不给。医院在明知患者有高凝倾向的情况下，仍然将患者分入对照组，没有给予抗凝剂，导致患者血栓形成并死亡，有过失②。本书

---

① 汪海莹. 浅析医疗纠纷中的医疗过错认定. 成都医药，2005，31（1）：54.

② 患者熊卓为为北京大学第一医院接受脊椎外科手术治疗，术后因肺栓塞死亡。原告认为，患者出现高凝状态，医方未采取抗凝治疗具有过失。笔者参加了本案的二审旁听，原告代理律师当庭提出了以上意见，并提交了被告医院医生发表的关于脊椎手术抗凝观察的科研论文，以证明医方存在过错。但法院并未采信。

认为，在是否抗凝的问题上，医学界未达成共识，被告医院也尚未形成一致意见，无论是否采用抗凝治疗，诊疗行为均未低于医疗水准，无过失。

（二）地域性因素

长期以来，在考察医方是否存在过失时，地域因素也是考量因素之一。直到 1979 年，美国的一个判决指出，"法制上，有所谓区域性法则（locality rule），亦即，判断过失与否之标准，应以同一区域之医疗人员所应具有之标准为准。即使此一区域的过失标准，较其他地域宽松，亦无碍于此一标准之适用。此一法理产生之原因，乃肇因于过去交通不便，城乡间之医疗水平本有显著之差异。盖其实无机会取得和城市医疗人员相同之学习环境。惟于 20 世纪的今天，交通文明日益精进，所有医疗人员皆按同一标准接受医疗教育，亦按全国一致之标准取得医师资格，往昔城乡间医疗水准之差异不存在。此一法则之适用，其实益已大不如前。相反地，若医疗标准因地而异，恐将造成医师们怠于进步。有鉴于此，本案法院不拟如往昔般，再行适用区域性法则，盖其俨然已成为 19 世纪的遗物矣！""综上所述，本案法院以为原审法院采取区域性法则而拒绝原告所举之证人，乃属不当。原审法院应适用全国一致之标准作为判断基础。"① 我国法学界支持这一观点，"同一类医疗专家和医疗机构的评定也已适用同一的标准，因此，对同类专家和同类医疗机构的医疗水平和医疗技术的要求是统一的，从而也就应以全国性的统一标准来认定具体的医疗方有无过失"②。本书认为，至少目前，我国尚不具备适用全国一致医疗过失标准的基础。

1. 医疗服务的特殊性决定了医疗水准不是固定不变的

司法实践中，法官也已经注意到：注意义务无法制定统一的标准，因为疾病是不断变化的；患者的体质是不同的，诊治也往往是特异的；医疗行为需要依赖高度专业化的医学知识，因此强调医方负有掌握和应用现实医学界已经普遍化实施的医疗技术向患者提供医疗服务的义务，同时应该考虑医疗的紧急性、地域性③。

2. 我国的国情决定了医疗水准具有地域性

我国是一个经济、政治、文化发展极其不平衡的大国，过去是，现在仍然是，在不久的将来必然也会是。如何才能为处于不平衡中的大国的医生们确定一个统一的行为标准？无论教科书怎么写，那都只是理想状态。作为经

---

① ② 郭明瑞. 简论医疗侵权责任的立法. 政法论丛，2008（6）：42.

③ 汪海莹. 浅析医疗纠纷中的医疗过错认定. 成都医药，2005，31（1）：54.

验科学的医学，作为处于不同地区、不同等级医院的医生，必然不在同一水平线上。医学界有一个常识，"接受同样教育的同班同学，毕业十年后，留在上级医院的就是下级医院的老师"，医疗技术水平一直是有地域性的，否则也无法解释为何患者"迷信"大城市的大医院。

3. 地域性的医疗水准有利于为全体公民提供基本的医疗服务

在医疗事故鉴定领域，入选鉴定专家库的都是各地的副主任医师以上技术职务的专家。以北京为例，协和医院的副主任医师考察边远区县一级医院医生的医疗行为，发现"不足"比比皆是。过去的赤脚医生、现在的乡村医生制度，就是为了解决为农村培养医生、留住医生问题而建立的。医生们利用简单的设备、基本的医疗知识，满足了农民的一般的医疗卫生需求。实践证明，这一制度是成功的。如果否定医疗水准的地域性，乡村医生们就无法生存。如果不重视医疗水准的地域性，下级医院很容易处于法律的不利地位，当然也就无法发展甚至是生存。

我国医疗责任险推广困难也从另外一个方面反映了这种现实。一方面是大医院过错少，足以自保，不愿参保；另一方面是小医院动辄得咎，投保积极性极高，而保险公司拒保。此种状况不加以改变，三级医疗体制的建立就成了一个问题，医改的目标也很难达到。

小　结

在侵权法理论中，长期以来，医疗过失仅仅是医疗技术过失的缩略语，医方仅对其过失行为承担损害赔偿责任，至于损害赔偿责任的构成、过失的认定标准等，统统与一般侵权行为无异，如医生承担过错责任，过错的认定标准是合理的医生标准。这类理论以平等、自由为基本价值，强调责任自负，是与自由资本主义时期相适应的医疗侵权责任理论。现代社会，医方与患方的关系变得更加复杂，患者保护水平不断提高。与一般人身侵权责任构成相比，医疗技术侵权责任构成具有如下特点：一是损害结果恒常存在，二是因果关系具有高度弹性，三是责任之有无、大小高度依赖医疗过失要件。因此，医疗过失标准对侵权责任至关重要。过失的一般判断标准有结果可预见、可回避、最善注意（万全注意）、理性人标准等。在医疗损害领域，医疗水准说相对客观，应予采纳。医疗水准应以诊疗惯例、常规为基本判断标准，并适当参考医学文献、医疗机构的等级、地域等因素。为此，我国的鉴定制度、过失认定的具体标准等都应作出相应修正。在全科医疗领域，全科医疗机构与服务对象之间具有行政法律关系的特点。本书认为，传统的医疗技术过失责任理论应进一步作如下修正：第一，在责任主体方面，全科医疗服务造成的过失赔偿责任不应该由全科医疗机构独立承担，即责任自负原则应该予以修正。第二，在过失认定标准上，全科医生与专科医生应区别对待。在限定的范围内，二者可采用同样的标准；在超出全科医疗常规服务范围的诊疗行为上，全科医生的过失标准应低于专科医生。为达此目的，医疗过失理论首先应完善。第三，医疗过失技术鉴定应考虑全科医疗的条件和特点，鉴定组应吸纳事故发生地的全科医生参加。

第五章　知情同意侵权责任

第一节　患者知情同意权概述

一、知情同意权的起源

知情同意权是英美法的产物，其历史不过半个世纪左右，却是一种备受关注的权利。知情同意制度起源于一个世纪前的自主决定制度。1905年的 Mohr 案以及 1914 年的 Schloendor 案，通常被认为是患者自主决定权的源起。所谓的自主决定权，是指未获得患者同意的治疗，无论客观的治疗对患者是否有利，都被认为是侵权行为，需要承担损害赔偿责任。Schloendor 案的审理法官指出："即使从医学观点而言系有益之治疗，惟患者具有保护自己身体不受侵犯之权利，侵害该权利即是对身体之侵害，因而发生损害赔偿责任"①。近半个世纪，法官们不再仅仅关注患者是否同意了，而是也开始关注患者作出决定的过程，开始关注患者的决定是否符合患者的内心意愿，因此患者作出决定前是否得知了必要的信息被提上了法律层面。

1957 年的 Salgo v. Leland Stanford 案以及 1960 年的 Natanson v. Kline 案，是关于患者知情同意权、医师说明义务的里程碑式案例。Salgo 案的起因是医师对一男性患者实行胸部大动脉造影，从其背部向大动脉注射了造影剂，结果造成了该患者两下肢瘫痪。这一检查方法在当时是属于非常先进的，由于医院以及医师没有提供任何情况说明，患者以及他的妻子对于这一检查可能带来的风险完全处于一无所知的境地。虽然上述并发症出现的概率非常

---

① 陈子平. 医疗上充分说明与同意之法理. 东吴大学学报, 2000, 12 (1).

小，但即使在当时也不能说医学对此处在未知的状态。在判决中，法官首次使用了知情同意这一概念。同时，法官也承认医生在告知的范围程度上有很大的裁量权①。在 Natanson v. Kline 案（1960 年）中，一名女性乳房出现恶性肿瘤，手术后外科医生嘱咐放射科医生继续进行放射治疗，患者被烧伤，伤情严重。患者以医生没告知烧伤危险为由起诉医生。在此案件中，法官论述了知情同意的范围：就疾病的性质、治疗内容、治疗成功的可能性或者其代替的治疗、可能发生对身体产生无法预期的不幸结果之事等，应尽可能地以容易理解的言语向患者解释说明②。1972 年，美国开始认可患者标准。法官认为，"对于特定疗法患者享有自我决定权，医师对患者此权利的尊重需要设定一个法律的标准，而不是医生他们自己欲设定的标准"，"医师与患者交流的范围应该以患者的需要来衡量，这种需要对患者来说应该是影响患者决定的实质性信息"③。"实质性信息"的判定应"个案认定，要考虑风险的大小、风险的性质、风险发生对患者生命的影响、治疗的益处对患者的重要性、替代疗法及其风险、患者的具体情形"④。

在日本，最早在判决书中出现告知、承诺法理文字的是 1971 年东京地方法院的裁判。事件是原告的右乳房发现恶性肿瘤，在得到其承诺的情况下实施了乳房摘除手术。但在手术中摘取了右乳房的肿瘤后，又对其左乳房做了病理切片检查，发现左乳房属于乳腺增生症，医师在没有得到本人允许的情况下，将其左乳房也切除了。对此，判决认为，全部摘除女性乳房内部组织对于患者来说从生理机能到外观上都是具有非常重大后果的手术，为此，被告在摘除原告左乳房手术时，必须重新取得患者的允许。在获得患者允许以前，作为前提，医师有必要就患者的症状、手术的必要性作出说明。像该案这样手术有无必要存在不同见解的场合，患者是否接受手术的意思更加有必要得到尊重。为此，医师应当把上述情况向患者作出充分的说明，在取得允许的情况下才能进行手术。在揭示上述判断的基础上，东京地方法院认定，医师在没有取得患者允许的情况下摘除患者左乳房手术的行为属于违法，判决医方支付损害赔偿金⑤。

---

① PAUL S. Applbaum et al. Informed consent Oxford Press，1987：39.

② 陈子平. 医疗上充分说明与同意之法理. 东吴大学学报，2000，12 (1).

③ 赵西巨，王瑛. 论美国法中的知情同意原则及我国的立法思考. 南京中医药大学学报（社会科学版），2004，5 (3)：178-179.

④ 赵西巨，田越洋. 医生的信息告知标准. 人民司法，2015 (14)：106.

⑤ 判例时报 660 号. 日本判例时报社，1971：62；李大平. 患者知情同意权. 中国民商法律网. [2010-10-01]. http://old.civillaw.com.cn/article/default.asp? id=16343.

二、我国的知情同意制度

我国手术签字制度历史悠久。为避免因手术发生纠纷，清末、民国时期的医师自发形成术前签字制度。1951年，新中国颁布的《医院诊所管理暂行条例》再次明确规定大手术前应签字，"医院诊所对病人需要实行大手术，或在病情危笃，需实行特殊应急治疗时，需取得病人及关系人同意并签字后，始得实行。对于不能自立之未成年人，或病人已失知觉，且无关系人时，可不取得同意，但医院诊所负责人及负责施行手术医师，应据情共同签字见证之"。1956年，卫生部发文废止了该制度。1958年的"综合医院工作制度"、1982年的"医院工作制度"重申了手术前签字制度，"实行手术前必须由病员家属或单位签字同意（体表手术可以不签字），紧急手术来不及征求家属或机关同意时，可由主治医师签字，经科主任或院长、业务副院长批准执行"。80年代后，各个卫生管理法律法规中都重复、细化了知情同意制度，如《医疗事故处理条例》《执业医师法》《母婴保健法》《医疗机构管理条例》《侵权责任法》等。在各部法律法规中，《医疗机构管理条例》及其实施细则的规定最为详尽，当前位阶最高的《侵权责任法》延续了其规定，就具体案件来说，我国通常以此为依据。

1994年实施的《医疗机构管理条例》规定：医院实施"手术、特殊检查或者特殊治疗"需征得患者同意。1982年出台的《医院工作制度》曾明确过特殊检查的范围——"心电图、基础代谢、超声波、脑电图、脑血流图、肌电图、超声心动图、内窥镜、肺功能检查等"。《医疗机构管理条例实施细则》放弃了列举方式，转而规定了"特殊检查、特殊治疗"的判断标准。特殊检查、特殊治疗是指下列情形之一的诊断、治疗活动：（1）有一定的危险性，可能产生不良后果的检查和治疗；（2）由于患者体质特殊或者病情危笃，可能对患者产生不良后果和危险的检查和治疗；（3）临床试验性检查和治疗；（4）收费可能对患者造成较大经济负担的检查和治疗。

《侵权责任法》规定，"医务人员在诊疗活动中应当向患者说明病情和医疗措施。需要实施手术、特殊检查、特殊治疗的，医务人员应当及时向患者说明医疗风险、替代医疗方案等情况，并取得其书面同意；不宜向患者说明的，应当向患者的近亲属说明，并取得其书面同意"。尽管《侵权责任法》并未进一步规定何为手术、特殊检查、特殊治疗，但由于其直接继承了《医疗机构管理条例》的表述，理论界一致认为手术、特殊检查、特殊治疗的认定标准也应继承《医疗机构管理条例实施细则》。后续某些地方高院的文件也印证了这点，如 2010 年印发的《北京市高级人民法院关于审理医疗损害赔偿纠纷案件若干问题的指导意见（试行）》第三大项第八条："医疗机构是否履行了向患者一方说明病情、医疗措施、医疗风险、替代医疗方案等情况的义务，由医疗机构承担举证责任"。在 2005 年的意见中，北京市高级人民法院对此问题的规定更为详尽，第二十五条规定："有下列情形之一，医疗机构能够将患者的病情、医疗措施、医疗风险告知患者或其家属并取得其同意而未告知的，应认定医疗机构违反了告知义务：（1）对患者施行手术；（2）对患者施行特殊检查或特殊治疗；（3）对患者施行实验性临床检查和治疗；（4）对患者施行其他可能产生严重不良后果的诊断、治疗活动"，第二十六条第二款规定："没有损害后果，患者以违反告知义务为由要求医疗机构承担赔偿责任的，不予支持"。

我国有关知情同意权的首例判决，是陈某上睑下垂案。1996 年，陈某因左眼复发性结膜囊肿进行手术摘除，术后发现左眼睁不开。医疗事故委员会鉴定为：提上睑肌损伤所致，为手术并发症，医院并无过失，不构成医疗事故。陈某起诉到法院，法院以医院没有告知可能引起的并发症，侵害了其知情权为由，判决医院承担 80％的赔偿责任 6 万元，并负担继续治疗费用[1]。随后，此类诉讼层出不穷，少数案件以未告知为由裁决[2]，但绝大多数案件的判决理由是医方告知不充分。

法学界普遍认为，知情同意的范围应该是：患者的病情、诊断结果的全面、详细情况；医生预定实施的治疗行为的目的、方法、侵袭范围、治愈率、副作用等；不实施该项医疗行为可能带来的后果；是否存在其他替代疗法，如存在还要说明替代疗法的治疗方法、侵袭范围、治愈率、伴随危险等。

第二节　我国患者知情同意权司法保护现状

知情同意权通常被分解为"知情"和"同意"两个阶段。在我国法律明确保护患者知情同意权的前提下，对于无"同意权"跟随的"知情权"（又称一般医疗信息知情权），法律是否保护？对于有效同意之必要条件的知情权

---

① 李大平. 患者知情同意权. 中国民商法律网. ［2010-10-01］. http://old. civillaw. com. cn/article/default. asp? id=16343.

② 王锋，林广，关天国. 未经家属同意即实施化疗 患者死亡医院被判赔 2 万. 广州日报，2004-03-15.

（又称特殊医疗信息知情权），法律如何保护？保护范围有多大？调查发现，法律缺乏对知情权的切实保护。

一、基本医疗中"知情权"与"同意权"最易受到侵害

全科医疗是典型的基本医疗。全科医生处于一级医疗机构，主要提供隶属于内科系统的门诊服务。假如全科医生不是"消极怠工"，切实承担常见病、多发病的诊疗义务，那么，目前一级医疗机构、内科系统、门诊服务中的知情权、同意权保护情况，可以粗略地反映基本医疗服务中的知情权保护现状。本书项目组曾组织过相关调查，采用问卷方式随机调查患者666人、医生596人，结果表明，基层医疗机构、内科系统、门诊服务——基本医疗中的"知情权"与"同意权"最易受到侵害。

（一）法定医疗信息知悉情况普遍较差

1. 很多患者不了解最基本的信息

诊断和病情信息，是患者行使知情权的逻辑起点，也是患者最重视的内容。无论是患者还是医生，都认为，患者最重视的信息是：什么病、怎么治。但在什么病的问题上，约11％的患者一无所知，即便是正在住院治疗的患者，天天面见医生，理应很方便获得这类信息，但仍有约5％的患者不清楚（见表5-1）。

表5-1　　　　患者对所患疾病信息的知悉情况

类别		尚未确诊		清楚		不清楚		合计	
		人数	百分比	人数	百分比	人数	百分比	人数	百分比
就诊科室	内科	26	19.40	91	67.91	17	12.69	134	100.00
	外科	17	12.78	103	77.44	13	9.77	133	100.00
	妇科	11	8.27	114	85.71	8	6.02	133	100.00
	儿科	2	11.11	12	66.67	4	22.22	18	100.00
	其他	31	16.15	139	72.40	22	11.46	192	100.00
	合计	87	14.26	459	75.25	64	10.49	610	100.00
住院情况	正在住院	21	6.42	290	88.69	16	4.89	327	100.00
	曾经住院	15	17.24	62	71.26	10	11.49	87	100.00
	门诊	52	26.13	108	54.27	39	19.60	199	100.00
	合计	88	14.36	460	75.04	65	10.60	613	100.00

续前表

类别		尚未确诊		清楚		不清楚		合计	
		人数	百分比	人数	百分比	人数	百分比	人数	百分比
就医医院级别	一级	12	16.22	49	66.22	13	17.57	74	100.00
	二级	15	8.93	141	83.93	12	7.14	168	100.00
	三级	56	15.86	256	72.52	41	11.61	353	100.00
	合计	83	13.95	446	74.96	66	11.09	595	100.00

2. 非常清楚某一法定信息的患者很少

无论是对所采取的医疗措施，还是对该医疗措施的好处、风险、替代医疗措施，非常清楚的患者比例基本都低于比较清楚的患者。假设针对某一医疗措施，患者凭借自己的智慧作出了明智选择，那么，对相关信息非常清楚是一个最基本的条件。掌握的信息达到知情同意所需要程度的患者，尚不到50%。如果考虑到尚有部分患者知道有风险，但对风险的了解程度并未达到法律的要求，则非常清楚的患者比例还要更低（见表5-2）。

表5-2　　　　　患者对所接受医疗措施种类信息的知悉情况

类别		非常清楚		比较清楚		不清楚		合计	
		人数	百分比	人数	百分比	人数	百分比	人数	百分比
就诊科室	内科	56	40.88	64	46.72	17	12.41	137	100.00
	外科	59	43.38	66	48.53	11	8.09	136	100.00
	妇科	67	48.91	64	46.72	6	4.38	137	100.00
	儿科	10	55.56	5	27.78	3	16.67	18	100.00
	其他	101	52.06	64	32.99	29	14.95	194	100.00
	合计	293	47.11	263	42.28	66	10.61	622	100.00
住院情况	正在住院	207	61.98	117	35.03	10	2.99	334	100.00
	曾经住院	26	29.89	53	60.92	8	9.20	87	100.00
	门诊	55	27.23	98	48.51	49	24.26	202	100.00
	合计	288	46.23	268	43.02	67	10.75	623	100.00
就医医院级别	一级	31	41.33	36	48.00	8	10.67	75	100.00
	二级	80	46.24	84	48.55	9	5.20	173	100.00
	三级	179	50.00	139	38.83	40	11.17	358	100.00
	合计	290	47.85	259	42.74	57	9.41	606	100.00

3. 门诊患者的知情权保护状态最差

从相关信息的了解程度来看，无论哪一项，门诊患者的了解状态都是最差的，而且差距明显。这一方面说明，门诊患者接受的特殊检查、特殊治疗少，没有法律责任的压力，医生可能更加不注重告知义务的履行。另一方面，门诊医生不愿多说话可能也是原因之一。三级医院，患者过多，医生没有时间说，情有可原；但一级、二级医院，患者相对少很多，甚至门可罗雀，医生理应告知得更加详细，但事实并非如此，说明门诊医生还是不太愿意与患者交流。

（二）引导患者接受医疗措施的信息知悉情况相对较好

粗略地看，促使患者接受某医疗措施的，主要是该医疗措施可能带来的好处；使得患者拒绝某一医疗措施的，主要是可能面临的风险，同时，替代医疗措施也是阻碍患者决定接受的不利因素。调查发现，清楚好处的患者约为88％，清楚风险的只有约78％，其中，非常清楚有何好处的患者约占43％，非常清楚风险的患者只有约35％，相比较而言，清楚好处的患者比清楚风险的患者多10个百分点，且非常清楚好处的患者比非常清楚风险的多8个百分点（见表5-3、表5-4）。同时，患者对风险的知悉情况较差，且非常清楚风险何在的比例更低，对替代医疗措施的知晓状态更糟，高达36％的患者根本不知道是否还有替代医疗措施。

表5-3　　　　　　　　患者对医疗措施好处的知悉情况

类别		非常清楚		比较清楚		不清楚		合计	
		人数	百分比	人数	百分比	人数	百分比	人数	百分比
就诊科室	内科	43	31.85	71	52.59	21	15.56	135	100.00
	外科	56	41.48	67	49.63	12	8.89	135	100.00
	妇科	66	47.83	63	45.65	9	6.52	138	100.00
	儿科	9	50.00	7	38.89	2	11.11	18	100.00
	其他	95	49.74	63	32.98	33	17.28	191	100.00
	合计	269	43.60	271	43.92	77	12.48	617	100.00
住院情况	正在住院	186	55.86	136	40.84	11	3.30	333	100.00
	曾经住院	22	25.29	53	60.92	12	13.79	87	100.00
	门诊	55	27.64	89	44.72	55	27.64	199	100.00
	合计	263	42.49	278	44.91	78	12.60	619	100.00

续前表

类别		非常清楚		比较清楚		不清楚		合计	
		人数	百分比	人数	百分比	人数	百分比	人数	百分比
就医医院级别	一级	30	40.00	35	46.67	10	13.33	75	100.00
	二级	72	41.62	87	50.29	14	8.09	173	100.00
	三级	165	46.48	143	40.28	47	13.24	355	100.00
	合计	267	44.28	265	43.95	71	11.77	603	100.00

表5-4　　　　　　　　　　患者对医疗措施风险的知悉情况

类别		非常清楚		比较清楚		不清楚		合计	
		人数	百分比	人数	百分比	人数	百分比	人数	百分比
就诊科室	内科	31	22.79	66	48.53	39	28.68	136	100.00
	外科	47	35.34	64	48.12	22	16.54	133	100.00
	妇科	55	40.44	61	44.85	20	14.71	136	100.00
	儿科	6	35.29	5	29.41	6	35.29	17	100.00
	其他	77	39.69	66	34.02	51	26.29	194	100.00
	合计	216	35.06	262	42.53	138	22.40	616	100.00
住院情况	正在住院	166	50.46	139	42.25	24	7.29	329	100.00
	曾经住院	15	17.44	49	56.98	22	25.58	86	100.00
	门诊	35	17.50	76	38.00	89	44.50	200	100.00
	合计	216	35.12	264	42.93	135	21.95	615	100.00
就医医院级别	一级	19	26.39	38	52.78	15	20.83	72	100.00
	二级	63	37.28	80	47.34	26	15.38	169	100.00
	三级	136	38.20	134	37.64	86	24.16	356	100.00
	合计	218	36.52	252	42.21	127	21.27	597	100.00

从上述数字不难发现，对于有利于患者接受医生建议的信息，患者知道得相对要多一些，如医疗措施的好处；而对于容易动摇患者接受该医疗行为的信息，如风险和替代医疗措施，患者则知道得少得多。

(三) 医生并未将告知重点放在风险信息上

理论上，医疗措施的风险是知情同意中最重要的内容。从半个世纪前的案例到今天发生的争议，焦点基本都是某一风险是否已经告知，或者是否应该告知，鲜见甚至是未见因未说明病情、未告知医疗措施好处而引发争议的案例。即使提到医疗措施的好处，也是因医方夸大了该好处、隐瞒了某风险，换句话说，从避免诉讼风险，进而防止承担损害赔偿责任的角度，医生的告知重点应该是医疗行为的风险。

就目前医院常用的知情同意文本来看，基本内容也是罗列风险，以起到告知相关信息、避免法律风险的作用。从社会对知情同意文本的广泛不满也可以发现，人们对医生们动辄强调风险的行为非常愤怒，指责医方利用"霸王条款"规避责任。

因此，一般认为，患者最可能了解的信息、了解最详细的信息应该是医疗行为的风险。但调查发现，患者了解的风险信息还是远远不够的，对风险的实际了解远远少于对好处的了解。

（四）替代措施的告知亟待加强

本书项目组设计的问题是非常粗糙的，仅仅问：是否还有其他可选的检查治疗措施？完全没有涉及替代医疗措施的细节。但对替代医疗措施的知悉程度仍然降到最低，高达约 36％ 的患者完全不清楚。如果考虑到自认为清楚的患者中还有一部分是因为认识错误，则对替代医疗措施了解不够的患者比例会更高，估计至少有 50％ 的患者属于这一范畴。访谈发现，通常是慢性病、经历过长期治疗、本身或者家属有医学背景的患者才比较了解替代医疗措施，其他患者则基本处于完全不清楚或者仅了解一点点的状态（见表 5-5）。

表 5-5　　　　　　　　　患者对替代医疗方案的知悉情况

类别		有		没有		不清楚		合计	
		人数	百分比	人数	百分比	人数	百分比	人数	百分比
就诊科室	内科	32	24.62	41	31.54	57	43.85	130	100.00
	外科	38	28.15	52	38.52	45	33.33	135	100.00
	妇科	42	33.07	38	29.92	47	37.01	127	100.00
	儿科	6	35.29	5	29.41	6	35.29	17	100.00
	其他	54	28.13	72	37.50	66	34.38	192	100.00
	合计	172	28.62	208	34.61	221	36.77	601	100.00
住院情况	正在住院	102	32.18	125	39.43	90	28.39	317	100.00
	曾经住院	21	24.71	22	25.88	42	49.41	85	100.00
	门诊	48	24.12	66	33.17	85	42.71	199	100.00
	合计	171	28.45	213	35.44	217	36.11	601	100.00
就医医院级别	一级	26	36.11	25	34.72	21	29.17	72	100.00
	二级	49	28.99	62	36.69	58	34.32	169	100.00
	三级	100	28.82	119	34.29	128	36.89	347	100.00
	合计	175	29.76	206	35.03	207	35.20	588	100.00

(五) 一级医院、内科系统、门诊患者的知情权保护最差

1. 一级医院、内科系统、门诊患者知悉诊断信息的比例最低

对于自己所患何种疾病这一基本信息，约有 11% 的确诊患者不清楚。其中，儿科患者（指家长）不知道诊断的比例最高，达 22%；内科次之，达 13%；其他科室再次，达 11%；外科与妇科的情况最好，只有约 10%、6% 的患者不清楚自己患有何种疾病。对所患疾病名称的知悉情况，门诊与住院患者的差别显著，住院患者不清楚的比例约为 5%，门诊患者却高达约 20%。对于不同级别的医院来说，差别依然很大，整体表现为两头高、中间低，一级医院不清楚所患何病的患者比例高达约 18%，三级医院患者约 12%，二级医院约 7%。

2. 一级医院、内科系统、门诊患者知悉医疗措施的比例最低

对所接受医疗措施的知悉情况，与诊断的知悉情况大体相似，不知情的比例也是按照儿、内、外、妇顺序由高到低排列，各级医院也体现为两头高、中间低的趋势，门诊不知情的比例明显高于住院患者。对所采取的具体医疗措施的好处，按照内、儿、外、妇从高到低排列，分别是 16%、11%、9%、7%；正在住院、曾经住院与门诊不知情的比例分别是 3%、14%、28%，；一、二、三级医院不知情的比例分别是 13%、8%、13%。

3. 一级医院、内科系统、门诊患者知悉医疗风险的比例最低

对所接受医疗措施风险知悉情况，不知情的比例按照儿、内、外、妇的顺序排列，分别是 35%、29%、17%、15%；正在住院、曾经住院、门诊分别是 7%、26%、45%；一、二、三级医院分别是 21%、15%、24%。

4. 一级医院、内科系统、门诊患者知悉替代医疗措施的比例较低

对替代医疗措施知悉情况，不知情比例按照内、妇、儿、外分别是 44%、37%、35%、33%；正在住院、曾经住院、门诊分别是 28%、49%、43%；一、二、三级医院分别是 29%、34%、37%[①]。

二、一般医疗信息知情权的司法保护现状

(一) 一般医疗信息知情权有其独立于知情同意权的价值

1. 一般医疗信息知情权是独立的权利

对于患者的知情权，我国的法律法规主要采用以下三种形式规定：第一

---

① 马辉. 患者医疗信息知悉现状调查. 卫生软科学，2013，27 (3)：132-136.

种，仅规定特殊医疗措施知情同意权，如《医疗机构管理条例》《临床输血技术规范》《人类辅助生殖技术管理办法》，针对手术、特殊检查、特殊治疗（包括输血与人类辅助生殖技术），要求医务人员履行告知义务，并取得患者书面同意。第二种，仅规定知情权，如《医疗事故处理条例》，要求医务人员告知病情、医疗措施、医疗风险等，并及时解答咨询。第三种，将一般医疗措施与特殊医疗措施分开，分别规定知情权与知情同意权。如《执业医师法》：医生应当如实向患者或者其家属介绍病情，但应注意避免对患者产生不利后果。医生进行试验性临床医疗，应当经医院批准并征得患者本人或者其家属同意。《侵权责任法》第五十五条：医务人员在诊疗活动中应当向患者说明病情和医疗措施。需要实施手术、特殊检查、特殊治疗的，医务人员应当及时向患者说明医疗风险、替代医疗方案等情况，并取得其书面同意……

鉴于《医疗事故处理条例》在废止的边缘"挣扎"、《医疗机构管理条例》的法律位阶较低，可以说，第三种模式，即知情权与知情同意权分别规定是主流，这也意味着，在我国的现行法律体系下，患者的知情权与知情同意权是相分离的。知情权，针对的是特定医疗行为以外的一般医疗活动，赋予患者知悉相关信息的权利。知情同意权，针对的是特定医疗行为——手术、特殊检查、特殊治疗，赋予患者知悉相关信息并自主决定的权利。

2. 一般医疗信息知情权具有独立的价值

一般认为，知情权，是指"知的权利""知悉权""了解权"，是自然人、法人及其他社会组织依法享有的知悉获、取与法律赋予该主体的权利相关的各种信息的自由和权利①，强调义务人公布信息的义务，注重权利人的信息获得"渠道"通畅，但对权利人是否"了解""理解"不予关注。

知情同意权，由患者自主决定权演变而来。卡多佐法官一百多年前的名言，已被广泛引用："每一个成年的且心智健全的人均具有决定如何处置自己身体的权利，如果没有患者的同意，外科医师的实施手术的行为构成人身攻击，医师应对损害负责"②。直到 20 世纪 50 年代末，知情同意权才"面世"。知情同意，被分解为"知情"与"同意"两个步骤，强调"知情"条件下的"同意"才是有效的"同意"，其本质仍然是"同意"。

对比看来，知情权，是关于"知"的权利，"知"是权利的全部。知情同意权，本质是"同意"的权利，"知"只是有效"同意"的必要条件，是权利的一部

---

① 张新宝. 中国侵权行为法. 2 版. 北京：中国社会科学出版社，1998：386.
② 赵西巨. 医疗损害责任研究. 北京：法律出版社，2008：57.

分，甚至是小部分。因此，二者的区别是比较明显的，不能、也不应混为一谈。

3. 一般医疗信息知情权的独立性尚未体现

2009 年《侵权责任法》颁布后，至少在学界，仍未发现"一般医疗措施知情权"独立的"证据"。人大法工委出版的关于侵权责任法立法资料的汇编，编入了知情权问题，但仅有的四个案例全是关于知情同意的，没有涉及针对一般医疗措施的知情权①。最高人民法院侵权责任法研究小组在讨论《侵权责任法》第五十五条时，用大量的篇幅介绍知情同意制度，仅用一个自然段介绍"通常诊疗活动中履行说明义务的范围"，包括"诊断信息""治疗信息""费用信息"等②。杨立新教授在讨论这个问题时，也明确区分了"违反资讯告知损害责任""违反知情同意损害责任"，但关于资讯告知的案例，是日本的 X 教派教徒输血案，仍然是"知情同意"的典型案例③。

在讨论患者的知情权时，有学者只讨论知情同意权，对无"同意"的"知情"根本不予考虑④。但更多的学者采用"一笔带过"的方式，承认其独立性，但不愿意或者不屑于研究⑤。当然，也有学者关注对二者进行区分，但在对应的告知义务部分，又将二者混杂在一起讨论，无法看出二者到底有何区别⑥。

总体看来，对于与"同意权"有关的"知情权"，学界非常关注，但只要不涉及"同意权"，"知情权"的研究就演变成了泛泛议论，不是采用原则性介绍的方式，就是将法律规定的内容复述一遍，既见不到国外经验的介绍，也没有我国司法实践的经验总结。

(二) 一般医疗信息知情权的司法保护现状

1. 按照医疗技术过失保护

一般认为，医师的说明义务分为三类：为得到患者有效同意的说明义务，

---

① 全国人大常委会法制工作委员会民法室. 侵权责任法立法背景与观点全集. 北京：法律出版社，2010：766—769.

② 奚晓明.《中华人民共和国侵权责任法》条文理解与适用. 北京：人民法院出版社，2010：394—396.

③ 杨立新.《中华人民共和国侵权责任法》条文解释与司法适用. 北京：人民法院出版社，2010：384—389.

④ 赵西巨. 医疗损害责任研究. 北京：法律出版社，2008：56；龚赛红. 医疗损害赔偿立法研究. 北京：法律出版社，2001：222.

⑤ 同②.

⑥ 杨立新.《中华人民共和国侵权责任法》条文解释与司法适用. 北京：人民法院出版社，2010：384—389；李大平. 让患者知情同意的义务. 中国民商法律网. [2010-12-31]. http://www. yadian. cc/paper/17704/.

为回避不良结果的说明义务，转医指示说明义务①。在患者诉称医方没有履行为回避不良结果的说明义务——知情权被侵害时，有的法院按照医疗技术过失处理。在事实认定部分，采用了一定的"技术"手段，一种是将告知义务的履行等同于病历记载，另外一种是对告知与否的事实不予审查，直接"绕"过去。

司法实践中，最常见的方法是将病历记载与否作为告知义务履行的直接证据。如2004年，原告在被告处治疗胃病，CT检查提示脑梗死，但病历没有记载。2007年，原告出现严重脑梗死，生活不能自理，起诉医院。原告诉称：如果2004年告知已患脑梗死，就可提前预防，那么后来严重脑梗死就不会发生。医院认为，已经口头告知过，且没有法律规定轻微异常要书面告知。法院审理后认为：虽然原告所患"左侧壳核区腔梗"并非该次诊疗所治疗的病症，其与"手术知情同意书""麻醉同意书"等相关风险告知不属于同一范畴，但对于原告预防可能会出现的心脑血管疾病有一定的提示意义。故被告应在病历中注明该检查结果，并给予原告保健方面的建议。被告在医疗教学中存在管理不严之情形，由实习医生独立处置患者，不能排除因实习医师缺乏临床经验，存在告知缺陷之可能性。对于原告因再次突发脑梗死病症，在精神上所受到的打击，被告应承担赔偿责任，故原告要求赔偿精神损失抚慰金的诉讼请求，法院予以支持，酌定赔偿原告人民币4万元②。

也有一些案例对"告知与否"的事实问题不予审查。如因被怀疑冠状动脉狭窄，被告为患者实施冠状动脉造影检查，手术顺利。术后，医生指示患者家属按摩肢体。后患者病情稳定，准许出院。在离院过程中，患者猝死，原因不明，推测为肺栓塞。司法鉴定认为：病程记录反映医方在采取止血措施的同时嘱咐家属按摩右下肢伤口远端以防止血栓形成，但相关病历材料未见关于下肢按摩的具体指导的记载，本次鉴定听证会上患方家属陈述医方仅告知按摩肢体，但未详细指导，故本次鉴定难以认定医方在被鉴定人术后护理指导方面进行了充分有效的告知、指导。依据现有材料，被鉴定人因肺动脉栓塞导致死亡的可能性大，医方在冠脉造影术后的护理指导方面存在一定的缺陷，该缺陷对防止术后静脉血栓形成存在一定的不利影响，其法医学参与度理论等级划分为B级（1‰～20‰）。法院认为：肺栓塞是有创手术或检查所无法避免的并发症，虽然患者家属已经遵医嘱进行下肢按摩，但仍不可

---

① 稻田龙树. 说明义务（1）//根本久. 裁判实务大系17：医疗过误诉讼法. 东京：青林书院，1990：188-189；龚赛红. 医疗损害赔偿立法研究. 北京：法律出版社，2001：169.

② 北京市西城区人民法院民事判决书，（2009）西民初字第03618号。

能完全避免产生血栓，这是客观事实，故希望原告方能够理解。被告作为医疗水平较高的三甲综合医院，在掌握患者出院时机方面，是否可考虑进行更全面的检查，或适当延长患者的观察期限？综合鉴定机构的意见，被告诊疗行为的不足与患者死亡存在相应的因果关系，法院确定被告应承担 20% 的赔偿责任①。本案法官裁判医方承担责任，理由是"是否可以考虑进行更全面的检查，或适当延长患者的观察期限"，其后的标点是"问号"，没有直接认定"没有进行更全面的检查""没有适当延长患者的观察期限"是有过错的。本案法官对"过错"有无的不自信是显而易见的。但裁判结果却明明白白，"综合鉴定机构的意见""被告应承担"20% 的赔偿责任，而司法鉴定认为医方的过失就在于履行告知说明义务方面有缺陷。换句话说，法官认可鉴定结论，认为医方告知义务的履行确有缺陷，应该承担责任，但现有证据无法证明医方确实没有"详细告知"，病历记载一句"已经详细告知"也并不代表事实真相。法官不敢根据自由心证直接认定，所以，才为 20% 的责任"找"了一个自己都不敢相信的理由，在"说理"的部分采用了连自己都说服不了的"理"，怎么看都难以"站住脚"。

2. 可疑的损害赔偿

在一起术后并发症纠纷中（原告患视神经瘤，手术后失明），原告称有多种方法可以把肿瘤和视神经分开，并不会导致失明，被告的手术存在技术过错，同时提出被告没有按照常规出示切除物，侵害了其知情权。原审法院认为：医学会与司法鉴定均认为没有医疗过错，但由于术后一直未向原告方出示所切除瘤体标本，此行为虽然与原告双目失明的后果之间无因果关系，但势必给原告方带来一定忧虑，故给予被告批评，并判决被告医院承担医疗事故技术鉴定费用三千元。二审法院认为：医院未向原告方出示所切除瘤体的标本，虽行为欠妥，但经鉴定，与原告双目失明的后果之间无因果关系，故原告方认为被告的医疗行为不够规范，可能直接造成了伤害后果，亦缺乏依据；对于被告未向原告出示所切除瘤体标本问题，原审法院已指出了被告的错误，且对被告进行了批评，并判决被告承担医疗事故技术鉴定费用，法院将根据本案的具体情况，重新确认鉴定费的负担②。本案中，医方没有出示切除标本的行为，被法院认定为"错误"，但对此错误，其后果是"批评"，无论如何，"批评"都不是侵权损害的责任承担方式。尽管法院"判决"医方承担医疗事故技术鉴定费用，但在本案审理的 2008 年，医疗过错的举证责任由

---

① 北京市西城区人民法院民事判决书，（2009）西民初字第 06151 号。
② 北京市第一中级人民法院民事判决书，（2008）一中民终字第 02677 号。

医方负担，只要患者起诉，常规都是医方付鉴定费用，与其说法院"判决"医方承担鉴定费用的责任，不如说医方"返还"了患方垫付的鉴定费。因此，侵犯知情权，法律后果是"批评"，本案"号称"的损害赔偿责任，可以说有"名"而无"实"。

3. 有义务无责任

原告患"糖尿病视网膜病变增殖期左Ⅴ、右Ⅵ"，被告采用光凝治疗，效果不佳，其后又进行了人工晶体植入等手术，仍未达到理想效果。医疗事故鉴定认为，被告的诊断、治疗行为没有过失，但"存在医疗文书记录不准确、不全面、术前没有病历分析和讨论，与患者沟通不够的问题，但与患者视力下降无关"。法院采纳了鉴定意见，认可鉴定结论指出的"过错"，但没有判决承担损害赔偿责任，理由是：被告尽管有过错，原告的物质与精神损害也不可谓不大，但此类过错与损害没有因果关系，被告需要做的是在"今后的工作中加以改正"①。

4. 特殊的责任方式

2006年，某患者于医院看病，支付检查费用数百元。由于病历书写潦草，患者看不懂，愤而起诉，要求退还部分医疗费用、重新书写病历。尽管法官以"重新书写病历并非法院的管辖范围"为由驳回了原告的诉讼请求，但对于原告要求当场行使知情权，即由医生当庭告知病历内容的请求，法官丝毫没有犹豫就支持了②。

三、特殊医疗信息知情同意权的司法保护现状

（一）特殊医疗信息中"知情权"部分的司法保护

原告为10个月大的婴儿及其父母。婴儿出生后，一直在被告的预防保健科进行疫苗接种。2006年10月，被告的医务人员让婴儿的父亲签署了另一份抽取血液的知情同意书，抱走了孩子。孩子送回来时，面部有出血点。原告认为：本次进行的是疫苗效果评价，但没有人告知他们，也没人告知需要颈静脉采血，他们以为是与往常一样的疫苗注射，是在不"知情"的情况下签署的"同意"意见，受到了欺诈，这个"同意"的表示是无效的。法院审理

---

① 北京市第一中级人民法院民事判决书，（2007）一中民终字第03580号。
② 智敏. "天书"病历惹官司. [2010-12-31]. http://www.xhby.net/xhby/content/2006-07/10/content_1326011.htm.

后认为：颈静脉穿刺取血是婴儿父亲在《北京市婴幼儿乙肝疫苗接种后免疫效果监测知情同意书》上签字后进行的，该知情同意书应视为双方签订的合同，是合法、有效的，原告认为被告擅自对婴儿进行乙肝疫苗接种免疫效果监测采血、欺骗原告的说法不能成立①。

本案是现阶段的典型案例，有"同意"的证明文件，但原告认为不"知情"。

对于原告来说，采血做什么、从什么部位采血，他们有权利"知情"，在同意书上签字并不代表已经"知情"，诉诸法院是希望法官确认其知情权受到了侵害。法官在审理的过程中，避开了原告关注的"知情"问题，而是以知情同意书有列举为由，简单地认定原告已经"知情"，并以原告签署的书面文件为依据，直接裁判其知情权未受侵害。

一般来说，孩子进行疫苗接种，常规签署知情同意书，对于家长来说，很少有人看。本书项目组曾经问过一些医生，自己的孩子接种前，他们是否详细阅读知情同意书（希望有人讲解是不可能的）。医生们回答：根本不看，因为不签字就不接种，接种是必需的，无论上面写什么都得签，所以不看就签。作为有专业知识的医生，尚且是只"同意"不"知情"，普通患者的状况就更不用说了。

就本案来说，走诉讼程序维权毕竟是需要成本的，如果患者不是觉得的确受到了不公平对待，很少会通过诉讼来维护自己的权利。私以为，本案的事实是：被告只是交给了原告疫苗接种效果评价知情同意书，没有详细解释，更没有明确说明需要在颈静脉采血，导致原告错误地以为就是常规疫苗注射。对于拟采取的医疗措施，原告不清楚的可能性非常大，即其在不"知情"情况下签署知情同意书的可能性非常大。原告诉称的知情权被侵害，非常可能是事实。

如果根据一般人的看病经验，法院完全可以支持原告的主张，但如此一来，本案就很可能是医疗领域的"彭宇案"，基于绝大部分医方不履行告知义务的现实，推定被诉的医务人员也没有履行，"彭宇案"的不良影响也会在医疗领域重现。因此，即使法官确信、也有权利认定医方没有履行告知义务，也不敢轻易作出这样的判决。

知情权行使，是一个系列的、连续的动态过程，除非全程录音、录像，否则难以再现争议事实。而现有的证据材料，主要是书证——病历材料，是静态的、断续的记录，无法再现动态、连续的说明义务履行过程。受制于证据材料无法固定的原因，知情权受侵犯的主张难以得到法院的支持。

---

① 北京市东城区人民法院民事判决书，(2007) 东民初字第 02144 号。

如果备受法学界关注的知情同意权中的"知情权"尚难得到切实保护，那么，一般医疗措施的知情权，因书面证明材料普遍缺位，案件事实更难再现，用法律手段提供保护更加困难重重。

（二）特殊医疗信息的认定标准——可能产生风险的检查和治疗

龚赛红博士在研究患者知情同意权问题时已经注意到，患者知情同意权的范围几乎是无限，"告知义务是指医师必须就患病情况、治疗方法及治疗所伴生的危险等事项对患者加以说明的义务"，"一般在医疗过程中常常使用、没有严重侵袭后果的一些医疗行为则可不做说明，如对症状轻微的很轻的疾病的检查、注射与用药等"。尽管其认为没有"严重侵袭后果"的医疗行为可以不予说明，但还是承认："说明的范围基本上囊括有关医疗行为的所有细节"①。可见，尽管学界认为，告知的事项以是否具有"严重侵袭后果"为限，但是也承认，说明的范围几乎是无限的。

我国患者知情同意权，主要规定在《医疗机构管理条例》《执业医师法》《医疗事故处理条例》中，而且主要是从医生法定义务的角度进行的规定。根据《医疗机构管理条例》第三十三条，医疗机构施行手术、特殊检查或者特殊治疗时，必须征得患者同意，并应当取得其家属或者关系人同意并签字。《医疗机构管理条例实施细则》第八十八条规定特殊检查、特殊治疗之一是：有一定危险性，可能产生不良后果的检查和治疗。《执业医师法》第二十六条规定，医师应当如实向病人或其家属介绍病情。该条并没有为医生的告知义务划定界限，理论上，也就是一切与医疗有关的信息均可划入知情同意权的范围之内。《医疗事故处理条例》第十一条规定：在医疗活动中，医疗机构及其医务人员应当将患者的病情、医疗措施、医疗风险等如实告知患者，及时解答咨询；但是，应当避免对患者产生不利后果。根据医疗事故处理条例起草小组编写的《医疗事故处理条例》解释，患者知情的范围为："病情、诊疗措施以及有可能存在的医疗风险如实地告诉患者，使患者及时了解，医务人员在疾病诊治过程中有关诊断、治疗、预后等方面的信息，以行使本人对疾病诊治的相应权利"②。

在侵犯患者知情同意权的案例中③，法院几乎都把《医疗机构管理条例》以及《医疗机构管理条例实施细则》作为判决依据，因此，从司法裁判者的角度，知情同意权主要的法律依据就是这一部条例及其实施细则，并需要对

---

① 龚赛红. 医疗损害赔偿立法研究. 北京：法律出版社，2001：169-175.
② 医疗事故处理条例起草小组. 医疗事故处理条例. 北京：中国法制出版社，2002：35-36.
③ 相关案例在下面的部分重点介绍。案例对知情同意范围的限制，采用的都是"可能的风险"标准。

相应法律规范作文意解释。据此，可以得出这样的结论："具有一定的危险、可能产生不良后果"的医疗行为，是法定需要获得患者同意的医疗行为。

因此，从学界的主流观点、我国现行法、司法实践的角度，我国患者知情同意的标准是可能的风险标准。

（三）特殊医疗信息告知标准——详尽告知

1. 各类风险均需告知

在司法实践案例中，法官倾向于要求医方详尽告知各类风险，"患者化疗死亡案"和"陈某上睑下垂案"均证明了这一点。

在"患者化疗死亡案"中，患者患有肿瘤，于某医院接受 CHOP 化疗时发生严重过敏反应死亡。患者家属以未告知化疗可能死亡、侵犯其知情权为由起诉。法院认为：CHOP 化疗具有一定的危险性，可能产生不良后果，且化疗收费可能对患者造成较大经济负担，诊断治疗活动符合《医疗机构管理条例实施细则》第八十八条规定的"特殊治疗"条件，根据《医疗机构管理条例》第三十三条的规定，"医疗机构施行手术、特殊检查或者特殊治疗时，必须征得患者同意，并应当取得其家属或者关系人同意并签字"。医院在决定对患者进行 CHOP 化疗时，没有取得患者、家属或者关系人同意并签字，侵害了患者及上诉人的知情权，即患者本可以行使选择权，从而可能避免医疗损害后果的发生。由于患者死亡是在其治疗过程中其对药物的超敏反应造成的，所以医院侵犯患者知情权的行为不是造成患者死亡的直接和主要原因，对患者死亡承担次要责任，赔偿患者死亡经济损失的 30%，为 2.27 万元①。

在"陈某上睑下垂案"中，医院已经告知了患者术后可能出现的并发症包括"眼睑、眼球粘连"，法官却认为，医院没有明确告知可能出现"上睑下垂"，也就是眼睛不能自主睁开，违反了告知义务。如果患者能够承受眼睑眼球粘连在一起，借助外力都不可能睁开的危险，如何不能承受眼睛借助外力才能睁开的危险？

2. 导致某一特定类型风险的原因需详细告知

2005 年 7 月，患者关某因气短于潞河医院（以下简称医院）住院治疗，经药物治疗症状迅速好转。医生建议进行心脏介入治疗。术后，患者昏迷，经抢救无效死亡。原告认为院方对手术风险交代不足、手术不当、抢救不利造成病人死亡，要求被告医院承担医疗费、住院伙食补助费、护理费、交通

---

① 王锋，林广，关天国. 未经家属同意即实施化疗 患者死亡医院被判赔 2 万. 广州日报，2004-03-15.

费、死亡赔偿金、丧葬费、精神抚慰金等共计 11 万余元。

通州区医学会鉴定结论认为："院方的诊疗护理行为没有过失；患者为极高危人群，术后出现的脑梗死为并发症，院方的抢救行为没有过失"。原告不服，申请司法鉴定，鉴定意见为："院方的诊断明确；有介入治疗的手术适应证；患者高龄，有高血压、糖尿病、心肌梗死病史，手术风险较大，院方虽然强调了手术风险包括死亡，但是，未能向患者家属交代术中、术后可能发生脑梗死的风险，存在不足"。

法院认为："患者诊断明确，潞河医院采取了相应的检查、治疗措施，院方诊断、治疗行为没有过错，但是，在手术之前，仅强调了手术风险包括死亡，没有向患者及其家属强调术中、术后可能并发脑梗死导致死亡的危险，在履行告知义务方面欠充分，故潞河医院对原告的损失承担相应的赔偿责任，赔偿数额由本院酌定"，最终判决被告赔偿原告 4 万元[①]。

在关某介入治疗案中，法院认为：手术之前，医院虽然告知了患者可能死亡的危险，但没有向患者及其家属强调术中、术后可能并发脑梗死导致死亡的危险，在履行告知义务方面欠充分[②]。

第三节　国外知情同意理论的修正

我国法学界认为患者享有充分的医疗信息知情权，在施行具有一定风险性的检查和治疗前，医方应就诊疗风险和替代医疗方案负有全面、详细的说明义务。实证研究表明，司法实务界也按照此类观点进行裁判。那么，知情同意权的发源地——西方发达国家的法官是否也支持此类观点？2009 年 7 月 23 日，本书项目组于 Lexis Nexisa 案例库检索，以侵权（tort）—疏忽（negligence）为路径，以知情同意（informed consent）为关键词，在州侵权案例库（state tort law cases）中检索案例，选择距离检索时间最近的 100 个案例为研究对象。研究发现，对于知情同意的适用范围，西方法学界至今仍存争议。

一、知情同意的适用范围

何种情况下，医生实施医疗行为应事先取得患者的知情同意？法学界普

---

① （2005）通民初字第 8589 号民事判决。
② 马辉. 论我国患者知情权的司法保护. 广西社会科学，2011（8）：89-92.

遍认为，有侵袭性的医疗行为都应该，或者有风险的医疗行为都需要。但案例分析表明，知情同意的范围是否应从外科扩展到侵袭性医疗行为、是否应从侵袭性医疗行为扩展到可能产生风险的医疗行为，这仍然是一个有争议的话题。

（一）只有外科领域适用知情同意

在 Morgan 案（1996 年）中，原告摔断了两根肋骨，出现经久不愈的疼痛。被告试图通过脉间神经阻断术进行治疗，在疼痛区域注射麻醉剂。原告出现虚弱、气短等症状，为此，原告急诊治疗，麻醉导致了右肺功能衰竭。原告认为，被告实施神经阻滞治疗前应告知相关风险及替代治疗措施，被告的行为侵犯了其知情同意权。法官援引了一系列案例，结论是：按照目前的法律，知情同意仅适用于外科医生，内科医生不适用；将知情同意扩展到非手术的领域特别是药物应用领域是没有必要的，知情同意仅限于外科领域（surgical or operative procedures），肋间神经阻滞术不属于手术的范围，无需知情同意。在该判决中，法官列举了案例确认的不属于手术的医疗措施：用镊子助产、脊柱按摩、放射治疗①。

Stover 案（1993 年）中，患者接受心脏瓣膜置换术，术后出现并发症。患者诉称，医院没有告诉她有两种瓣膜可选，也没有告诉她术后需要长期服抗凝药。法院论述道：知情同意仅适用于外科领域，将其扩展到非外科领域是不适当的，但当植入物是通过外科手术植入时，属于手术的范围，应该揭示植入伴随的风险和替代疗法②。

Kremp 案（2002 年）中，原告指控医生在分娩前没有取得其知情同意，法官论述道：知情同意原理要求医生为病患提供实质性的信息，以帮助他们决定是采取手术治疗还是维持现状。这是因为，外科手术需要切开患者肢体，或者采用能够给人体造成损害或者存在损害危险的医疗器械，此类医疗行为的本质是侵袭性的，侵袭性是指实施医疗行为本身会给人体造成损害或者存在造成损害的危险③，需要向患者说明，并取得其同意。但是，非外科的诊疗措施或者自然分娩，不需要取得患者的知情同意，也不要求医师告知替代医疗方案，包括外科范畴的替代医疗措施。

---

① Morgan v. McPhail, 449 Pa. Super. 71; 672 A. 2d 1359; 1996 Pa. Super. LEXIS 453.

② Stover v. Association of Thoracic & Cardiovascular Surgeons 431 Pa. Super. 11; 635 A. 2d 1047; 1993 Pa. Super. LEXIS 3801.

③ 龚赛红. 医疗损害赔偿立法研究. 北京：法律出版社，2001：230.

(二) 手术和侵入性治疗适用知情同意

Finney 案 (1996 年) 中，原告 1993 年患直肠癌，术后放疗，直肠溃疡。原告声称被告没有告知放疗的风险，违反了知情同意义务。被告援引先例 Dible 案 (1992 年) 指出①，放射疗法不是手术，也非侵入性 (invasive) 治疗，不属于知情同意的范畴。法官支持了被告②。

Bonn 案 (1998 年) 中，患者因肿瘤实施放疗和化疗，导致不育。法官论述道：知情同意理论的依据是传统的殴打理论，只适用于外科领域，因为在进行外科手术时，患者是无意识的，或者没有能力反对的，非外科领域不适用。根据宾夕法尼亚州的法律，放射疗法和化学疗法无需知情同意 (1997 年修改了法律，规定除了急诊情况外，医生有义务获得知情同意。但本案的发生是在此之前)③。

(三) 非侵入性的医疗行为也适用知情同意

在 Matthies 案 (1999 年) 中，81 岁的原告独自生活，生活自理，不慎摔伤骨折。医生检查后认为，原告不应采取外科手术。原因一，原告太老了，而且很虚弱，很难承受外科手术；原因二，原告的骨质很脆，应用钢钉的效果不会好；原因三，原告曾中风，右半身活动不便。出于上述考量，医生决定让患者休息，这样患者既能康复，也可能维持住右半身有限的活动能力。原告卧床休息了几天后，股骨头脱位，导致右腿变短，失去了再次行走的能力。原告的专家证人证实，被告的决定是错误的，如果还希望原告未来能够行走，就应当手术。被告的专家证人也证实，如果打上钢钉，能够有效降低脱位的风险，但是，原告的骨质太脆，不容易承受钢钉固定手术。原告认为被告存在两点过失：治疗方法选择错误；没有按照知情同意的要求与其讨论外科手术这一替代性的治疗方法。被告坚持，非侵入性的医疗行为无需知情同意。法官论述道：非侵入性的医疗行为也需要知情同意；医生应该解释医学上合理的侵入性的和非侵入性的替代疗法，包括它们的风险和可能的结果，知情同意与医疗过失是纠缠在一起的。医生应该揭示医学上认为合理的替代疗法。在一大堆治疗方法中选择合适的治疗方法是医生和患者的共同责任。医生有责任评价相关信息，揭示合理的治疗方法的全部过程，并推荐最合适的一种治疗。患者通常会听从医生的意见，当然，决定权属于患者。知情同

---

① Dible v. Vagley, 417 Pa. Super. 302, 612 A. 2d 493 (1992).

② Finney v. Milton S. Hershey Med. Ctr. of the Pa. State U..., 36 Pa. D. & C. 4th 464.

③ Bonn-Miller v. Carella 1998 Pa. Dist. & Cnty. Dec. LEXIS 33; 40 Pa. D. & C. 4th 12.

意的焦点并不是未经同意的擅自接触，而是没有尽到应尽的照护义务。医生应该揭示医疗行为的实质性风险和治疗的步骤。医生不能仅仅告知一种替代性的疗法，而是要告知所有的医学上认为合理的替代疗法，否则，患者的选择权形同虚设。如果医生选择了合理的治疗方案，但不是患者在知道相关信息后会选择的那一种，则医生仍然违背了照护义务的标准，这种知情同意的违反是医疗过失的一种形式[①]。

(四) 可能的诊断和误诊不属于知情同意的范围

2004 年，Glover 因为头痛去被告处就医，医生为他进行了 CT 扫描和腰椎穿刺。扫描没有发现异常。但是，脑脊液压力升高，医生的诊断是头痛，开了点药就让原告回家了。其后，原告去另外的多个被告处就诊，实施了 MRI 检查等。多位被告医生诊断为偏头痛。同年 5 月，原告间断性失明。原告认为，被告没有告知其他的检查或者其他的研究成果，没有告诉腰部穿刺的结果，没有揭示腰部穿刺的签字文件，没有解释 MRI 的好处和风险，也没有解释结果，没有解释检查和神经学检查的局限，没有告诉还有其他诊断的可能，没有解释监测的好处，这些疏忽导致诊断的延迟，并最终导致其永久性失明。如果这些都做到了，他会寻找其他的机会，并确诊其头痛的原因，从而避免失明。法院认为，法律要求医生提供患者作出决定需要的实质性信息，使其能够参与到治疗的过程中来。信息的揭示范围被限制在：(1) 目的的本质；(2) 措施的坏处和可能的危险；(3) 替代疗法；(4) 预期利益。本案原告要求扩展知情同意的范围到可能的诊断和可能的误诊，这样的请求被某些法院认定为疏忽，但是，还没有被认定为缺乏知情同意。华盛顿最高法院曾经论述道：如果医生违背了照护标准，法院可能认定他存在过失，但是，医生没有义务承担额外的、他们并不知道的诊断的说明同意的义务。例如，一个医生将脑瘤患者误诊为头痛，他可能承担误诊的责任，但是对于并没有被发现的脑瘤的治疗方法承担知情同意的义务就有点变态了[②]。

二、法定应揭示的医疗信息——风险和替代医疗措施

(一) 实质性风险

在实际案例中，法律并不要求医生"详尽"告知"所有"可能的风险。

---

① Matthies v. Mastromonaco 160 N. J. 26；733 A. 2d 456；1999 N. J. LEXIS 833.

② Glover v. Griffin Health Servs. , 2006 Conn. Super. LEXIS 1841.

在案例中，法官论述道：知情同意原理，要求医生在实施医疗行为前，解释医疗行为，警告实质性风险（包括固有的风险和间接风险），使病人能作出是否接受该医疗行为的合理决定。这种义务要求医生告知患者疾病的本质、建议的医疗行为的本质、成功的可能性、替代疗法、出现不幸结果的风险①。但在责任承担领域，实质性风险标准成为告知义务是否有缺陷的主导性标准。实质性风险的判断标准：第一，风险是否客观存在、风险的本质、风险发生的可能性；第二，是不是理性的患者作出决定所必需的。医生无须揭示所有的风险，只需要揭示严重的、比较可能发生的，无须揭示遥远的、可能性小的、固有的风险，因为这是常识②。

（二）替代医疗措施

绝大多数美国知情同意侵权案例与风险揭示不充分有关，而替代医疗措施告知缺陷的案例比较少。即使患者以替代医疗措施告知不充分起诉，似乎也难以说这些案例的争议焦点是替代医疗措施。

1. 与医疗过失混杂在一起

2004 年，原告因头痛于被告处就医，医生实施了 CT 扫描和腰椎穿刺检查等，没有发现异常。同年 5 月，原告间断性失明。原告诉称：医生没有告知其他的检查或者其他的研究成果，没有告知腰部穿刺的结果，没有解释 MRI 的好处和风险，也没有解释结果，没有解释检查和神经学检查的局限，没有告知还有其他诊断的可能，没有解释监测的好处。法官在判决中指出：第一，典型的知情同意案件注意力放在特定医疗行为的风险和替代疗法，本案的指控没有集中在风险和替代疗法上，而是过失导致的误诊，不能按照知情同意违反的案例处理；第二，原告要求扩展知情同意的范围到可能的诊断和可能的误诊，这样的请求被某些法院认定为疏忽，但是，还没有被认定为缺乏知情同意；第三，医生没有义务承担额外的、他们并不知道的诊断的说明同意的义务；第四，典型的知情同意案件是对于医疗行为或者治疗（treatment or procedure）措施的风险揭示不充分③。

2. 与风险揭示不充分混杂在一起

患者接受心脏瓣膜置换术，术后出现并发症。患者诉称，医院没有告诉她有两种瓣膜可选，一种是新兴的组织瓣膜，另一种是机械瓣膜。医生没有

---

① Sard v. Hardy, 281 Md. 432；379 A. 2d 1014；1977 Md. LEXIS 605；89 A. L. R. 3d 12.

② 2003 ND 64；660 N. W. 2d 206；2003 N. D. LEXIS 75；125 A. L. R. 5th 733.

③ Glover v. Griffin Health Servs., 2006 Conn. Super. LEXIS 1841.

跟她商量就植入了机械瓣膜，也没有告诉她植入机械瓣膜需要长期服用抗凝药。后来，患者瓣膜植入效果不好，再次手术，植入了组织瓣膜。法官审理后认为，只有外科手术适用知情同意原则，当植入物是通过外科手术植入时，应该揭示植入伴随的风险和替代疗法。需要揭示的替代疗法是学界公认的。两种瓣膜可相互替换，有不同的风险，因此，不同的风险信息具有实质性，应予揭示①。

三、不需要告知的信息

（一）非实质性风险无须告知

在一起案例中，法官指出，法律从未要求医生告知所有的潜在风险。因知情同意导致侵权的诉讼需要满足以下几个条件：（1）医生没有揭示和讨论实质性风险和固有的危险；（2）没有揭示的风险和危险是损害的近因；（3）如果知道了风险和危险，理性的人将会拒绝该治疗措施②。

在另外一起案例中，法官认为医生不需要列举所有的细节，因为：第一，不可能；第二，如果所有血淋淋的事实都被说明，我们怀疑作为外行的患者是否有勇气听下去；第三，即使患者能听下去，在如此的恐慌之下是否还能作出理智的决定。一般来说，医生只需要揭示实质性风险，下列风险无须告知：非常不可能发生的风险，理性的患者不关心的风险，明显的风险，患者已知的风险，不能预见或者不知道的风险。如果出现患者意识丧失、没有同意能力、告知会导致患者的损害等特殊情况，与患者讨论是不可能的或者是弊大于利的，医生也无风险告知义务③。

（二）替代疗法的范围需经合理的患者标准检验

1986 年，原告因性交疼痛去看产科医生。医生诊断为阴道炎、黏膜白斑、阴道萎缩，为其开了治疗药膏，但效果欠佳。原告要求采取其他治疗方法，医生与其讨论了外科手术疗法，并讨论了手术方法、风险等。原告同意手术，被告实施。手术很成功，但是，原告肛门括约肌受损了。为此，原告被迫接受手术，切除了部分直肠。原告诉称："没有告知还有其他的侵入性更小的手

---

① Stover v. Association of Thoracic & Cardiovascular Surgeons 431 Pa. Super. 11；635 A. 2d 1047；1993 Pa. Super. LEXIS 3801.

② Badger v. McGregor 2004 Ohio 4036；2004 Ohio App. LEXIS 3684.

③ Mitchell v. Ensor 2002 Tenn. App. LEXIS 810.

术方法——处女膜切开术，医生没有推荐保守疗法和其他种类的药膏；选择了外科手术治疗，忽略了放射疗法和非侵入性疗法"。法官认为："理性的患者知道了替代疗法也不会放弃手术；没有专家证言证实没有告知的替代疗法会治愈患者，没有揭示替代疗法也不违背照护的标准；患者不能证明她所受到的伤害与医生没有告知替代疗法之间具有因果关系，也不能证明替代疗法就能治好她"①。

在另外一个案例中，法官选择了相似观点。原告为早产儿，患有呼吸衰竭、黄疸，医生为其采用常见的光照治疗法治疗黄疸。黄疸病很常见，但是，严重的可以导致脑部损害。严重的黄疸病例可以采用换血疗法，但是，该疗法风险更大，包括出现心律不齐、出血、感染、空气栓塞等。医生没有与其父母讨论换血疗法的可能。光照疗法失败后，原告起诉。原告父母声称，医院没有告诉他们高胆红素的危害。专家证人们争论不换血疗法是不是最佳选择以及何时属于最佳选择。法庭认为，换血疗法是光照疗法的替代疗法，但是，患者一般会接受医生推荐的治疗方法，原告无法证明一个理性的、谨慎的患者在相似情况下会作出不同的选择。孩子受损的近因也不是知情同意。法庭怀疑，即使知道了所有情况，原告甚至也会选择不治疗。光照疗法导致脑部永久性损害的可能性在万分之一，换血疗法的死亡率在 $1/300 \sim 1/100$，理性的、谨慎的患者不会选择后者②。对于黄疸患儿来说，主要的疗法就两种，且都是常规疗法。而美国的医生选择一种疗法，没有告知还有另外一种疗法，在我们的理解中，怎么说都是有过失的。但是，在替代疗法是否告知的问题上，法官也引入了合理的患者标准，从而为替代疗法的告知范围画了一条线。

（三）美容手术患者并不享有更大范围的知情同意权

2003 年，原告实施隆胸手术。原告认为，医生应该告知下列事项："大量的或者术后的出血，皮下淤血、感染，过分的疤痕，过度疼痛或者较长时间的疼痛，感染导致植入物的移动，麻醉的副反应，过敏，排异反应，术后麻毒药物的应用；植入并不是一劳永逸的，可能会破，可能随时需要取出手术；外伤可能导致植入物破裂，正常情况下假体也可能移动，需要手术恢复；假体挛缩很常见，这会导致胸部失去弹性，引发不适和疼痛，甚至可能导致胸部变形；手术会导致胸部其余部分感觉的改变，可能导致大小形状的不对称；

---

① Weidl v. Gfeller 1992 Conn. Super. LEXIS 2665.
② Backlund v. Univ. of Wash 137 Wn. 2d 651; 975 P. 2d 950; 1999 Wash. LEXIS 194.

盐假体是硅胶假体的替代品，不会导致出血和移动"。

法官论述道："如果支持原告的请求，那么任何可能性没有被告知，都会导致原告胜诉。假如有人的大拇指长期疼痛，医生为了解决这个问题实施手术治疗，告诉他术后大拇指将永远失去功能，但是医生没有告诉他有5%～10%的可能他的其余四个手指也将受到影响，这时，医生没有揭示实质性风险。但，患者不能因为大拇指的问题而得到支持。如果我接受了原告的观点，意味着如果原告假装疼痛，或者受到了伤害，他都可以说医生没有告诉他另外一个可能没有伤害的方法。医生可能不会与患者讨论明显的风险，为了患者能够将注意力集中在最需要注意的问题上。如果允许对本案这样的案例补偿，可能导致没有过失的医生也要经常性地对风险负责，这背离了知情同意的目的"[①]。

第四节　患者知情同意权的合理范围

一、我国知情同意权理论的主要问题

在百度百科上，"异化"有以下的解释：相似或相同的事物逐渐变得不相似或不相同；主体发展到了一定阶段，分裂出自己的对立面，变为了外在的异己的力量。[②] 通过对我国知情同意权保护种种现象的分析，我国患者的知情同意权也已经被"异化"——知情权有名无实、知情同意权异化为"同意权"、"同意权"异化为"风险自担"，无论是"知情"环节还是"同意"环节，体现的都不再是单纯的权利。

（一）知情权"有名无实"

根据我国相关法律法规，患者享有广泛的知情权。从病情到诊断，从治疗方案到可能的风险，从可能误诊的信息到对诊疗存在异议时的处理途径，从治疗者的资质到其个人经历，从可能的结果到诊疗费用，凡此种种，不一而足，总之，患者想要知道的，或者患者开口询问的，医生都有义务解答、

---

① Schreiber v. Physicians Ins. Co, 2003 Pa. Dist. & Cnty. Dec. LEXIS 183; 64 Pa. D. & C. 4th 21.

② 百度百科"异化"条.［2011-01-03］. http://baike.baidu.com/view/55187.htm.

告知。不但社会舆论普遍认为患者享有广泛的知情权，相当一部分研究者也认为"知情权涵盖一切医疗信息"①。

无论是《侵权责任法》第五十五条还是《执业医师法》第二十六条，从文意解释的角度，将知情权解释为医师应告知"病情、诊断、医疗措施、医疗风险、替代医疗方案等"信息尚属合理，即使进一步演变为"患者享有一切医疗信息的知情权"，也无不可。

但现实情况呢？大医院的医生普遍地"惜字如金"。作为一名普通患者，通常的看病经历是：医生简单问两句，然后开"一堆"化验单，就直接"传"下一个患者了。病情如何？考虑是什么疾病？需要做哪些检查？这些检查的目的？患者一无所知。等到费尽九牛二虎之力拿到全部化验结果，再来找医生时，医生们往往简单告知诊断是什么，然后迅速开出一大堆药物。到底患了什么病？有没有危险？该怎么治？有没有其他办法？成功率如何？复发的可能性多大？大约要花多少钱？所有这些信息，都是患者迫切想知道的，有几个医生能够逐一解答？不能说没有，但至少大医院的医生们是很少这么做的。

与人满为患的大医院相比，一般小点的医院和民营医院门可罗雀，医生的态度一般也会好上很多倍。详细说明、认真解答，目的一般只有一个：留住上门的患者。为了能够成功说服患者接受其推荐的医疗服务，医务人员中也不乏"满嘴跑火车"的，也不乏自吹自擂、虚假承诺的。这类医务人员，态度热情，服务周到，但他们提供的信息有多少是真实的？在多大程度上是真实的？为了达到目的，提供虚假信息者有之，有意忽略重要信息者亦有之。

曾有一名接受肢体延长术（俗称断骨增高）的患者，术后畸形。患者起诉时提交的证据之一是一份"大报"，该报的一篇报道是关于被告医院断骨增高术的，通篇的溢美之词，称手术成功率达100％②。除非增高心切的当事人，否则任何有医学常识的人都会怀疑100％成功率的真实性，因为任何手术都不可能达到100％的成功率，简单手术不能，复杂的手术就更不能，断骨增高这样复杂的新技术就是"绝对"不能。任何有常识的人都能认定以下事实：医方夸大了手术效果，患者没有得到真实信息。但法官仍然以知情同意书列举了相关风险为由，认定患者的知情权没有受损。有白纸黑字的正式出版物作证据，患者的知情权尚无法得到保护；不存在书证的口头交流，如何能保证说假话的服务者受到法律制裁？

---

① 彭丽容. 患者知情权研究. [2011-01-07]. http://www.cnki.net/kcms/detail/detail.aspx?dbcode=CMFD&QueryID=3&CurRec=1&dbname=CMFD9908&filename=2005032563.nh&uid=WEEvREdiSUtucElBV1VFRXk5M2VDZGF5MTBzR3FBPT0=[1].

② 北京市第一中级人民法院民事判决书，（2008）一中民终字第07666号。

作为社会中最普通的成员，经验告诉我们：在大医院，能有大夫给你提供服务就不错了，其他不能奢求，知情权就在不能奢求的行列；在小医院，医生们热情地解答你的问题，但他们提供的信息，无论是病情说明、诊断结果还是治疗措施的选择，你敢相信多少却是问题。

相当多的医疗纠纷案例，患者在起诉时都提出医生告知了虚假信息，曾承诺肯定能治愈，等等，当不幸结果发生，患者愤而起诉时，法官却基本不能对这类诉求"给个说法"。有调查称，因沟通不足导致的纠纷占医疗纠纷总量的九成，数量不可谓不大①。理论上，因知情权受损承担责任的案例应该不少，但实际上，仅因知情权受损就得到损害赔偿的案例，至少在我国很难发现，即使存在，也是凤毛麟角。

我国患者依法享有医疗信息的知情权。实际情况呢？要么得不到信息，要么很难得到真实信息，可以说知情权被侵害的情况非常普遍，但得到救济者几近于无。知情权，即使是法定权利，也是无救济的权利，是有名无实的权利。

（二）知情同意权异化为"同意权"

根据知情同意的法理，同意权有效的前提是充分知情，只有知情后的同意才是真正的同意，可以说，同意是"目的"，知情是"手段"。"手段"适当，"目的"一般都能顺理成章地达到；缺乏"手段"，不可能真正达到"目的"。即作为"手段"的知情，在知情同意权的行使过程中，应当居于相对重要的地位。

如果你有在医院住院治疗的经验，你会有很多机会行使同意权，如是否治疗、是否进行手术治疗、是否应用某一药品、是否输血、是否接受某一检查。一般来说，无论内心愿意与否，患者都会表示同意，很少有人敢当面反对。

以北京各个著名医院为例，从协和医院到 301 医院，从妇产医院到儿童医院，从北大医院到肿瘤医院，几乎全部都是一号难求，午夜排队挂号的场景几乎是天天上演。好不容易争取到"面见"医生的机会，有几个敢不毕恭毕敬、言听计从？即使心里不愿意，嘴上也不敢反抗，更不太敢多问。

如果说知情同意是一个连续的过程，那么第一步是医生告知相关信息，第二步是患者理解，第三步是患者作出同意的意思表示。在医疗实践中，告知信息的第一步被大大地简化了，医生一般只需告知患者一个信息：如果想治，就得同意。患者理解的第二步被全面忽视甚至是省略。只有患者表示同

---

① 卢文洁，伍君仪. 医疗知情同意书涉嫌霸王条款 病人像签"生死状". [2011-01-07]. http://www.dzwww.com/rollnews/news/200912/t20091215_5261234.htm.

意的第三步被不折不扣地贯彻执行。知情同意权行使过程中密切相关的三个步骤，只有一个尚能正常"运转"，即第三步——患者同意，另外两个不是完全"瘫痪"，就是运行出现"故障"。

在观察患者知情同意权行使过程的时候，我们难以发现"知情"，能够观察到的只有"同意"，而且，相当多情况下，还是"非同意不可"。对患者来说，权利意味着资格，意味着自由。如果说患者的同意权是权利，那么这项权利也是一项不完整的权利，甚至是义务的性质更浓的权利。

在患者的医疗需求尚无法满足的情况下，除非医生自己愿意，否则患者是没有多少可能行使知情权的，只有"同意"的份，没有"知情"的权。

（三）同意权异化为"风险负担"

如果说同意是发自内心的，估计没有多少人反对再多一道签字画押的程序。如各种买卖、服务合同，双方协商一致，达成合意，没有哪方会反对在合同上签字，更不会看到一方"恒定"地反对。

知情同意的过程，严格来说是医疗服务合同签订的过程，针对合同中的部分事项，由医生提出"解决方案"并"说明"，由患者权衡利害并决定是否接受。如果患者同意，合同成立。无论合同成立与否，对合同一方的患者来说，似乎都没有理由反对行使权利，当然也不应该敌视权利行使的形式——签字。但现实恰恰是患者群体普遍反对"知情同意书"的签署。

患者看到的"知情同意书"，正文部分就是"风险"：从死亡到伤残，从治疗达不到预期效果到因治疗导致病情恶化。有些医院还要列明"没有一种医疗是完全无风险的，为了我的健康和生命，我愿意接受这个医疗行为，出现以上风险，我愿意自己负责"字样。无论医方怎么辩解、理论界怎么说明，对患者来说，"知情同意书"就是医方的免责条款，当然也是霸王条款①。

按照"意思表示"理论，同意权的行使也应分为四步：第一，内心意思；第二，效果意思；第三，表示意思；第四，表示行为。在患者作出决定时，医方只关注第四步——表示行为，即同意与否的意思是否已经明确地向外部表达，对于此前的三个步骤不予关心。但对患者来说，"意思"才是主要的，即前三步是主要的，第四步不过是前三步的必然结果。可见，在行使同意权的意思表示过程中，医方的关注点与患方的关注点是完全不同的，医方关注结果，患方关注过程，医方为追求结果而忽略过程，患方会满足医方的要求，但会觉得自己

---

① 卢文洁，伍君仪. 医疗知情同意书涉嫌霸王条款 病人像签"生死状". [2011-01-07]. ht-tp://www.dzwww.com/rollnews/news/200912/t20091215_5261234.htm.

的"最大关切"被忽视。双方的"需求"如此不同，矛盾自然不可避免。

医生们一边抱怨"知情同意书不管用"，一边"拼命"增加其内容，倾向于事事都由患者签字，且创设了双签字、多签字制度，即患者本人及一名、多名甚至全部近亲属共同签字。为了防止患者反悔，有的医院甚至还要求采用"公证"的形式。如此兴师动众为哪般？还不是为了免责。可以说，患者的同意权，已经异化为了"风险负担"义务。

（四）知情同意权的外延模糊

在2010年的那次调查中，围绕签字事项，本书项目组设置了相关问题。调研结果见表5-6。

表5-6 调查医生和患者签字的情形比较（多选）

情况	应答人数	患者	医生
		643	594
大手术	人数	493	485
	百分比（%）	76.67	81.65
小手术	人数	319	436
	百分比（%）	49.61	73.40
使用比较危险的药物	人数	207	493
	百分比（%）	32.19	83.00
放疗	人数	98	382
	百分比（%）	15.24	64.31
化疗	人数	130	393
	百分比（%）	20.22	66.16
放弃治疗	人数	106	470
	百分比（%）	16.49	79.12
外出请假	人数	151	455
	百分比（%）	23.48	76.60
比较危险的医疗措施	人数	173	506
	百分比（%）	26.91	85.19
费用高的措施	人数	117	375
	百分比（%）	18.20	63.13

知情同意权，典型的是针对某一医疗行为，因符合一定条件，实施前需征得患者的有效同意，其效果是患者对所出现的后果自行承担责任。如果医生与患者交流得非常好，这根本就不是一个问题。但我国的现实是：日常交流状况较差，但要求患者签署书面意见的情况非常常见。调查发现，医生远

较患者更倾向于让患者签字；就患者的实际感受来说，在上述情况下，相当多的医生也会要求他们签字。

仔细分析，除了大手术双方的感受比较一致外，其他项目上双方之间的感受差距非常大，相差50个百分点左右的不在少数。这说明，如表5-6中所示各项，医生都希望患者签字，只是实际上并未做到而已。比如说，放弃治疗是可能产生危险的医疗行为吗？医疗行为基本都是积极行为，消极不作为很难被界定为医疗行为，但放弃治疗前，医生可是普遍希望患者家属了解放弃的理由、放弃后可能的结果等信息，并希望患方自行承担放弃治疗的结果。再比如外出请假，明显与医疗行为无关，但医生也要告知患者外出期间可能发生的风险、风险自担等内容。此类行为，临床上非常常见，签署书面知情同意书的概率超过了放疗、化疗，是否属于知情同意的范畴？

如果说费用较高的医疗行为都属于知情同意的范畴，那么放弃治疗、离开医生的监护就没有理由不是。当然，费用信息能否成为知情同意的对象，还是有疑问的。

再有，关于错误生育的问题，一般也会涉及知情同意。原告会诉称：没有告知胎儿可能畸形，没有告知检测结果的错误概率，导致本不应出生的孩子出生。此时，法院审理时也会涉及知情同意问题。如一苯丙酮尿症孩子错误出生，在审理时，法院认为，医方的过错包括：医方未将PKU产前诊断的局限性和风险告知患方，侵犯了患儿父母的知情权和选择权[1]。

（五）知情同意的适用范围——可能的风险标准过低

1. 法学界的观点

在我国，几乎所有的学者都认为，知情同意权的范围应该包括以下几个部分：就患者的病情、诊断结果全面、详细的说明；医生预定实施的治疗行为的目的、方法、侵袭范围、治愈率、副作用等；对不实施该项医疗行为可能带来的后果的说明；是否存在其他替代疗法，如存在，还要说明替代疗法的治疗方法、侵袭范围、治愈率、伴随危险等[2]。

---

① 北京市第二中级人民法院民事判决书，（2009）二民终字第08750号。

② 尹飞. 论医疗损害民事纠纷中医疗者的义务//王利明. 民法典·侵权责任法研究. 北京：人民法院出版社，2003：414；杨太兰. 医疗纠纷判例点评. 北京：人民法院出版社，2003：11；王平荣. 医疗纠纷案件审理的法律适用若干问题初探. 法律与医学杂志，2005（2）；医疗案件. 北京：中国法制出版社，2005：2；宁红丽. 医疗过失责任//王利明. 民法典·侵权责任法研究. 北京：人民法院出版社，2003：449；关淑芳. 论医疗过错的认定. 中国民商法律网. ［2010-03-01］. http://www.civillaw.com.cn/weizhang/default.asp? id=8408.

龚赛红博士在研究该问题时已经注意到，患者知情同意权的范围几乎无限，"告知义务是指医师必须就患病情况、治疗方法及治疗所伴生的危险等事项对患者加以说明的义务"，"一般在医疗过程中常常使用、没有严重侵袭后果的一些医疗行为则可不做说明，如对症状轻微的很轻的疾病的检查、注射与用药等"。尽管作者认为没有"严重侵袭后果"的医疗行为可以不予说明，但还是承认："说明的范围基本上囊括有关医疗行为的所有细节"①。可见，尽管学界认为，告知的事项以是否具有"严重侵袭后果"为限，但是也承认，说明的范围几乎是无限的。医疗实践中，医生们也确实如此执行。调查发现，北京市各种疫苗接种均常规签署标准化的知情同意书，相当多的全科医疗服务机构有"静脉输液""肌肉注射"知情同意书，至于外带药品使用等的五花八门的知情同意书更是不在少数。

2. 现行法

《医疗机构管理条例》《医疗机构管理条例实施细则》《执业医师法》《医疗事故处理条例》《侵权责任法》均规定了知情同意条款。《医疗机构管理条例》第三十三条规定，"医疗机构施行手术、特殊检查或者特殊治疗时，必须征得患者同意，并应当取得其家属或者关系人同意并签字"。《医疗机构管理条例实施细则》第八十八条规定，界定"特殊检查、特殊治疗"的标准之一是"有一定危险性、可能产生不良后果的检查和治疗"。《执业医师法》第二十六条规定，"医师应当如实向患者或者其家属介绍病情"。该条并没有为医生的告知义务划定界限，理论上，也就是一切与医疗有关的信息均可划入知情同意权的范围之内。《侵权责任法》第五十五条规定，"需要实施手术、特殊检查、特殊治疗的，医务人员应当及时向患者说明医疗风险、替代医疗方案等情况，并取得其书面同意"。总之，按照上述法律法规，"特殊检查、特殊治疗"，即可能产生风险的检查和治疗，医方在实施前需取得患方的知情同意。

3. 典型案例

我国 1996 年支持了首个知情同意侵权案件。陈某因左眼复发性结膜囊肿于 1999 年 6 月 24 日在某甲医院施行左眼脂肪瘤摘除术。同年 7 月 2 日，陈某出院。术后，陈某感到左眼上睑下垂，不能睁眼，遂又于同年 10 月 19 日再次至某甲医院就诊，于同月 22 日施行左眼上睑下垂矫正术。术后，陈某左眼能微睁，但仍受限。同月 26 日，陈某出院。随后，其至上海华山医院就诊，

① 龚赛红. 医疗损害赔偿立法研究. 北京：法律出版社，2001：169-175.

被告知其左上睑下垂系提上睑肌损伤所致。鉴定结论为：（1）某甲医院的诊断和治疗原则无不当；（2）病员目前左眼上睑下垂属术后并发症，本医疗事件不属于医疗事故范畴①。法院认为：某甲医院在为陈某施行左眼脂肪瘤摘除术前，未明确将术后可能产生提上睑肌断裂的并发症告诉陈某。医院的术前谈话记录表明："对手术才做后可能发生的问题加以说明：（1）术中肿瘤界限不清，分离困难；（2）术中出血，术后感染；（3）术后睑球粘连；（4）误伤眼球内其他组织，影响视力"。法院认为，在医疗关系中，患者享有的基本权利主要有两点：一是充分了解医疗活动所含风险的权利；二是获得适当、合理治疗的权利。医院在实施手术前，应在有条件的情况下取得患者同意。患者对手术的同意及对手术后果的接受应当建立在对手术风险的充分认识的基础上，否则不能视为真正意义上的同意，医疗机构应当承担相应的责任。本案中，某甲医院与患者陈某家属术前谈话记录中记载的前三点告知内容指向明确，并未提及手术可能会影响提上睑肌；而陈某提上睑肌断裂亦非眼球内部伤害，所以不属于谈话记录中的第四点告知内容。某甲医院的缺陷就在于没有将实施手术可能导致提上睑肌断裂的后果告知陈某。由于某甲医院未完全向陈某明示术后风险，致使陈某丧失选择手术与否的机会，并造成严重后果，所以某甲医院应当就此承担民事责任。由于陈某目前损害状态系由多种因素造成，包括自身疾病导致手术、手术并发症以及陈某客观上选择手术，而选择手术与否和目前遭受损害之间实际上存在一定的或然性，故本案考虑以上种种因素，由某甲医院承担损失后果80％的赔偿责任②。

陈某上睑下垂案引起了极大的社会反响，随后各地相继判决了一批这样的案例。目前的趋势是，患者起诉医院时，往往将知情同意作为一个诉因，即：医生没有告诉我该治疗方式的这种风险，如果我事先知道，必定不会同意接受这个治疗。

2001年，原告因先天性心脏病、法氏四联症到被告处求治，医院实施手术治疗，术后并发左髂股动脉血栓、左小腿缺血性坏死并缺如。原告诉称，虽然术前签订了手术协议书，但该协议书中只讲明了可能会出现麻醉意外、大出血，心律失常，肺部感染，败血症，肝、肾等主要脏器衰竭而致残或致死等，未讲明手术后可能出现栓塞并发症。法院审理后认为，"被告在手术操作及术后治疗未发现不当之处，术后二十余天出现左下肢动脉急性栓塞属术后并发症。并发症虽非人为因素形成，但被告在手术前后，未尽告知义务，

---

① 陈福民，胡永庆. 对患者知情同意权的法律保护. 政治与法律，2003（2）：146.

② 医疗案件. 北京：中国法制出版社，2005：2.

未告知原告及其法定代理人手术可能引起的并发症及其注意事项，从而使原告失去选择减少风险的机会，并有可能导致延误对病情的预测和诊治。因此，被告对此应承担相应的责任"①。2002 年，患者被诊断患有恶性淋巴瘤，入某医院治疗。医院采用了常规的化疗方案 CHOP。化疗后，患者死亡。医疗事故鉴定委员会认为，患者死于超敏反应。患者家属认为，医生在实施化疗之前没有告知他们可能产生严重的过敏反应，如果知道的话，他们就不会同意接受化疗，不实施化疗，患者就不会死亡。由于患者的死亡是由于医院的医疗行为造成的，而医院的医疗行为因侵犯了患者的知情同意权而非法，所以应由医院承担全部的损害赔偿责任。二审法院据此认为，医院在决定对患者进行 CHOP 化疗时，没有取得患者、家属或者关系人同意并签字，侵害了患者及上诉人的知情同意权②。2013 年，原告因左耳流脓伴听力下降就诊，被诊断为慢性中耳炎。被告完善相关术前检查后，为原告施行改良乳突根治术加鼓室成型术，术中将原告听小骨切除，并植入了人工听小骨。原告认为，被告未经其同意擅自切除了听小骨。法院认为，根据被告提交的患者使用自付、自费项目协议书，其中有关于人工听小骨费用的相关告知，并根据术前谈话记录及知情选择告知书记载，可以认定被告就治疗方案，手术风险、方式及范围等内容，亦向原告进行了相应的告知。据此，法院认为："被告对原告之诊疗行为符合诊疗常规，并履行了相应风险告知义务，无法认定与原告俗称损害后果之间存在因果关系。但被告在其术前谈话记录及知情选择告知书中，未能明确就听小骨可能切除情况向原告进行书面告知，双方存在沟通不足的情况，虽与原告的损害后果并无必然联系，不需承担赔偿责任，但考虑到目前原告听小骨已被切除的后果，依据公平原则，可对原告予以一次性适当补偿"，最终判决被告一次性补偿原告 2 000 元③。

"告知后同意以患者自主决定权为手段，最终指向患者福利，即患者经过自我价值判断和利益衡量后，在医生的帮助下自主选择最能实现个人福祉的治疗措施，使治疗利益符合其未来人生计划和安排。这样来看，患者自主决定权的对象不仅包括侵袭性的治疗措施，而且应涵盖一切可能影响患者重大利益变动的治疗方式。""对于涉及自身重大利益的各种治疗措施，包括侵袭性和非侵袭性的，患者均享有自主决定权，即患者根据自己对未来人生的规

---

① 山东医师协会官网. ［2013-02-03］. http：//www. sdmda. org. cn/zilvweiquan/2009-12-01/7777_2. html.

② 王锋，林广，关天国. 未经家属同意即实施化疗 患者死亡医院被判赔 2 万. 广州日报，2004-03-15.

③ 北京市西城区人民法院民事判决书，（2014）西民初字第 16722 号.

划，自主决定所采取的治疗方案"①。从《医疗机构管理条例》及其《实施细则》到《侵权责任法》，均秉承了这一理念，规定医疗机构在实施"手术、特殊检查、特殊治疗"前履行告知义务，并取得患者的有效同意。毫无疑问，任何医疗措施都有这样或者那样的风险，都可纳入"特殊检查、特殊治疗"的范围。因此，从立法、司法到理论界，实际上均支持"可能产生风险的检查和治疗需取得患者的有效同意"。而任何医疗措施都不会是绝对安全的，都有可能产生风险，该标准意味着几乎一切医疗措施实施前，医方都应履行告知义务并取得患者的有效同意，标准之低，世所罕见。

(六) 信息告知无明确标准

理论上，信息揭示以理性人为标准，这类信息指理性的医生在相似情况下应该揭示的信息，或者理性的患者作出决定所需要的实质性信息。在我国的相关案例中，患者基本上也都会声称：知道有这项风险，我就不会同意接受这项医疗措施了。这说明，患者群体基本上也是认可所揭示的信息应该是足以导致患者作出不同决定的信息。在裁判的过程中，基本依据是鉴定结论，而且基本上只引述鉴定结论的结果，至于为何得出如此结论，很少提及。也就是说，通过我国的判决书，很难发现裁判者认可哪种信息揭示标准——患者标准还是医生标准。而从裁判结果观察，法官通常采用可能的风险标准，似乎一切可能的风险均须告知。这一趋势，与国外知情同意早期案例的精神一致，但与 20 世纪 90 年代、2000 年前后案例所确定的基本规则相悖。

二、知情同意权的适用范围

(一) 手术

手术是传统知情同意的适用对象，但是，手术本身的范围问题仍然还是一个需要解决的问题。

1. 最广义的手术

手术一般被定义为"为医治或诊断疾病，以刀、剪、针等器械在人体局部进行的操作"②。医务人员"以刀、剪、针等器械在人体局部进行的操作"数不胜数，小到肌肉注射或静脉注射、伤口清理、外伤缝合、针灸治疗，大

---

① 杨玮巍. 医师告知义务的法律解构与重构. 中国医院管理，2010，30（10）：50.
② 百度百科"手术"条，http://baike.baidu.com/view/19226.htm? fr＝ala0_1_1, 2011-01-01.

到剖腹探查、肢体切除、心肺移植，以"刀、剪、针等器械在人体局部进行的操作"为标准，手术的范围会非常宽泛，且远远超出一般人心目中的手术范畴，可称其为最广义的手术。

2. 广义的手术

1982 年卫生部出台的《医院工作制度》将手术分为一般手术、较大手术、重大手术。"一般手术如阑尾摘除术、疝修补、简单的乳房切除、神经压榨、急性脓胸、膀胱结石摘除、尿道扩张、鞘膜积液、一般四肢手术（不包括截肢）、刮宫术、一般体表肿瘤摘除、内窥镜检查、穿刺、石膏固定等"；重大手术，"如内脏手术、食道手术、甲状腺、血管瘤、内耳、各种复杂的矫形术及移植术、脊髓神经手术和手术后可能导致病员残废者"；较大手术和复杂手术并列，但没有具体列举。根据《医院工作制度》，能够称得上"手术"的技术操作，风险、复杂程度、技术难度至少要等于刮宫、体表肿瘤摘除、内窥镜检查、穿刺、石膏固定。

在手术分级管理的过程中，部分省份对手术级别进行的列举基本延续了《医院工作制度》的传统。如海南省规定：甲类手术，包括复杂胰腺癌根治术、胆道癌根治术、心脏多瓣膜置换及成形术等；乙类手术，包括胃部及十二指肠手术、简单的腹腔镜诊疗手术（胆囊或阑尾切除）、房缺室缺修补术等；丙类手术，包括小肠切除术、截肢（指、趾）术、部分鼻耳缺损的修复术等；丁类手术，包括各类烧伤清创术、眼袋成形、普通牙拔除术等。浙江省规定：一类手术包括常见小手术及一般中等手术，如体表良性肿瘤摘除、体表脓肿切开引流、关节穿刺、清创缝合、阑尾切除、直肠镜检等；二类手术包括各种中等手术，如胃造瘘、脾切除；三类手术指疑难重症大手术；四类手术指科技项目或新开展的大手术。卫生部《医疗技术临床应用管理办法》延续和强化了手术分类的传统，将手术分为四级：一级手术是指风险较低、过程简单、技术难度低的普通手术；二级手术是指有一定风险、过程复杂程度一般、有一定技术难度的手术；三级手术是指风险较高、过程较复杂、难度较大的手术；四级手术是指风险高、过程复杂、难度大的重大手术[①]。

3. 狭义的手术

一般人心目中的手术，是指小到阑尾切除、大到器官移植这一广阔范围的"手术"，即涵盖了《医院工作制度》中较大的手术、《医疗技术临床应用管理办法》二级以上的手术。本书项目组称其为狭义的手术，这类手术的共

①　手术分级管理的目的是防止级别较低的医院实施复杂的手术。根据规定，一级医院可以实施最低级别的手术，即乡镇医院都有实施一级手术的资格。

同特点包括：由专科医师在专门手术室实施，采用打开机体、切除或者修复病变组织器官的方式实施，手术技术要求比较高、操作比较复杂，手术风险比较大、损伤比较严重、后遗症和并发症比较常见。按照这样的标准，鞘膜积液的抽吸、一般体表肿瘤的切除、脓肿切开、内窥镜检查等"手术"操作相对简单，技术水平要求不高，风险不大，这类医学界所谓的"手术"并不被一般人认可。

4. 手术外延的检讨

按照一般大众的理解，手术就是外科医师在手术室用刀子、钳子、镊子等工具打开机体、切除病灶的过程，即狭义的手术。随着微创技术的推广、内科治疗措施外科化，手术的创伤可能较低，但风险往往并不能相应下降，因此，狭义的手术不可取。

根据我国的卫生管理传统，手术涵盖传统外科的全部领域，从疑难复杂的大手术，到一般的阑尾炎切除、关节腔穿刺、手法复位、石膏固定，也涵盖了内科医生常用的各种有创技术。医师群体也将以上医疗措施都称为"手术"，以示其操作的复杂性和技术性。但无论如何，没人会把静脉穿刺、针灸治疗也称为手术，因此，最广义的手术概念没有"市场"。

如果采用广义的手术的概念，较大手术和重大手术无疑都属于手术的范畴，但《医院工作制度》中的一般手术、分级管理的丁类手术，是否纳入仍有讨论的必要，如尿道扩张、切开排脓、清创缝合、一般体表肿瘤摘除、关节腔穿刺、牙齿拔出等。根据 Stover 案（1993 年）案、Morgan 案（1996 年）、Kremp 案（2002 年）法官的意见，自然分娩、镊子助产、脊柱按摩、放射治疗、肋间神经阻滞、介入治疗都不属于手术的范畴。本书项目组认为，将医生们自称的这些手术都纳入知情同意的范畴的确是没有必要的，原因是该类手术风险较小，遗留后遗症的可能性不大，技术要求简单，常规采用对患者意识没有影响的局部麻醉，"医师有着高度的专业技术，其劳动价值极其昂贵，不可能事无巨细将所有相关情况都告知患者。如果危险性极其轻微或者发生危险的可能性很小，医师可以不告知患者而将精力放在更重要的医疗活动上，否则，会造成医疗资源的巨大浪费"①。

原则上，手术应采用广义的概念，如果是一般手术（《医院工作制度》的分类）或者一级手术（《医疗技术临床应用管理办法》的分类），需同时综合考虑以下因素：（1）手术的实施者的专业背景，术者是内科医师还是外科医师；（2）手术技术的复杂程度，比较简单还是比较复杂；（3）手术的实施地

---

① 李大平. 医事法学. 广州：华南理工大学出版社，2007：35.

点，是一般操作室还是专门手术室；（4）手术本身遗留的创伤，较小还是较大；（5）手术风险发生频率，低还是高；（6）手术可能的损害后果，不大还是较大。总之，一级手术是否需要知情同意，还需要其他具体的标准。

（二）侵袭性医疗行为

1. 侵袭性标准出现的必然性

Morgan 案和 Stover 案，是法官坚持手术是知情同意唯一适用范围的典型判决。但法官讨论的重点在于麻醉、输血、植入物本身的风险等等是否属于手术的范畴，最后的结论是：这些医疗行为都隶属于手术，属于知情同意的范畴，即将"围手术期"的医疗行为统统纳入手术的范畴，对手术的概念作了扩张解释。

这类判决的共同特点是，追究医师侵权责任的理论基础是传统的殴打理论。按照殴打理论，"围手术期"的医疗行为似乎不存在未经同意的接触，不能按照传统殴打理论追究民事责任。为解决这一问题，法官只好对"手术"作扩张解释。随着殴打理论逐步被过失理论所代替，将"围手术期"的医疗行为从"手术"中解放出来是必然趋势。因此，侵袭性成为知情同意适用范围的另外一个主要标准就不足为奇了。

"当医疗行为对患者的身体具有侵袭性，即可能带来危及生命、损害身体机能及对身体外观发生重大改变等后果时，医师应对患者就医疗行为的侵袭范围、程度及危害危险发生的可能等进行具体说明，在取得患者的有效同意后方可实施医疗行为"[①]。但按照传统理论，侵袭性几乎是与手术在一个层面上使用的。为什么手术需要知情同意，是因为"外科手术的本质是侵袭性的"[②]。至于侵袭性为什么需要知情同意，是因为"侵袭性的医疗行为可能带来危及生命、损伤机体机能和外观的重大改变"。但鉴于侵袭性更有包容性，可以涵盖某些高风险的非手术行为，如介入治疗、放射治疗等，因此，侵袭性标准更适合现在医疗侵权领域。

2. 侵袭性与手术的关系

一般认为，手术需要知情同意的原因是侵袭性，即侵袭性可以是手术的上位概念，且侵袭性理论的出现是为了弥补传统的手术概念"范围过小"的不足，因此，从理论上说，侵袭性完全有条件成为知情同意的唯一标准。

但是，鉴于知情同意的传统范围就是手术，手术的概念已广为人知，我

---

① 龚赛红. 医疗损害赔偿立法研究. 北京：法律出版社，2001：230.

② Kremp v. Yavorek, 57 Pa. D. & C. 4th 225.

国法律也明确列举了手术，因此，不宜将手术作为侵袭性的下位标准处理，而应作为与手术同等位阶的概念比较合理。本书项目组认为，侵袭性的定位应该是：知情同意适用范围的补充标准。

3. 认定侵袭性的可选标准

（1）人体结构、功能变化。传统的外科操作需要打开机体，利用外科器械切开、切除病灶或者改变机体形态，不但风险大，而且导致人体结构和功能产生重大变化。（2）风险。侵袭性之所以取代手术，主要是因为其涵盖了狭义的手术之外的其他医疗行为，将可能危及生命、损害机体的医疗行为都纳入知情同意的范畴，而危及生命、损害机体的核心"内容"是"风险"，因此，在某种程度上，侵袭性等同于风险。（3）皮肤完整性破坏。侵袭性可以从行为外在特征进行判断，即是否刺破了皮肤，侵袭性的本质是破坏了人体作为整体的完整性。根据皮肤分层，又分成表皮刺破说、真皮刺破说。

4. 侵袭性标准检讨

微创技术和放射技术，对人体没有破坏或者破坏很小，但是该类技术的复杂程度、操作难度、风险等等往往超过传统的手术，人体结构改变说范围太小；任何医疗行为，都有可能导致人体功能的改变，功能改变说范围太大；如果按照皮肤刺破说，即使按照标准"最高"的真皮刺破说，打针输液也都具有侵袭性，而风险更大、更常见的放疗、化疗却被排除在外。因此，最适当的选择只能是风险说。

5. 应然标准——高发生率、后果严重的风险

风险说往往以医疗行为的结果为标准，所有的损害后果都是医疗行为的"风险实现"，我国的判例通常采用可能的风险标准，其后果是医生们能罗列出几百项的可能风险，患者受惊不小，但很难"抓住"作出决定真正需要的重要信息。有鉴于此，为帮助患者了解真正的风险、减少医生的工作量，风险的范围不应该是"可能"①，而是应该有所限制。本书项目组认为，"实质性风险"标准就是一个不错的选择。但鉴于实质性风险标准——作出决定所需要的实质性信息——仍然高度抽象，其确定依赖于裁判者的个人经验，既不明确，也不具体，因此，仍有进一步细化的必要。

医学毕竟是科学，风险出现的可能性、损害后果的严重性一般是可以通过统计分析得出相对明确的结论的。与实质性风险标准比较，风险的发生的

———————

① 没有任何风险的医疗行为几乎是不存在的。任何药物都有至少几种常见副作用，包括营养类药物；除了 B 超、心电图，几乎没有完全安全无害无风险的检查；不存在无风险的医疗行为。

可能性、损害后果的严重性更加具体而确定。本书项目组认为，为了保护患者的权利，同时又不过分加重医生的负担，某一医疗行为是否属于知情同意的范畴，主要的考量因素应该是：危险的可能性——风险概率，危险出现时损害后果的严重性，二者缺一不可。例如，体表淋巴结切除活检，发生危险的概率非常低，但也有可能导致患者死亡、器官组织功能严重损伤；如某些药物，副作用发生概率非常高，但一般不会造成健康严重受损。此类医疗行为，不能同时满足风险概率与损害后果严重性两个方面的要求，不应纳入知情同意的范畴，只有同时满足两方面要求的医疗行为，才应纳入知情同意的适用范围。

（三）有可能产生风险的医疗行为

Matthies 案的法官主张：医生应该揭示任何医疗行为的实质性风险和治疗的步骤[1]，以帮助患者作出合理的决定，不受侵袭性标准的限制。从文意的角度，知情同意似乎扩展到了全部的医疗行为，但仔细分析，结论完全不同。

1. 法律传统

针对所有医疗行为实施知情同意，无疑能为患者提供更加周到的保护，但是，不加任何限制的缺陷也非常明显。首先，医生会不堪重负；其次，我国法律明确规定知情同意的范围是手术、特殊检查、特殊治疗，且理论和实践一致承认并非所有的医疗行为都需知情同意。

2. Matthies 案本身的特殊性

骨折是传统的外科领域，一般来说，归外科医生治疗。Matthies 案被告方也承认，如果不是患者自身体质原因，应该进行手术治疗，即手术是医生们公认的首选医疗措施。可见，如果对手术作扩张解释，从实际手术到应该手术或者一般情况下应该手术，则本案争议的问题无疑也属于外科范畴。

患者骨折，医生一般都会与患者讨论手术和保守治疗的利与弊。本案的医生没有与患者交流，从注意义务的角度，没有达到合理的医生标准。法官也明确表明，"知情同意与医疗过失是纠缠在一起的，医师应该揭示医学上认为合理的替代疗法"。可见，尽管法官声称知情同意适用范围不受侵袭性限制，但风险揭示的标准却是实质性风险，换句话说，法官实际支持的是：有实质性风险的医疗行为需要知情同意。

3. "实质性风险"的功能

"关于何种风险应该披露，应遵循实质性标准，即若某信息/风险会对相

---

[1] Matthies v. Mastromonaco 160 N. J. 26；733 A. 2d 456；1999 N. J. LEXIS 833.

对人的判断和决定产生实质性影响（如有可能拒绝医疗或者选择不同治疗方案）的话，即说明此信息有披露的必要"，义务方应"向对方披露对对方是否接受某一风险（如接受某一治疗行为）这一决定有实质性影响的信息"[1]。可见，实质性风险标准本身，与知情同意的适用范畴无关，而是医师告知义务的标准。

4. 实质性风险与侵袭性标准风险说

侵袭性标准本身也是告知义务的标准，因侵袭性的范围过大，实质性风险标准才应运而生，从这个角度观察，二者可以是"种属"关系。但同时，侵袭性标准自出现之日起，就有解决"为什么和什么样的医疗行为需要知情同意"问题的双重目的，因此，侵袭性更有可能作为知情同意适用范围的标准，从该角度出发，侵袭性更应该作为知情同意适用范畴的判断标准，而实质性风险却相对困难一些。

三、风险信息揭示标准

（一）合理的医师标准

在美国 1960 年的 Natanson v. Kline 案中，堪萨斯州最高法院 Schroeder 法官认为，"医师的披露义务限于一位合理医师在相同或相似情境下意欲披露的程度"，而合理医师的此种披露应基于"患者最佳治疗利益"。一般认为，Sidaway v. Bethlem 一案确立了英国知情同意权。该案中，Sidaway 夫人在精神松解手术中因脊髓受到伤害而偏瘫。出现的结果是因为真正的意外，而非过失。专家证明，一般神经外科医生会认为均可以不告诉患者可能偏瘫的风险。但 Sidaway 夫人以医师没有告诉其风险而起诉，该案一直上诉到上议院，诉讼请求均被驳回。在上议院的四位法官中，Scarman 勋爵同意采用美国的知情同意原则，即医生告知患者的信息应采用一个"合理的患者"在相同情况下想知道的范围标准，而其他法官却断然拒绝。判决采用了 Piplock 勋爵的"合理的医生标准"，认为患者只需被用普通的语言告知医生建议的治疗的性质，因其内容是由其他可靠的医生在相同的条件下可能的作为来决定。可见英国的患者知情同意权是以合理医生为标准[2]，医生信息披露的程度限于根据

---

① 赵西巨. 医事法研究. 北京：法律出版社，2008：67.

② 赵西巨，王瑛. 论美国法中的知情同意原则及我国的立法思考. 南京中医药大学学报（社会科学版），2004，5（3）：178-179.

患者的最佳利益、处于相同情况下的医生应该披露的信息。符合之，则无过错；违反之，则有过错。在披露的具体细节上，英国医生仅须告知治疗的性质，美国医生则要告知更加具体的细节。可见，即使同样采用合理的医生标准，英、美在医生的告知范围上也还是存在极大差异。

(二) 合理的患者标准

1. 正面规定

在 Natanson 案建立"合理医师"标准 12 年后，美国司法通过 Canterbury v. Spence 案 [464 F. 2d 772 (1972)] 开始认可患者标准。该案中，在对医方披露信息量是否充分的考察上，哥伦比亚特区上诉法院的 Robinson 法官认为，"对于特定疗法患者享有自我决定权，医师对患者此权利的尊重需要设定一个法律的标准，而不是医生他们自己欲设定的标准"，"医师与患者交流的范围应该以患者的需要来衡量，这种需要对患者来说应该是影响患者决定的实质性信息"。关于什么样的风险属于实质性的信息，美国法院的回答是：对合理的患者作出决定有实质性影响的风险 (Smith v. Shannon [666 P. 2d 351 (Wash. 1983)])、具有严重性质的风险 (ZeBarth v. Swedish Hosp Medical Center [81 Wa. 2d 12 (1972)])，非常遥远的风险不具实质性[①]。当然，从保护患者利益的角度出发，还有个别的患者标准，即根据患者的实际情况，判断应该披露信息的范围。由于证明是否满足了患者的实际需要极其困难，在司法实践中具有太多的不确定性，因而其没有得到多数人的支持。

根据合理的患者标准，医生的信息披露取决于作出是否接受某种医疗措施的决定时理性的患者需要掌握的信息，这种信息应该符合以下条件：对合理的患者作出决定有实质性影响的风险，具有严重性质的风险。

2. 反面排除

在 1990 年的 Ruffer v. St. Francis Cabrini Hosp [56 Wa. App. 625 (1990)] 一案中，法官认为：非常遥远的风险不具实质性。在 1985 年的 Sidway v. Bethlem Royal Hospital 一案中，上议院认为导致瘫痪的可能性（在病人身上出现了）在 1% 以下，对此是无须告知的[②]，即发生概率极低的危险对患者的决定不具有实质性影响。

台湾地区也有相似的判决。患者患有风湿性关节炎，医生开具抗风湿药物治疗。服药后，患者身体受到损害。患者以医生没有告知可能出现该风险、

---

① Ruffer v. St. Francis Cabrini Hosp. 56 Wa. App. 625 (1990).
② 王绍铭. 医疗纠纷与损害赔偿. 台北：翰芦图书出版有限公司，2004：178-179.

侵犯其知情权为由，要求医生承担责任。法官在判决中写道："被告对病患之诊治、用药皆合乎药事规范，应无疏忽之处，至于所开之药物有无副作用此一问题，没有一种药物是完全没有副作用的，只是副作用多与少的问题"。可见，台湾地区法院认为，对常见药物的非严重副作用，不属于法定知情同意权的范畴①。从更好地保护患者的角度，合理的患者标准是目前通行的标准，即使是合理的患者标准，在从正面规定了"患者作出决定具有实质性影响的信息"后，也从反面排除了"非常遥远""发生概率极低"的危险，将其列入不需要告知的范畴。

四、替代医疗方案的范围

《侵权责任法》第五十五条规定，医务人员实施手术、特殊检查、特殊治疗前应当告知替代医疗方案。目前，医学界已经将该要求落实到行动上。毫无疑问，作为法定义务，医生们应该履行，但是，如果履行该义务，前提是医生们得知道法律所要求的"替代医疗方案"是什么。从概念本身看，无论是"替代"还是"医疗方案"都比较模糊，二者组合在一起，概念的外延更加宽泛。

(一) 替代医疗方案超出现代西方医学范畴

中国历史悠久、民族众多，民族医学种类丰富。从力量强大的中医中药，到影响相对较小的各少数民族医学，西医以外的医疗方案多如牛毛。从事西医诊疗的临床医师是否应该告知这类替代医疗方案？本书认为，替代医疗方案并不限于西医的范畴，我国传统医疗的常规诊疗方案应该告知，反之亦然。

1. 医学上的替代医疗本身是指西医以外的医疗手段

医学上的替代医疗（alternative medicine）本来是指现代西方医学（也称为主流医学 mainstream medicine）以外的医疗手段。西方医学通常也被称为常规医学（conventional medicine），相应地，替代医疗的别称是非常规医学（unconventional medicine）。替代医疗的概念主要在美国使用，欧洲多把其称为补充医疗或互补医疗（complementary medicine），最近则合二为一，将其称作替代补充医疗或替代互补医疗（complementary and alternative medicine）②。因

---

① 台湾士林法院一九九九年度自字第二七四号刑事判决//王绍铭. 医疗纠纷与损害赔偿. 台北：翰芦图书出版有限公司，2004：89.

② 今西二郎. 所谓替代医疗. 李胜军，译. 日本医学介绍，2000，31（8）：377.

此，从替代医疗方案的本来含义看，并不排斥非西方医学的诊疗方案。

2. 西医以外的替代医疗具有强烈的社会需求

某些对传统医学持否定态度的人认为，中医根本就不是科学，是"臆想"①，按照此种观点，临床医生自然无须告知非西方医学的诊疗方案。即便中医不是一般意义上的科学，上千年的诊疗经验也非毫无可取之处，更何况，我国民族医学发达，社会需求强烈，著名的中医院基本都人满为患。从国情出发，非西医的诊疗方案也应该告知。

即便在西方发达国家，非西医诊疗方法的支持者、实践者也遍布社会各阶层。一般认为，使用替代医疗的常常是那些文化水平低、收入低的人群。但是，调查发现，西方国家中替代医疗的使用者多是那些文化程度高、收入高、属于较高社会阶层的人群，且年轻人居多、女性居多。1984 年美国的一项调查发现，51％的替代医疗开业者是医学博士，常常是通科医生、家庭医生或者精神科医生。美国 20 世纪 80 年代的一项调查表明，癌症患者中有54％既接受常规医疗又接受替代医疗，这其中有 40％的病人在接受替代医疗后放弃了常规治疗，而另有 8％的患者仅仅接受替代医疗②。有报道称，美国的一项调查显示，70％～90％的医师认同补充和替代医疗，并会向患者介绍补充和替代医疗。另外，70％的内科医生有意接受某种补充和替代医疗的训练。日本进行的类似调查显示，73％的医师实施过补充和替代医疗，其中大部分选择中医中药③。

3. 某些西医以外的替代医疗已经获得医学界的认可

在日本、中国、韩国等亚洲国家，西医从未完全取代传统医学，传统医学一直占有相当重要的地位。根据针对京都府医师会及京都府立医科大学的医师们进行的题为"对于把中医定位为替代医疗有何看法"的民意调查，总共有近 55％的人认为应该或不反对把中医定位为替代医疗④。

美国国立卫生研究院替代医疗办公室（OAM）曾将替代医疗定义为未被证实的治疗方法⑤。2007 年，美国食品药品管理局（FDA）发布了《补充和替代医学产品及 FDA 管理指南》草案，将包括中医药在内的传统医学从"补

---

① 方舟子. 中医批判. ［2010－05－08］. http://blog. sina. com. cn/s/articlelist_1195403385_8_1. html.

② 温亮，唐燕，祖述宪. 有关替代医疗的若干问题. 国外医学：社会医学分册，2000，17（3）：106.

③ 胡宜. 补充和替代医疗. 日本医学介绍，2007，28（2）：94.

④ 今西二郎. 所谓替代医疗. 李胜军，译. 日本医学介绍，2000，31（8）：377.

⑤ 同②105.

充和替代医学"中分离出来，首次认同中医药学与西方主流医学一样，是一门有着完整理论和实践体系的独立科学体系，而不仅仅是对西方主流医学的补充①。可以说，中医诊疗方案已经获得了西方医学的认可。

（二）替代医疗方案包括诊断方案、诊疗方案

有学者认为，替代医疗方案仅指替代治疗方案，不包括诊断方案，当然更不涵盖相互可替代的检查措施。如，"替代医疗方案也可被称为替代医疗措施，指除医务人员建议的医疗方案或医疗措施外，其他可能用于患者治疗的医疗方案或措施"。"肿瘤患者除了采取手术治疗外，还可采取放疗、化疗，或者其他保守治疗措施"②。替代医疗"替代医疗方案"的字面含义为"能够取代现有医疗计划，并起到相同效果的另一套医疗计划"，替代医疗方案的选择是指在手术与药物、根治与姑息、激进与保守等相互冲突的治疗方案之间进行的选择，医师必须根据患者的具体病情进行综合评估，并将可选择的治疗方案向患方作出阐述和建议，以帮助患者作出最终的选择③。

本书认为，替代医疗方案并不能局限于治疗方案。其一，从文意角度看，医疗包括预防保健、诊断治疗等环节，治疗只是医疗的一部分内容，治疗方案与医疗方案的关系同样如此，二者是包含关系，不能相互等同；其二，随着医学美容手术广泛开展，非治疗目的的医疗行为极其普遍，而实施此类医疗时，手术方式、假体使用等都需患者选择，很多时候，假体选择处于更重要的地位，手术方式次之；其三，随着有创检查技术的普遍使用，如各种活体组织检查，胸腔镜、腹腔镜、宫腔镜等腔镜检查等（此类检查方案，有时兼具诊断和治疗两个目的，且都属于"手术"的范畴），医学界已经普遍实行告知并取得患者书面同意，理论上，该类检查的替代检查方案也应告知。

（三）手术的替代医疗方案不包括保守疗法和放弃治疗

典型的替代医疗方案，是指微创手术与常规手术之间的替代，二者目的相同，诊疗效果相同，不同的是手术方式、损伤程度、费用负担等。因此，有人认为，替代医疗方案是能够取代现有医疗计划并起到相同效果的另一套医疗计划④。照此理解，保守疗法的替代医疗方案就不应该包括手术，反之，

---

① 丛伟红，陈可冀．美国 FDA 新发布《补充和替代医学产品及 FDA 管理指南》草案．http://www.catcm.ac.cn/publicfiles/business/htmlfiles/zgzy/gjzyy/201008/6561.html.

② 陈志华．医疗损害责任深度解释与实务指南．北京：法律出版社，2010：172.

③④ 李冬，常林．替代医疗方案的法律解读．中国卫生法制，2013，21（6）：54.

手术疗法的替代医疗方案也不太可能是保守疗法或放弃治疗。

持不同意见者认为，替代医疗方案包括医疗上认为合理的所有替代疗法，且不以达到相同治疗效果为限。对此，Matthies v. Mastromonaco 案的论述比较典型。1999 年，81 岁的原告 Matthies 髋骨骨折。被告医生 Mastromona-co 检查后认为，原告不应采取外科手术。理由是：（1）原告很虚弱，很难承受外科手术；（2）原告的骨质很脆，应用钢钉的效果不会好；（3）40 年前，原告曾经中风，右半身活动不便。于是，医生决定让患者休息，这样患者既能康复，也能维持右半身有限的活动能力。原告卧床休息了几天后，股骨头脱位，导致右腿变短，失去了再次行走的能力。原告声称，医生没有与其讨论手术这一替代治疗方法，侵犯了其知情同意权。法官强调：在一大堆治疗方法中选择合适的治疗方法是医生和患者共同的责任。医生有责任评估相关信息，揭示合理的治疗方法的全部过程，并推荐最合适的一种治疗。患者通常会听从医生的意见，当然，决定权属于患者。因此，医生应该揭示医学上合理的侵入性的和非侵入性的替代疗法，而且是所有的医学上认为合理的替代疗法，否则，患者的选择权形同虚设[①]。

本书认为，手术的替代医疗方案不应包括保守疗法和放弃治疗，理由如下：（1）替代具有代替、取代的意思，代替、取代的是行为本身，理论上，处于取代地位的行为也应达到相同、至少是相似的结果，保守疗法和放弃治疗通常意味着生命健康受损，手术治疗的结果是一定比例的痊愈，从诊疗结果方面看，二者无法相互替代；（2）医疗方案隐含干预疾病的积极态度，放弃治疗和保守疗法却消极得多，在对待疾病的态度上，二者南辕北辙，从性质上说，二者不能相互替代；（3）如果不强调诊疗效果相同，任何手术疗法的替代医疗方案都包括保守疗法，甚至包括放弃治疗，这会导致几乎任何手术都要告知保守疗法，涉及范围过广，违背了知情同意仅仅针对部分医疗行为的立法原意；（4）《侵权责任法》规定，医务人员在诊疗活动中应当向患者说明病情，按照一般理解，医务人员说明病情时，既要解释患者当前的状态，也要预测未来可能的结果，放弃治疗意味着该结果自然发生，保守疗法的作用是减轻痛苦或延缓结果出现的时间，一般来说，在病情解释阶段患者就能了解到保守和放弃治疗，无须在同意之前另行说明。

（四）替代医疗方案的合理限制

如果替代医疗方案包括现代西方医学以外的医疗方法，替代医疗方案的

---

① Matthies v. Mastromonaco 160 N. J. 26；733 A. 2d 456；1999 N. J. LEXIS 833.

范围会极其宽泛，有以中医、针灸等为首的东方医学，还有中草药疗法、各种各样的民间疗法、生物反馈疗法、按摩疗法、催眠疗法等①。即便将替代医疗方案限定于现代医疗领域，替代医疗方案的范围仍然是非常广泛的。针对同一疾病，通常存在可供选择的其他治疗方案，除了手术治疗，还有放射治疗、化学药物治疗；在具体的手术方式、医疗器械或化学药物确定上，还要进一步选择；针对同一症状，指向的疾病很多，为明确疾病的种类，要在多种检查手段之间选择；为缓解某一症状，可供选择的方式通常也不唯一。总之，在疾病诊断、治疗过程中，可替代的检查、治疗方案无处不在，范围极其广泛。在如此多的选择面前，必须对替代医疗方案的范围进行限制。

1. 承认某些医疗方案无可替代

《侵权责任法》明确规定医生应告知替代医疗方案后，某些医院要求知情同意书上必须填写替代医疗方案。医生们抱怨说，某些医疗方案无替代，没法填写。一般情况下，医疗方案都不是唯一的，但不排除特例，如外伤骨折，除手术外无其他疗法，再比如产妇无法自行生产时的剖宫产手术，因此，要求所有情况下都要告知替代方案脱离实际，法律应当承认医疗方案可以唯一。

2. 替代医疗方案的限制标准

当存在替代医疗方案时，具体哪些替代医疗方案是应当告知的，需要受到抽象标准和具体标准的限制。

（1）抽象标准。

在医疗过失的判断标准问题上，历来存在合理的医生与合理的患者标准之争，该争议延伸到了知情同意领域，并影响到替代医疗方案的告知范围。一种观点认为，医生需要与患者讨论医学上公认的替代疗法。另外一种观点认为，替代医疗方案应受实质性标准的限制，医生仅须告知那些对患者作出决定具有实质性影响的替代医疗方案。无论是医学上公认的，还是对患者决定具有实质性影响的，都会极大地限制替代医疗方案的范围。本书赞同采用医学上公认的替代医疗方案标准，理由是：1）实质性标准，需要诉讼当事人之外的第三方按照合理的患者标准进行判断，英美法系国家可以依靠陪审团裁决，我国缺乏此类的制度支持；2）实质性标准依然非常主观，标准模糊，操作困难；3）实质性标准立足于理性患者角度，对于理性患者来说具有实质性影响的信息，理论上合理的医生也应该告知，实质性标准与学界公认的替代医疗方案范围相当，前者并未极大地扩展信息告知的范围；4）在我国，学

---

① 今西二郎. 所谓替代医疗. 李胜军，译. 日本医学介绍，2000，31（8）：377.

界公认标准可操作性较强，国家发布的诊疗规范、指南甚至医学院校的教科书都能提供明确的参考。

（2）具体标准。

我国台湾地区的"医疗法"第四十六条规定：手术同意书及麻醉同意书格式，由"中央"卫生主管机关定之。对比台湾地区，大陆患者受法律保护的权益范围要大得多，除手术外，大陆患者还有权决定是否接受特殊检查、特殊治疗。台湾卫生主管部门直接规定了应告知的事项，"武断"地划定了信息告知的范畴，且不要求告知替代医疗方案。参照台湾的经验，考虑替代医疗方案判断的种种现实困难，本书认为，替代医疗方案的确定应坚持以下几条：首先，替代医疗方案应限于那些能够达到相似诊疗效果的医疗方案；其次，该替代方案是针对某一特定疾病的诊断治疗的，而不是仅以查明、缓解或治疗某一症状为目的；最后，该医疗方案应是一揽子方案，单个诊疗措施的替代无须告知。

小　结

理论上，医患关系最融洽的全科医疗是患者知情同意权保护的"重灾区"，相比上级医院的患者，其对医疗信息的知晓率最低。与此同时，全科医生们全都接受过相关法律培训，了解知情同意制度的相关规定，但对于其所依据的理论却知之甚少。有相当一部分医生将知情同意书作为免责声明看待，这些医生们普遍具有签订知情同意书的意识，现实中签订事项也为数不少，打针输液、外带药品应用等，稍有风险的诊疗项目就有全科医疗机构要求签订知情同意书。签订知情同意书的过程并不愉快，患者反感，医生们一方面觉得浪费时间，另一方面又不断抱怨签字无用，"风险真的出现了，医生也不能免责，签不签都没用，但不得不签"。

我国知情同意权保护体现了如下特点：

（1）法定的"知情权"是无责任的权利。一般事项的知情权也是我国患者的法定权利，具有独立的法律地位。但是否知情，基于事实认定的困难，仅以书面文件的存在与否作为义务履行的依据，导致是否知情的事实问题被法官有意或者无意地忽略，即使"沟通不够"、权利受侵，也无责任跟随。即便医生侵犯了患者的知情权，仅有的"责任形式"也是履行告知义务，如实际履行、出示标本等。知情权保护的主要障碍是告知义务本身的特点。告知义务的履行场所，往往只有双方当事人在场，具有"私密性"；义务的履行过程，是动态且连续的，难以用证据"固定"。因此，"知情权"与"家务事"的事实查明类似，困难重重，法官只能知难而退，要么"置之不理"——不予审查，要么"简单粗暴"——将书面记载直接认定为事实，别无他法。（2）法所真正保护的信息只有"风险和替代医疗方案"。几乎所有的学者都认为，知情同意权的范围应该包括以下几个部分：就患者的病情、诊断结果全面、详细的说明义务；医生预定实施的治疗行为的目的、方法、侵袭范围、治愈率、副作用等；对不实施该项医疗行为可能带来的后果加以说明的义务；是否存在其他替代疗法，如存在还要说明替代疗法的治疗方法、侵袭范围、治愈率、伴随危险等①。而实际上，声称没有告知上述各类信息的案件不少，但没有仅仅针对上述各项信息起诉的，一般是在医疗技术过失的同时附带提起，但法官在审查时，裁判医方承担损害赔偿责任的，绝大部分是没有告知风险信息，而替代医疗方案的比较少。（3）知情同意的范围采用的"可能的风险"标准过低。《医疗机构管理条例实施细则》将特殊检查、特殊治疗的认定标准界定为：可能产生危险的检查和治疗，并把患者病情危笃可能产生危险的也涵盖在内，导致意外事件似乎也要纳入知情同意的范畴。经验告诉我们，几乎所有的检查和治疗都可能产生危险，肌肉注射本身可能导致休克、静脉穿刺可能引发脉管炎、浅表脓肿切开排脓也可能引发感染，药物本身都有副作用。不可能发生危险的几乎都是集中在检查措施上，如测量体温、血压或是做 B 超。实际工作中，对于可能导致风险的检查和治疗，各医院的实际认定也有不同，基本体现了量力而行的原则。在一级医院，肌肉注射、静脉穿刺这样的操作都要签署格式化的书面文件，但到了二级、三级医院，就没有签的了。当问到为什么肌肉注射也要签署知情同意书时，一级医院的管理者有的回答是有可能产生风险，有的回答是刺破了真皮，甚至有回答有侵袭性的；同样的问题，问到三级医院为什么不签，三级医院的管理者回答"那还签得过来"？应不应该签呢？回答说：也应该。（4）信息告知采用"可能的风险"标准过高。我国医生的信息揭示范围是无限的，各类风险、引发各种风险的原因均须告知。在此类案例的指引下，医生拼命扩大告知的事项，试图把一切

---

① 尹飞. 论医疗损害民事纠纷中医疗者的义务//王利明. 民法典·侵权责任法研究. 北京：人民法院出版社，2003：414；杨太兰. 医疗纠纷判例点评. 北京：人民法院出版社，2003：11；王平荣. 医疗纠纷案件审理的法律适用若干问题初探. 法律与医学杂志，2005（2）；医疗案件. 北京：中国法制出版社，2005：2-104；宁红丽. 医疗过失责任//王利明. 民法典·侵权责任法研究. 北京：人民法院出版社，2003：449；关淑芳. 论医疗过错的认定. 中国民商法律网. [2015-02-01]. http://www.civillaw.com.cn/weizhang/default.asp? id=8408u.

可能的风险均罗列在知情同意书上，以至于某著名医院推出了涵盖四百余种风险的知情同意书。

在长期的司法实践中，国外的法官对知情同意理论进行了如下修正：（1）知情同意的适用范围受到限制。并非可能导致严重风险的医疗行为就需要征得患者的同意，相当多的法官仍然坚持知情同意仅适用于外科领域，并有法官明确反对将药物的副作用也纳入知情同意的范畴。因此，何种医疗行为应事先征得患者的同意，仍是一个未取得共识的问题。（2）说明义务坚持采用理性人标准。从知情同意权确立的 20 世纪 50 年代开始，美国的法学家就论述了医生的说明义务的范畴，与我国目前法学界的观点几无二致。但是，除了确立制度初期的几个案例，在长达 20 年的时间里，合理的医生标准都占据着统治地位，说明的范围如何，要看医生认为何种信息——风险和替代医疗措施——是对患者具有决定作用。到了 70 年代，才出现首个以理性患者需要为标准的案例。也就是说，无论在理论上如何表述，实际操作中，知情同意长期以理性的医生为标准，患者应知情的信息并非我们过去认为的那么多。（3）告知义务的范围受到切实限制。美国的法官非常重视如何限制告知的范围。例如，法定应告知的信息限于风险和替代医疗措施，遥远的风险无须告知，某些法官还尝试从因果关系角度减轻医方的损害赔偿责任。（4）替代疗法的认定缺乏标准。从原告的诉由来看，替代医疗措施的范围非常宽泛，其他的检查手段、其他的治疗方案、其他的医疗用品，只要是可以替代的，无论是检查手段还是治疗方案，无论是不同科室间的治疗方案还是同一科室内部不同的治疗手段，都被患者用来指责医生未履行告知义务。但法官却非常慎重，支持原告诉求的不多。何种医疗措施能够被认定为替代医疗措施？这个问题迄今仍然没有回答清楚。从现有案例看，不同的手术方案被认定为替代医疗措施，外科疗法和内科疗法之间可被认定为替代医疗措施，但其他的检查手段、不同的医疗用品没有得到认可。（5）替代疗法是否要全部告知也需讨论。有的法官声称，所有的替代疗法都应与患者讨论；另有法官认为，只有公认的替代疗法才需要告知患者。

随着知情同意事项的增加、须告知信息范围的增多，域外法学界也已经意识到限制知情同意范围的重要性，因此，除了典型的、里程碑式的案例，限制知情同意事项、限制告知范围的标准不断出现。特别是近期案例，患者总能找出应告知而未详细告知的事项，而法官往往会根据理性人标准、实质性信息标准作出否定的回答。这说明，在患者群体非常乐于利用知情同意制度的今天，医生动辄因此得咎。对于法官来说，如何限制患者的知情同意权成为当下的主流。也因此，知情同意的标准、信息揭示标准，与其说是对医生行为的要求，莫如说是保护医生的标准。

如果患者能够作出理性的决定，那么，需要的信息就是全方位的。只有全方位地知情，才能作出真实有效的同意。在这些全方位的信息中，患者关心的信息非常多，几乎每种信息都很关注，很难说，哪类信息对患者是最重要的，哪类信息是足以影响患者作出决定的。但相比较而言，风险、替代措施，这样的信息是不太重要的。也就是说，从患者信息需求的角度而言，风险和替代措施是排在相当靠后的位置的。但是，法律实际保护的信息却更多体现在信息和替代医疗措施上，知情同意书罗列的也几乎都是风险。患者真正知情了吗？该制度能保障患者知道其想要知道的信息吗？未必。

风险信息应坚持实质性信息标准，即对患者作出决定有决定性影响的信息。这类信息，也与目前的风险和替代措施不一致。以冠心病支架放置为例，替代医疗措施是内科保守治疗，其优点是安全、价廉，缺点是对某些患者不适合；支架放置，优点是迅速改善血液供应，缺点是有再堵塞的可能，长期依赖抗凝剂，价高。对患者作出决定有决定性影响的信息，主要有四类：好处——症状改善；风险——再堵塞；术后长期抗凝剂依赖；内科保守——替代措施效果也不错。也就是说，决定性的信息不单是风险，且决定性的信息不需很多。

替代医疗方案的范围也应严格限制，除应坚持抽象的理性人标准外，还可参考下列几点：首先，替代医疗方案应限于那些能够达到相似诊疗效果的医疗方案；其次，该替代医疗方案应该是得到医学界公认的，但不限于现代西方医学范畴；再次，该替代医疗方案是针对某一特定疾病的诊断治疗的，而不是仅以查明、缓解或治疗某一症状为目的；最后，该替代医疗方案应是一揽子方案，单个诊疗措施的替代无须告知。

第六章　医疗产品侵权责任

　　随着医学的发展、科学技术手段的进步，医学界越来越依赖医疗产品，大到各种检查仪器，小到血管内支架，复杂如心脏起搏器，简单如注射器针头、缝合线。随着医疗产品广泛应用于临床，因医疗产品导致患者受损的案例时有发生。理论上，因医疗产品造成的损害按照产品侵权一般规则处理，即产品存在缺陷的，患者有权起诉销售者或生产者；受害人仅起诉销售者的，销售者在承担赔偿责任后有权向生产者追偿。如果说药品、医疗器械侵权按照产品侵权责任处理尚有理由的话，血液及人体组织器官则无论如何也不能认定为传统意义上的"产品"：没有经过真正意义上的加工，也不能买卖，发生损害难以找到责任分担者，而将医疗机构作为损害责任的最终责任人也显失公平。为讨论方便，本章的医疗产品仅指药品、医疗器械、消毒药剂，不包括血液。

　　立法者将医疗机构定性为销售者，医疗机构承担中间责任，赔偿后享有追偿权，生产者是最终责任人，并宣称争议不大，但实际情况是否如此？根据直觉，药品、消毒药剂和医疗器械明显区别于食品、化妆品和汽车、玩具，医疗机构与普通销售者也有不同。当社区卫生服务中心提供基本医疗服务时，如常见病和多发病的诊治、强制医疗、一类疫苗注射、免费疾病筛查等，因药品、医疗器械等引发的损害赔偿责任，社区卫生服务中心仍然承担无过失责任吗？该制度设计是否存在缺陷？

第一节　因医疗产品致害患者保护现状及困难

　　《侵权责任法》第五十九条规定了医疗产品侵权损害赔偿规则。该规则延续了产品责任的一般规定——立法者及学界关注赔偿义务人的范围，也论证了医疗机构承担销售者责任的理由——"药品、消毒药剂、医疗器械均符合产品的特征，而且医疗机构提供该类产品以营利为目的，因此，该类物品适用产品侵权责任的规定"。因上述物品"缺陷造成患者人身损害的，患者可以向生产者要求赔偿，也可以向销售者要求赔偿"①。中国药品质量堪忧，影响恶劣的药害事件不断，不良反应数量惊人，因药品缺陷遭受损害的患者理应很多②。但以北京市为例，目前笔者能够找到的被法院认定为缺陷药品的判决仅仅 2 例③，均为痔血胶囊致人损害事件，可归入群体性药物致害范畴。因消毒药剂缺陷起诉的案例至今未见。罕见的医疗产品侵权案件，与频发的医疗过失侵权案件形成了鲜明对比。

从立法前的种种讨论、立法后的种种解释来看，保护患者权益的关键，一是将医疗机构定性为销售者，二是对医疗产品侵权采用无过错责任。当这两点都如学界所愿以后，患者权益仍未得到切实的保护时，究其原因，有客观的、也有立法技术方面的原因，但归根结底，还是由于某些客观原因，导致医疗产品侵权责任规则——《侵权责任法》第五十九条无法适用。

一、患者难以发现损害是由医疗产品导致的

医疗产品侵权责任，保护的对象是因使用医疗产品而受到人身损害的患者，保护的方法是损害赔偿。无论通过诉讼、非诉还是和解，医疗产品侵权损害赔偿程序的启动者都会是患方。例如，医疗损害责任专章出现于《侵权责任法》中，理由是医疗纠纷。全国人大法工委在立法理由中指出，2002 年 12 月提请全国人大常委会审议的民法草案没有专章规定医疗损害责任；近年来，医疗纠纷逐年上升，引起社会广泛关注，因此才有了第七章的规定④。《北京市高级人民法院关于审理医疗损害赔偿纠纷案件若干问题的指导意见（试行）》对医疗损害赔偿纠纷作出了更加明确的规定：本指导意见所称医疗损害赔偿纠纷，是指患者一方认为在诊疗活动中受到损害，要求医疗机构承担侵权责任而引起的民事纠纷。

假如患方拟启动医疗产品侵权损害赔偿程序，有一个前提条件必须满

---

① 全国人大常委会法制工作委员会民法室.《中华人民共和国侵权责任法》条文说明、立法理由及相关规定. 北京：北京大学出版社，2010：237；奚晓明.《中华人民共和国侵权责任法》条文理解与适用. 北京：人民法院出版社，2010：414-415.

② 2011 年药品不良反应监测年度报告发布会.［2013-03-05］. http://www. sda. gov. cn/WS01/CL0849/72189. html.

③ 北京市西城区人民法院民事判决书，（2009）西民初字第 10455 号。北京市昌平区人民法院民事判决书，（2010）昌民初字第 10612 号。

④ 全国人大常委会法制工作委员会民法室.《中华人民共和国侵权责任法》条文说明、立法理由及相关规定. 北京：北京大学出版社，2010：222.

足——知道损害后果可能是因医疗产品缺陷导致的，即能够将因果关系中的"因"明确指向药品、消毒药剂或者医疗器械。但实际情况是，患者很少有机会建立这样的因果联系。

（一）药品缺陷被患者发现的比例很低

1. 某些药品缺陷根本无法发现

学界对药品的定义研究较少，《药品管理法》中的定义是："药品，是指用于预防、治疗、诊断人的疾病，有目的地调节人的生理机能并规定有适应症或者功能主治、用法和用量的物质，包括中药材、中药饮片、中成药、化学原料药及其制剂、抗生素、生化药品、放射性药品、血清、疫苗、血液制品和诊断药品等。"且不论药品概念本身就存在逻辑缺陷[①]，仅就定义中所列举的各类药品而言，至少有几类是患者根本无法感知到缺陷存在的：（1）中药材和中药饮片。中药材和中药饮片是处方的组成部分，临床上极少单独应用，而是数种中药材和中药饮片以汤剂的形式出现，内服或者外用。即使因中药材和中药饮片缺陷造成损害，患者也只能将损害后果与处方联系起来，而绝无可能将原因直接指向特定的中药材或者中药饮片。（2）化学原料药及制剂。化学原料药及制剂与中药材及中药饮片类似，即使有缺陷，患者指向的也只会是直接使用的制剂，而不会直指原料药。（3）部分诊断药品。诊断药品是指用于造影（碘化油等）、器官功能检查（组织胺等）及其他疾病诊断用的制剂（刚果红等）。诊断药品分体内和体外使用，体内使用的属药品范畴，某些体外诊断试剂也按照药品管理，如：乙型肝炎表面抗原、丙型肝炎抗体、艾滋病（人体免疫缺陷）抗体、梅毒检测试剂和 ABO 血型分型检测试剂[②]。体外诊断试剂是对人体样本（各种体液、细胞、组织样本等）进行体外检测的试剂、校准品（物）、质控品（物）等，即使有缺陷，其影响的也只会是检验结果，进而影响医生的诊断与治疗，但体外诊断试剂本身断不会直接危害患者的生命健康，患者难以感知缺陷存在。

2. 药品缺陷被发现的比例很低

在患者直接应用药品，可能发现药品缺陷的情况下，患方也很难在人身损害和药品之间建立因果联想。根据世界卫生组织和我国《药品管理法》的定义，药品不良反应指合格药品在正常用法、用量中所出现的有害的和与用

---

① 郝勇，于新蕊，张书峰. 对《药品管理法》中药品含义表述的商榷. 白求恩军医学院学报，2011，9（2）：117.

② 百度百科"诊断药品"条. ［2013-07-29］. http://baike.baidu.com/view/2307292.htm.

药目的无关的反应。不良反应发生的原因，既可能是药物本身所固有的风险，也不排除存在设计、制造或者警示说明缺陷。我国也发生过几例药品制造缺陷事件，如齐二药假亮甲菌素事件、安徽华源药业欣弗事件；警示说明缺陷的发生概率可能更高，国家食品药品监督管理局通报的不良反应事件中，大部分都要求修改说明书，增加警示内容，如2004年至2012年6月，国家药品不良反应监测中心病例报告数据库中有关复方青黛丸（胶丸、胶囊、片）病例报告344例，建议相关生产企业尽快完善药品说明书的安全性信息，增加或修订警示语、不良反应、注意事项、禁忌、特殊人群用药及药物相互作用等项内容①。

除了上述影响巨大、涉及人数众多的药品制造缺陷事件，难见患者以个人身份质疑药品制造、警示说明缺陷的。特别是"缺陷"本身又是不确定法律概念，需要法官在具体个案中认定，而迄今为止，本书项目组尚未发现仅仅审查药品"缺陷"的案例。因此，有理由认为，药品缺陷比较常见，但能够被患者发现的，即使不是绝无仅有，也是凤毛麟角。

（二）医疗器械缺陷被发现的比例极低

相比药品，医疗器械缺陷被审查的概率要高得多，但对比庞大的医疗器械家族，该比例仍然是非常低的。

《医疗器械监督管理条例》将医疗器械定义为"直接或者间接用于人体的仪器、设备、器具、体外诊断试剂及校准物、材料以及其他类似或者相关的物品，包括所需要的计算机软件；其效用主要通过物理等方式获得，不是通过药理学、免疫学或者代谢的方式获得，或者虽然有这些方式参与但是只起辅助作用；其目的是：（一）疾病的诊断、预防、监护、治疗或者缓解；（二）损伤的诊断、监护、治疗、缓解或者功能补偿；（三）生理结构或者生理过程的检验、替代、调节或者支持；（四）生命的支持或者维持；（五）妊娠控制；（六）通过对来自人体的样本进行检查，为医疗或者诊断目的提供信息"。《医疗器械分类目录》列举了各类医疗器械，包括常规的刀、剪、钩、叉、针、钳、凿、锯、注射器、输液器等和超声、激光及物理治疗仪器等，还有一些医疗器械超出了一般人的认识，如医用软件，又如普通诊察器械，包括体温计、血压计、听诊器、叩诊锤、视力表灯等，再如医用卫生材料，包括橡皮膏、透明胶带、医用口罩、防护帽及防护鞋套等。可见，医疗器械范畴宽泛，

① 国家食品药品监督管理局药品不良反应信息通报（第54期）. 关注复方青黛丸（胶丸、胶囊、片）引起的消化系统不良反应. ［2013-10-10］. http://www.cdr.gov.cn/xxtb_255/ypblfyxxtb/201305/t20130530_5481.html.

几乎涵盖了医疗机构使用的与消毒有关的各类物品。

以医疗大省（直辖市）北京市为例，各大医院门诊量动辄日均1万余次，仅朝阳医院疝和腹壁外科年手术量就能达到上千例[①]，医疗器械消耗量巨大，行业飞速发展，国家监管能力有限，理论上缺陷医疗器械应比较常见。但从医疗器械缺陷召回来看，召回的次数屈指可数[②]。再以包含了缺陷的医疗器械不良反应为例，2006年度北京市共接到医疗器械不良反应报告131份，其中，心脏起搏器占30%，骨科植入物占20%，心血管内支架占20%，注射穿刺器占13%，聚丙烯酰胺水凝胶占5%，除颤器占4%，心脏瓣膜、人工晶体、体外循环及血液处理设备各占1%[③]。因此，相比庞大的医疗器械使用率，理论上医疗器械的设计、制造、警示说明缺陷率也不低，但能够被患者感知发现的，数量极其有限。

（三）消毒药剂缺陷几乎无法发现

消毒管理是感染管理的难点、重点，消毒药剂的质量是影响消毒效果的重要原因之一。实践证明，消毒药剂缺陷是经常存在的，如某三甲医院对消毒剂使用管理情况进行监督检查，结果发现，不具备三证——生产许可证、产品注册证、经营许可证的3次，占8.3%；未按照《消毒产品生产企业卫生规范》的要求放置的32次，占9%；未根据被消毒物品性质、工作需要及化学消毒剂的性能来选择合适消毒剂的102次，占16.5%[④]。可见，即便在管理比较规范的三甲医院，消毒药剂来源、存放、使用缺陷都占到三分之一，其他医院就更不用说了。逻辑上，消毒药剂缺陷造成患者损害的事件经常会发生，因消毒药剂缺陷引发的案件也应比较常见，但实证研究结果却相反，访谈的医疗纠纷专业律师、法官、医院医疗纠纷处理人员都没有发现过该类案例，仅见的几例与消毒药剂有关的案例，无一例外是以医疗过错的形式出现，如国内发生的多起新生儿感染案[⑤]。

---

① 北京朝阳医院. 朝阳医院疝和腹壁外科获"市级职工创新工作室"称号. 北京卫生信息网. [2014-05-01]. http://www. bjhb. gov. cn/jcdt/201305/t20130513_60687. htm.

② 国家食品药品监督管理总局. 进口医疗器械召回信息. [2015-05-01]. http://www. sda. gov. cn/WS01/CL0050/82924. html.

③ 杨兆慧，孟永成. 2006年可疑医疗器械不良反应事件报告质量分析. 药物警戒，2007，4（4）：223.

④ 王靖，苏冰玉，赵应兰，等. 临床消毒药剂使用管理存在的问题及对策. 中华医院感染学杂志，2012，22（22）：50-68.

⑤ 卫生部关于深圳市妇儿医院发生严重医院感染事件的通报，卫生发〔1999〕第18号. 卫生部关于西安交通大学医学院第一附属医院发生严重医院感染事件的通报，卫医发〔2008〕第53号. 卫生部关于天津市蓟县妇幼保健院新生儿医院感染事件的通报，卫医政发〔2009〕第35号.

二、患者难以发现医疗产品缺陷的原因

大量的医疗产品缺陷无法被患者发现，有人认为是患者缺乏医学专业知识和技能，但是，同样认知能力的患者为什么能够感知到医疗技术过失？研究发现，相比医疗技术过失，感知医疗产品缺陷遇到的客观困难更多。

（一）医疗产品——药品、消毒药剂和医疗器械的外延不合理

为了确保医疗安全，《药品管理法》《医疗器械监督管理条例》《消毒管理办法》从行政管理的角度扩展了药品、消毒药剂和医疗器械的范围，将中药材、化学原料药、部分消毒药剂、某些体外诊断试剂等都纳入药品的范围，将医用软件、口罩、鞋套等按照医疗器械监管。如此一来，药品、消毒药剂和医疗器械都已超出了人们的一般理解，绝大部分医疗产品与患者并无直接接触，甚至有些医疗产品专供医务人员使用，医疗产品本身不会危及患者的生命健康，而医疗产品责任规则所要解决的问题，恰恰又是医疗产品造成的人身损害结果。因此，行政法上有关药品、医疗器械和消毒药剂概念的外延都大大超出侵权法的需要。

（二）医疗产品缺陷的发现有赖于流行病学调查

国内外多起药害事件都是通过流行病学调查发现的，如万络事件、亮甲菌素事件、刺五加事件、欣弗事件、龙胆泻肝丸事件。这些缺陷药品的发现过程相似，都是副作用发生，情况异常，引起医务人员的注意，经政府出面调查确定。2011年，国家药品不良反应监测中心收到药品不良反应/事件报告852 799份，每百万人口平均病例报告数为637份，其中由医疗机构报告的占83.1%，来自药品生产、经营企业的占13.7%，来自个人的报告占3.2%[①]。这也从另外一个侧面间接证明了流行病学调查对缺陷药品发现的意义。

消毒药剂缺陷的案例难以发现，即便有可能，也需借助流行病学调查。以医疗机构违规消毒为例，近年我国发生的几例著名的院内感染事件，都是连续出现多例感染甚至新生儿死亡，明显异常，卫生部介入调查后才发现医

---

① 2011年药品不良反应监测年度报告发布会．［2015-05-01］．http://www.sda.gov.cn/WS01/CL0849/72189.html．

务人员严重违反消毒管理规定①。

（三）不良反应"涵盖"了产品缺陷

世界卫生组织将药品不良反应定义为：在预防治疗疾病或调节生理机能的过程中，给予正常用法和用量的药品时所出现的有害的和与用药目的无关的反应。我国《药品管理法》确立了药品不良反应报告制度，将药品不良反应定义为"与用药有关的严重不良反应"。《药品不良反应报告和监测管理办法》进一步作出了解释：药品不良反应，是指合格药品在正常用法用量下出现的与用药目的无关的有害反应。种种迹象表明，国内外药品不良反应的发生率都很高。据国内外有关文献报道，住院病人药品不良反应发生率高达 10%～20%，其中因不良反应致死者占 0.24%～2.9%，另有 0.3%～5.0% 的需要住院接受治疗②。图 6-1 所示为 1999—2016 年全国药品不良反应/事件报告数量增长趋势。

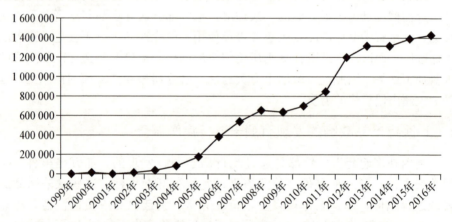

图 6-1　1999—2016 年全国药品不良反应/事件报告数量增长趋势

资料来源：国家食品药品监督管理总局. 国家药品不良反应监测年度报告（2016 年）. ［2017—12—10］. http://www.sda.gov.cn/WS01/CL0844/172167.html.

严重药品不良反应，是指因使用药品引起以下损害情形之一的反应：（1）导致死亡；（2）危及生命；（3）致癌、致畸、致出生缺陷；（4）导致显

---

① 卫生部关于深圳市妇儿医院发生严重医院感染事件的通报（卫医发〔1999〕第 18 号）。卫生部关于西安交通大学医学院第一附属医院发生严重医院感染事件的通报（卫医发〔2008〕第 53 号）。卫生部关于天津市蓟县妇幼保健院新生儿医院感染事件的通报（卫医政发〔2009〕第 35 号）。

② 宁波市食品药品监督管理局网站. ［2015-05-01］. http://www.nbda.gov.cn/gzfw_view.aspx? CategoryId=79&ContentId=1054.

著的或者永久的人体伤残或者器官功能的损伤；（5）导致住院或者住院时间延长；（6）导致其他重要医学事件，如不进行治疗可能出现上述所列情况的。根据 2011 年国家药品不良反应监测中心的报告，新的和严重的药品不良反应/事件报告达 145 769 份，占同期报告总数的 17.1%，可见，药品不良反应发生率很高，患者死亡、残疾、永久性功能障碍的严重不良反应也非鲜见。图 6－2 所示为 2004—2016 年新的和严重以及严重药品不良反应/事件报告比例。

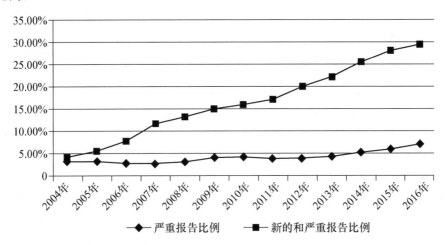

图 6－2　2004—2016 年新的和严重以及严重药品不良反应/事件报告比例

资料来源：国家食品药品监督管理总局. 国家药品不良反应监测年度报告（2016 年）.［2017—12—10］. http://www. sda. gov. cn/WS01/CL0844/172167. html.

本书项目组未找到全国的医疗器械不良事件发生率的数字。根据国家食品药品监督管理局的通报，自 2008 年起算，共通报了 28 次，涉及聚丙烯酰胺水凝胶、支架、导管、高压氧、留置针、骨水泥、胰岛泵、医用缝合线、可吸收止血纱布、人工关节、接骨板、植入式起搏器等①。

仔细分析不难发现，某些不良反应的发生原因是法律上的"产品缺陷"。根据国家食品药品监督管理局的通报，2004 年至 2012 年 6 月，国家药品不良反应监测中心病例报告数据库中有关复方青黛丸（胶丸、胶囊、片）病例报告 344 例，建议相关生产企业尽快完善药品说明书的安全性信息，增加或修订警示语、不良反应、注意事项、禁忌、特殊人群用药及药物相互作用等项

---

① 国家食品药品监督管理局医疗器械不良事件信息通报.［2015—05—01.］http://www. cdr. gov. cn/xxtb_255/ylqxblsjxxtb/index. html.

内容①。以人工髋关节为例，2004 年至 2012 年底，国家药品不良反应监测中心共收到关于人工髋关节的可疑医疗器械不良事件报告 219 份。主要表现为假体松动、断裂、周围感染，关节脱位，术后疼痛，假体骨水泥植入综合征等。建议生产企业及时提升技术水平，提高生产工艺，选择生物相容性好、耐磨损、刚度适宜的材料，加强质量控制②。再以接骨板为例，2004 年至 2012 年底，国家药品不良反应监测中心共收到关于接骨板的可疑医疗器械不良事件报告 6 092 份。主要表现为钢板断裂、弯曲、松动，排异反应，异常疼痛，骨折不愈合、感染等。建议生产企业进一步提高产品性能，加强质量控制，并为临床医务人员提供必要的技术支持和培训③。

可见，某些药品及医疗器械不良反应/事件同时符合产品缺陷标准，但由于不良反应/事件制度已经预先排除了医疗过错及产品责任，一旦卫生行政部门将损害定性为不良反应/事件，则意味着医疗机构及医疗产品生产者无须赔偿。因此，部分医疗产品缺陷被不良反应/事件制度所涵盖。

(四) 医疗技术过失与产品缺陷难以区分

药品本身具有副作用，"是药三分毒"，用药后发生与用药无关的后果，该后果的原因一般是按照疾病本身、诊疗过失、药物正常副反应的顺序排除，前面都排除了，才有可能怀疑药品本身的缺陷，毕竟药品的市场标准是非常严格的。即便患者高度怀疑损害是由于药品缺陷导致的，也难以将医疗过失排除在外。例如，某患者用药后发生超敏反应，根据种种迹象高度怀疑药品缺陷。但在诉讼中，法官主动追加医院为被告，理由是，药品是医院开具处方、输注的，发生超敏反应后的抢救工作也是医院承担的，如果不追加医院，就无法查清下列事实：用药有无指证，用药过程是否合规，抢救时有无导致损害后果加重的医疗过失④。

在医疗器械缺陷案例中，医疗过失与产品缺陷更难区分。以外伤骨折、内固定术后钢板断裂为例，钢板断裂的原因可能有四：一是医疗过失，医生

---

① 国家食品药品监督管理局药品不良反应信息通报（第 54 期）关注复方青黛丸（胶丸、胶囊、片）引起的消化系统不良反应．[2015－05－01]．http://www.cdr.gov.cn/xxtb_255/ypblfyxxtb/201305/t20130530_5481.html.

② 国家食品药品监督管理局医疗器械不良事件信息通报（2013 年第 2 期）关注人工髋关节的使用风险．[2015－05－01]．http://www.cdr.gov.cn/xxtb_255/ylqxblsjxxtb/201307/t20130710_5530.html.

③ 国家食品药品监督管理局医疗器械不良事件信息通报（2013 年第 1 期）关注接骨板的使用风险．[2015－05－01]．http://www.cdr.gov.cn/xxtb_255/ylqxblsjxxtb/201307/t20130710_5529.html.

④ 北京市华卫律师事务所邓利强律师访谈。

对钢板的选择、固定方法错误；二是金属疲劳，这是使用达到一定时间后的自然反应；三是患者不遵医嘱，违规活动或者负重；四是钢板本身存在缺陷。其中，金属是否疲劳和患者是否违反遗嘱都是无法通过科学手段证明的，法官能够审查的只有医疗过失和产品缺陷。相比产品缺陷，医疗过失的标准相对明确，鉴定机构多，鉴定程序启动相对容易，因此，因医疗产品引发的纠纷，99％审查的都是医疗过失①。本书项目组收集的近300个涉及药品、医疗器械的案例，无一以缺陷为主进行审理。在国家层面，为减少接骨板不良事件重复发生造成伤害的风险，国家食品药品监督管理总局提出了建议。其中，提醒生产企业的是：重视产品的不良事件监测，主动收集数据，开展分析和再评价，进一步提高产品性能，加强质量控制，并为临床医务人员提供必要的技术支持和培训。提醒临床医务人员的是：（1）严格掌握手术适应证及禁忌证，选择适当规格型号的产品；（2）加强业务培训与管理，严格按照说明书和手术规范的要求进行操作；（3）规范术前术后对病人的管理，科学指导患者术后功能锻炼②。提醒企业的，宽泛、空洞；要求医务人员的，相对明确而具体。这也不难理解，相比医疗产品生产，医疗技术实施者人数众多，水平参差不齐，发生过失的可能性更大，而医疗产品生产规范化相对容易一些，只是一旦出现产品质量缺陷，影响人数更多。

涉及消毒药剂的医疗纠纷，医疗技术过失更能将其完全覆盖。究其原因，不外乎患者能够感知的损害结果是感染，而可能引发感染的环节及原因很多，从消毒洗手到防护服装的穿戴，从无菌操作到术后护理，患者很难将感染与具体的医疗行为联系起来，更遑论与该医疗行为有关的消毒药剂缺陷了。另外，消毒药剂通常由医务人员保管、使用，甚至是现用现配，患者无法拿到最基本的证据。理智的患者，也只能以医疗过失来追究医方的责任。

第二节　医疗产品的概念

概念的外延是指概念所指的一切事务③。概念的外延应当准确，如果限定

---

① 北京积水潭医院医患办主任陈伟访谈。

② 国家食品药品监督管理局医疗器械不良事件信息通报（2013年第1期）：关注接骨板的使用风险．［2015-05-01］．http://www.cdr.gov.cn/xxtb_255/ylqxblsjxxtb/201307/t20130710_5529.html.

③ 辞海编辑委员会．辞海：第6版．上海：上海辞书出版社，2010：4011.

语不够，概念的外延就会过大；如果限定语过多，或者上下文已说明在该用外延更大的概念时却用了外延小的概念，都会造成外延过小的逻辑错误①。本书"从诉讼档案出发，亦即从法律实践的记录出发，由此提炼、分析概念"的研究方法②，根据医疗损害赔偿诉讼实践，侵权法领域的医疗产品仅限于直接用于人体的药品以及进入人体组织、器官的医疗器械。

一、医疗产品的核心是药品和医疗器械

"药品、消毒药剂和医疗器械"的概念源自《执业医师法》，《执业医师法》第二十五条规定："医师应当使用经国家有关部门批准使用的药品、消毒药剂和医疗器械"。《执业医师法》之所以强调药品、消毒药剂和医疗器械，是因为"药品、消毒药剂和医疗器械是广大医生用于诊治、预防疾病不可缺少的工具，同时它们也是一种特殊的物质，如果能够得到合法合理的使用，就会起到治病救人的重要作用；相反，如果得不到合理合法使用，其造成的危害将会非常大，不仅会延误病人的病情，而且还会损害人民群众的身体健康，甚至威胁到生命安全"③。换言之，药品、消毒药剂和医疗器械对医疗安全至关重要，使用环节要严加管理。从医疗安全的角度看，如何强调消毒环节都不过分，但从损害赔偿角度而言，以消毒药剂缺陷作为请求权基础却困难重重，几乎不具有可操作性。因此，医疗产品的核心应该是药品和医疗器械。至于药品与医疗器械以外的其他产品，与消费者使用的普通产品无异，自然也无须作特别解释，也可以排除在医疗产品之外。

二、药品和医疗器械外延再探讨

《药品管理法》《医疗器械监督管理条例》规范了药品和医疗器械的生产、

---

① 现代汉语正误词典. CNKI学问. [2015-05-01]. http://cache.baiducontent.com/c? m＝9d78d5
13d9d431a54f9c93697c10c0116e4381132ba7d0020fa48449e3732d45501092ac51210772d2d27d1716df394b9
ef02104301456c38cc9f85daccd855f2f9f5137676a875613a30edfc05151b737e05cfedb18f3fdb06c9cf494959d43
52b94e1830c7a7 ce0d5c03ca18a14868b8b1993f490856a78d3067fd5d752e9d2740b445fbe0386b0696f6aa060
a9c74&p＝c3759a46d4c619b149a5ce2d0214cb&newp＝91769a47c8d217b108e2977c080895231611d63f6cb
ad31261c5c556&user＝baidu&fm＝sc&query＝%B8%C5%C4%EE%B2%BB%D6%DC%D1%D3%
BB%F2%D5%DF%CD%E2%D1%D3%B9%FD%B4%F3&qid＝&p1＝2.

② 黄宗智. 中国法律的实践历史研究//龙伟. 民国医事纠纷研究. 北京：人民出版社，2011：
9.

③ 全国人大常委会法工委国家法行政法室，等.《中华人民共和国执业医师法》释解. 北京：中
国民主法制出版社，1998：76.

流通、储存等环节，医疗机构及医务人员管理法律制度——《医疗机构管理条例》《执业医师法》《护士条例》《处方管理办法》等规范了其使用环节。上述法律制度相互配合，构成完整的药品和医疗器械监管链条。可见，"药品、消毒药剂和医疗器械"概念的提出，是出于行政管理的需要，无须也无法照顾损害赔偿规则的需求，当民法采用该概念时，自然需要作出适当调整，或者重新进行解释。

(一) 药品外延再探讨

尽管《药品管理法》中的药品外延较大，但在医疗卫生管理法律制度中，其所涉及的药品都有限缩，如《国家基本药物目录》；有关药物的各种分类，也都是建立于患者能够直接使用的药物这一逻辑起点的，如：基本药物与非基本药物，处方药与非处方药，一般药品和特殊药品——精麻毒放，一般药品和高危药品，等等。

总之，与司法实践相吻合的药品都是直接接触或者进入人体体内，这也是一般人所理解的药品，沿着该思路，药品的范围将会限定于直接用于人体的药品。

(二) 医疗器械外延再探讨

在医疗器械的大家族中，某些是专供医务人员使用的，与患者无接触，如医用口罩、帽子、鞋套、检查分析仪器、医用软件等，有缺陷也不会直接危害到患者生命健康。有些医疗器械接触患者，却是无创的，有缺陷也仅会影响诊断结果，如普通诊察器械、超声检查仪等。因医疗器械缺陷引发的纠纷，所涉及的器械一是植入体内的钢板、起搏器等，二是介入器材，如导管、导丝等，三是缝合针等。换言之，主要是植入或者进入体内的医疗器械。

传统上，医生的治疗以药物治疗和常规外科手术为主，医疗器械本身不会造成风险，医疗器械管理的重点在于消毒灭菌。随着显微外科、介入检查和治疗以及医疗美容的开展，外科用医疗器械向复杂化、精细化方向发展，导管、导丝、钢板、钢针、支架等新的医疗器械层出不穷，这类医疗器械已经不再是传统辅助诊疗的手段，而是成为诊疗的中心环节，甚至于某些医疗器械成为人体永久的组成部分。在这样的大环境下，人们对医疗器械的安全性要求越来越高，而日益复杂且价格高昂的医疗器械自然难以达到100％的安全，因此，因医疗器械引发的诉讼不断增多。与药品通常通过其化学属性发挥作用不同，医疗器械的诊疗效果往往依赖其物理属性，人们很难观察到无形的化学变化，但是对于有形的医疗器械，其物理属性是否如期发挥作用却不难判断。也因此，医疗器械缺陷发生率不一定高于药品，但发现率却大为提高。

为便于管理，医疗器械被分为一次性的和重复使用的、植入体内的和非植入体内的、高值的和低值的，等等。本书倾向于借鉴消毒管理中有关关键、半关键和非关键的区分。关键器材是指进入无菌组织的器材，如外科手术器材和装置、心血管支架、移植物等，使用关键器材前必须经过灭菌处理。半关键器材是指与黏膜和破损皮肤密切接触的物品，如呼吸机、胃肠镜、体温表等。非关键器材是指不与黏膜和破损皮肤密切接触的物品，如床单、墙壁、地面和家具等①。就医疗及司法实践观察，能够被患者发现缺陷的医疗器械几乎都在关键器材的范围，因此，医疗器械的范围应限定于进入人体组织和器官的医疗器械。

综上，从可操作角度考察，侵权法上的医疗产品，只应是行政法上医疗产品的一部分。本书认为，侵权法上的医疗产品应仅指直接用于人体的药品以及进入人体组织、器官的医疗器械。

第三节　医疗机构的法律地位

根据《侵权责任法》第五十九条的规定，因药品、消毒药剂、医疗器械缺陷造成患者人身损害的，受害人可以向生产者要求赔偿，也可以向销售者要求赔偿。"医疗机构作为销售商，只要患者向医疗机构提出赔偿请求，医疗机构就应承担产品质量责任。如果医疗机构没有过错并已尽到应尽注意义务，在向患者承担损害赔偿责任之后，可以向生产者追偿，由生产者承担最终责任。"② 全国人大法工委在立法说明中强调："立法调研中了解到，许多患者在因此受到损害后，都有相互推诿、求偿困难的经历。由于法律缺乏明确规定，患者在这方面寻求司法保护的效果也不理想。为了更好地维护患者的利益，便利患者受到损害后主张权利，明确规定'患者可以向生产者或者血液提供机构请求赔偿，也可以向医疗机构请求赔偿'，同时规定，如果患者向医疗机构请求赔偿，医疗机构赔偿后，有权向负有责任的生产者或者血液提供机构

---

① 卫生部医政司《医院感染管理办法》起草小组. 医院感染管理办法释义及适用指南. 北京：中国法制出版社，2006：40－41.

② 奚晓明.《中华人民共和国侵权责任法》条文理解与适用. 北京：人民法院出版社，2010：415.

追偿。"①"立法征求意见中就医疗机构是否为销售者有不同意见。但是，如前所述，本条主要以便利患者受到损害后主张权利为目的"，"一些医疗机构的同志也认为，因药品、消毒药剂、医疗器械缺陷造成患者损害，患者向医疗机构请求赔偿，符合社会一般常理，可以接受"②。总之，为了便利患者诉讼，患者可以起诉医疗机构，医疗机构赔偿后再向药品、消毒药剂、医疗器械的生产者追偿。医疗机构的地位类似于"垫付"者，并不承担最终责任。表面看起来，该条规定并未加大医疗机构的赔偿负担，因而也无不合理而言。

一、医疗机构是事实上的最终责任人

理论上，因医疗产品导致的损害，医疗机构是不真正连带责任人，但研究发现，医疗机构出现于诉讼中的概率远远大于最终责任人——生产者，且通常是唯一被告，并承担最终责任，极少行使追偿权。分析原因，不外是患者乐于选择医疗机构为被告、法官倾向于审查医疗过失。就患者来说，以医疗机构为被告，起诉容易，执行也容易，诉讼成本相对低廉，又因缺陷审查的困难，法官倾向于回避医疗产品缺陷的查明（详见本章第四节医疗产品缺陷认定标准部分）。如此一来，医疗产品案件中，医疗机构是恒定的被告，医疗过错是通常的审查重点，医疗机构又是很少赖账、赖账也难以成功的当事人，导致的结果是：医疗机构成为医疗产品责任的最终责任人，典型案例如齐二药假药案③。

（一）起诉医疗机构相对容易

对于患者来说，能够感知人身损害结果，但损害后果发生的原因超出了患者的认知范围，除了钢板断裂、起搏器障碍、导管断裂等等显而易见的损害外，患者根本无法将损害结果与具体的产品缺陷联系在一起，即使能够将损害与产品缺陷联系起来，缺陷产品的生产者是谁也还须另行查明。

绝大多数情况下，患者无法在损害后果与产品之间建立因果联想。例如，治疗过程中发生超敏反应，超敏反应是损害结果，患者能够感知。但在同一段时间内，患者往往应用多种药物，哪种药物是引起超敏反应的原因，这点

---

① 全国人大常委会法制工作委员会民法室.《中华人民共和国侵权责任法》条文说明、立法理由及相关规定. 北京：北京大学出版社，2010：237.

② 同①238.

③ 卫生部. 中山三院不应承担赔偿责任. 新浪新闻. ［2012-12-10］. http://news.sina.com.cn/o/2007-08-12/084012369619s.shtml.

患者是无法查明的，甚至鉴定专家、医生都难以得出令人信服的结论。

可见，如果根据产品侵权规则起诉生产者，对于起诉的最基本条件——明确的被告，患者往往都难以提出。相比而言，起诉医院则容易得多，"我不管什么原因造成的，总之是在你们医院造成的，我就找你们医院"，而且患者只要提供诊疗的各项书面凭证就可证明谁是被告了。

（二）医疗行为是否存在过失是医疗产品侵权审理的必经环节

调研发现，法官根本无法越过医疗机构直接审查产品缺陷。首先，医疗服务是由一系列医疗行为构成的，包括诊断、应用药品或者医疗器械，从时间上看，诊断、处方先于用药和使用医疗器械，且诊断、医嘱和处方是医生的判断和决定，用药和使用医疗器械是将该决定具体落实，二者密切相连，缺一不可。就事实查明来说，医生的决定和判断是必须查明的事项。其次，医疗产品是在医疗服务过程中应用于人体的，是医疗机构应用于人体的，医疗机构的应用过程也是必须查明的事实。因此，理论上患者可以仅起诉产品生产者，但为了查明事实，医疗机构必然被追加进来，反之却未必。曾有一患者因药品过敏反应遭受损失，因其本人为医生出身，知道无医疗过失存在，也不愿与医疗机构发生冲突，遂仅起诉药品生产者。在诉讼中，法官要求追加医疗机构为共同被告，患者不同意，法官就以事实无法查明为由驳回起诉。此种情形并非孤证。这说明，理论上，患者可以仅起诉最终责任人；实际上，患者可以放过生产者，但不能越过医疗机构。

（三）医疗产品缺陷审理相对困难

在本书项目组收集的近 300 个与药品、医疗器械有关的案例中，尚未发现一例以药品和医疗器械是否存在缺陷作为审查重点的，法官的关注点都在于医疗过错是否存在。

医疗过错的审理重点是诊疗行为是否违反规定，医疗产品责任审查焦点是缺陷有无。相比而言，诊疗行为规范更具体、明确，缺陷属不确定法律概念，难以判断。如果采用通行的一般人合理期待标准，则医疗产品侵权很容易沦落为结果责任，违背立法目的；如果放弃一般人合理期待标准，则又无标准可用。调研发现，法官们既不愿意采用一般人合理期待标准，也不想完全自由裁量、个案认定，所以，法官将审查重点集中于医疗产品的生产者是否具有资质、产品质量是否合格、流通是否合法等，如此一来，缺陷的查明过程转变为医疗机构及产品生产者是否存在违反法律法规的行为，实际上违背了医疗产品侵权责任条款的立法目的。

就缺陷有无的查明来说，法官也比较甚至是高度依赖鉴定，但医疗产品缺陷鉴定困难重重。以医疗器械鉴定为例，调研发现，提供医疗器械鉴定服务的鉴定机构不多，北京地区只能送到天津市医疗器械质量监督检验中心。同时，检验中心设置了相对严格甚至苛刻的受理条件，符合受理条件的检验申请不多。以北京市一家三甲医院为例，该院因医疗器械引发的纠纷多，申请鉴定的次数也多，但近10年，只有一例达到了天津中心的要求，也只有这一例成功启动了鉴定程序①。另外，鉴定也只能得出医疗产品合格与否的结论，无法回答缺陷的有无。仍以天津市医疗器械质量监督检验中心为例，在《天津中心开展外科植入物取出与分析简介》一文中，天津中心表示，"我中心以外科植入物标技委（SAC/TC110）为依托，依据 GB/T 25440.1～4 系列标准，进行外科植入物取出与分析"②。根据国标得出的分析结论，只能是医疗器械的物理性能是否达到国家标准，达到国家标准者，质量合格；达不到者，质量不合格。再以药品鉴定为例，各地都有药品检验所，都有一定的检验能力，理论上可以得出鉴定结论。医疗器械鉴定面临的困难，药品鉴定同样都要面对，而且，还有额外的困难需要克服。首先是送检样品的问题。当药品被临床使用后，其理化性质往往发生了一定改变，鉴定机构通常不受理鉴定申请，但如果选择未开封的同批次药品，患者往往又不认可。其次是检验能力问题。与医疗器械检验物理性质不同，药品检验的范围更加宽泛，可检验项目众多，如果没有一定的方向，检验人员也无从下手。最后，检验目标只能是药品的理化性质，而药品损害常常是由微生物导致的，不在检验范围之内。总之，药品鉴定方面，鉴定技术无法满足实际需求。曾有一例怀疑药品引发损害的案例，医疗机构希望查明原因，联系了多家检验机构，却无人具备检验能力③。

（四）以医疗机构为被告判决执行相对容易

裁判结果执行的难易程度，也是原告选择被告的考察因素之一。与医疗产品生产商相比，医疗机构是提供先付费、后服务的地方。只要有患者，医疗机构的账面就有现金。就强制执行的申请条件来说，医疗机构就在那里，医疗机构的现金也就在那里，以医疗机构为被申请人，通常不存在执行难的问题。

---

① 北京积水潭医院医患办主任陈伟访谈。
② 天津市医疗器械质量监督检验中心官网．［2015-05-01］．http://www.mdtc.org.cn/.
③ 北京市华卫律师事务所邓利强律师访谈。

二、医疗机构依赖"潜规则"行使追偿权

当判决医疗机构承担责任后，医疗机构通常会找到生产者或者国外医疗产品的销售商，生产者或者销售商通常主动承担"最终责任"，使得法律所预设的医疗机构承担不真正连带责任得以实现。但不用仔细分析，任何人都能理解生产者为什么主动承担最终责任——不过是生产者依赖医疗机构销售产品，不敢得罪医疗机构而已。调研还发现，大量的医疗产品质量引发的纠纷根本就用不着走诉讼程序，发现问题后，医疗机构第一时间通知厂家或销售商，厂家或销售商往往主动与患者和解，赔偿了事。这种情形在器械断裂案件中非常常见。基于医疗产品生产者与医疗机构之间的这种特殊关系，医疗机构的追偿权得以轻松实现，也因此，《侵权责任法》征求意见稿中曾出现"患者向医疗机构请求赔偿的，医疗机构可以要求生产者或者血液提供机构协商赔偿"的规定①。

那么，医疗机构对厂家的这种制约是不是普遍存在的呢？是不是一种趋势？是否有例外呢？有学者给出了肯定的回答；但医疗机构从业人员却给出了相反的回答，他们认为，医疗机构对厂家的制约力也是有条件的，并非无条件适用。俗话说，店大欺客，当厂家足够强大而医疗机构明显弱小时，很难想象医疗机构还会对厂家有制约力。事实也证明，当前医疗产品纠纷主要存在于骨科内固定钢板、植入物、导管、导丝等物品使用，而该类物品使用都属于高价值、高技术、高准入门槛的诊疗项目，对医疗机构的要求高，使用的医疗机构比较集中，换言之，在这类医疗产品的使用上，医疗机构具有一定的垄断地位，因此才对厂家有约束力。当医疗产品诉讼的范围进一步扩大，涉及的医疗机构不断增多时，某些——特别是中、小型——医疗机构的权益就难以通过"潜规则"保护，如此，必然要依赖"追偿"制度。

另外一个比较明显的趋势是，医疗机构对厂家的制约力在不断减弱。例如，某些国际知名医疗产品生产商很看重自身产品的口碑，不愿意"稀里糊涂"地赔偿，而是倾向于明确"缺陷"的有无。再如，随着赔偿额度的不断提高，一些实力较弱的厂家无力承担。当越来越多的医疗机构无力制约厂家时，势必依赖"追偿"制度。

---

① 新华网. 侵权责任法草案作出多处修改 拟 26 日提交表决. ［2016－12－12］. http://news. 163. com/09/1225/20/5RDICBIF000120GU. html.

当医疗机构试图启动追偿程序时，又会遇到"缺陷"查明这一障碍（详见本章第四节医疗产品缺陷认定标准部分）。如上文所述，缺陷证明是医疗机构难以克服的障碍，导致"追偿"权成为一纸空文。

三、落实医疗机构不真正连带责任人地位所需的制度支持

（一）追加医疗产品生产者为第三人

因医疗产品缺陷审理的困难，某些法官拒绝追加厂商为被告，导致医疗机构由"配角"变"主角"，只能依赖"潜规则"向厂家追偿。为避免这一现象，各级法院纷纷出台司法解释，赋予医疗机构追加厂商为共同被告的权利。如《江苏省高级人民法院适用〈侵权责任法〉指导意见（征求意见稿）》第三十七条规定：因药品、消毒药剂、医疗器械的缺陷，或者输入不合格的血液造成患者损害的，受害人向医疗机构请求赔偿的，应当将生产者或者血液提供机构追加为共同被告①。《北京市高级人民法院关于审理医疗损害赔偿纠纷案件若干问题的指导意见（试行）》（京高法发〔2010〕第400号）规定：因药品、消毒药剂、医疗器械的缺陷造成患者损害的，患者一方可以依据《侵权责任法》第四十三条及第五十九条的规定同时起诉产品生产者、产品销售者以及医疗机构要求赔偿。患者一方仅起诉部分责任主体，人民法院可以依被诉责任主体的申请追加未被起诉的其他责任主体为案件的当事人。必要时，人民法院也可以依职权追加当事人。《最高人民法院关于审理医疗损害责任纠纷案件适用法律若干问题的解释（征求意见稿）》规定：因医疗产品的缺陷造成患者损害的，患者一方同时起诉医疗产品生产者和医疗机构要求赔偿的，人民法院应予准许。患者一方只起诉医疗产品生产者或者医疗机构的，人民法院可以依被告的申请，追加医疗机构或者医疗产品生产者为案件的当事人。必要时，人民法院也可依职权追加当事人。

（二）落实鉴定制度

法官拒绝医疗机构追加厂商为共同被告的申请，释明的理由是法律没有明确规定，真实原因是难以得到鉴定机构的支持。即便各级法院的司法解释通过以后，法官将厂商追加进来，但是法官面临的审理困难仍然不能解决。不难想象，为解决裁判难题，法官又会"发明"新理由。

---

① 360图书馆．［2015-05-01］．http://www.360doc.com/content/11/0901/11/2249580_144943503.shtml.

为确保医疗产品案件审理的正常进行，配合法官查明案件事实的配套制度——鉴定制度必须跟上。首先，鉴定机构不能太少；其次，鉴定机构受理鉴定的条件不能太苛刻，应能保证绝大部分案件都能启动鉴定程序；最后，鉴定结论应能够回答医疗产品缺陷有无的问题。

(三) 以"不合格"标准代替"缺陷"标准

鉴定只能回答产品"合格"与否，当产品责任依然坚持"缺陷"标准时，只能导致鉴定缺位。为保证医疗产品损害赔偿案件顺利审理，法院只能"迁就"鉴定机构的鉴定能力。因鉴定机构只能回答合格与否的问题，法官裁判的依据也只能建立在合格与否的基础上。因此，在医疗产品侵权案件中，应放弃"缺陷"标准，采用"不合格"标准（详见本章第四节医疗产品缺陷认定标准部分），或者是将缺陷的认定标准定义为不符合国家标准、行业标准。

当采用不合格标准时，存在"放纵"产品生产者的嫌疑。对于这点，北京市第二中级人民法院白松法官的观点具有代表性：药品、医疗器械都是国家严格监管的产品，国家同意上市了，说明药品和医疗器械达到了要求，医疗产品质量合格，法官就不能轻易说存在缺陷。的确，药品上市前，生产者、生产条件经过严格审查，生产工艺都须完全按照药典，产品出厂前还须经过严格检验。一旦能够确定医疗产品合格，再审查缺陷就过于苛刻了，毕竟医疗产品高风险是公认的。

第四节 医疗产品缺陷认定标准

《产品质量法》将缺陷定义为"产品存在危及人身、他人财产安全的不合理的危险；产品有保障人体健康和人身、财产安全的国家标准、行业标准的，是指不符合该标准"。由于《产品质量法》采用了"不合理危险"和"不合格"两个缺陷标准，如何理解二者之间的关系就是不得不讨论的一个问题。按照法学界比较通行的观点，"不合格"意味着缺陷，合格产品存在"不合理危险"时，仍被界定为缺陷①。《侵权责任法》出台后，学界延续了这种思路，认为医疗产品缺陷以不合理标准为基本标准，以强制性标准为辅助标准，违

---

① 张新宝. 侵权责任法原理. 北京：中国人民大学出版社，2005：396.

反任何一项标准均属于缺陷产品①。如果向前追溯，20世纪90年代中期曾强调过，有法定标准的适用法定标准——合格标准，无法定标准的适用一般标准——不合理危险标准②。本书认为，在医疗产品缺陷标准上，应坚持不合格标准，理由如下：

一、采用不合理风险标准的逻辑困境

（一）不合理风险与不良反应（事件）的矛盾

如果按照合理期待标准，用药后发生的任何严重损害后果都不符合一般人的合理期待，换言之，使用医疗产品后发生的严重后果都超出一般人的合理期待，该医疗产品都有缺陷。而这样的观点，明显违背人们对医学的基本定位：高风险、经验科学。

基于医学的经验性和高风险性，医学界需要不断汲取经验，以提高诊疗水平。为此，我国建立了药品不良反应、医疗器械不良事件报告制度，不良反应（事件）符合《辞海》对缺陷的定义"欠缺，不够完美"③。根据《药品不良反应报告和监测管理办法》的规定，药品不良反应是指合格药品在正常用法用量下出现的与用药目的无关的或意外的有害反应。其中，特殊药品——疫苗没有采用不良反应的概念，而是采用了异常反应的概念。根据《疫苗流通与预防接种管理条例》的规定，疫苗预防接种异常反应是指合格的疫苗在实施规范接种过程中或者实施规范接种后造成受种者机体组织器官、功能损害，相关各方均无过错的药品不良反应。根据《医疗器械不良事件监测和再评价管理办法（试行）》的规定，医疗器械不良事件是指获准上市的质量合格的医疗器械在正常使用情况下发生的，导致或者可能导致人体伤害的各种有害事件。近年来的比较知名的药品不良反应包括：2001年，通过ADR监测发现乙双吗啉治疗银屑病可能会引起白血病；2002年，发现苯甲醇可能导致儿童臀肌挛缩症；2003年，发现甘露聚糖肽的严重不良反应，SFDA及时采取措施，修订药品说明书；2004年，经监测评价后确定了"葛根素注射液"引起的溶血现象，立即修订该药品说明书；2005年，根据药品不良反应监测情况，对"莲必治注射液""穿琥宁注射液""非甾体类抗炎药"等品种

---

① 奚晓明.《中华人民共和国侵权责任法》条文理解与适用. 北京：人民法院出版社，2010：416.

② 张新宝. 中国侵权行为法. 北京：中国社会科学出版社，1995：308.

③ 辞海编辑委员会. 辞海：第6版. 上海：上海辞书出版社，2010：3129.

采取了修改药品说明书的措施，将"千柏鼻炎片""氯霉素眼药水"等 12 个品种由非处方药转换为处方药；2006 年，SFDA 根据 ADR 监测情况，暂停了"鱼腥草注射液"等 7 个注射剂品种的使用和审批……

为避免不良事件报告成为患者要求损害赔偿的证据，《医疗器械不良事件监测和再评价管理办法（试行）》还特意强调："医疗器械不良事件报告的内容和统计资料是加强医疗器械监督管理，指导开展医疗器械再评价工作的依据，不作为医疗纠纷、医疗诉讼和处理医疗器械质量事故的依据"。但是在司法实践中，国家发布的不良反应监测信息恰恰成为药品存在缺陷的明确证据。例如，2008 年 9 月 3 日，原告因痔疮到被告处就诊。被告给原告开具"痔血胶囊"药物 3 盒，后原告被证实罹患药物性肝炎。法院认为：痔血胶囊经国家药物监督机构审批，但由于该药物随后被国家药物监督机构证实存在缺陷（2008 年 11 月 11 日，国家食品药品监督管理总局向全国通报了 21 起痔血胶囊可能引发肝损害的病例[①]），可能引起肝损害，且发生了原告肝损害的事实，而原告提供的体检报告等证据可证实其在服用"痔血胶囊"药物之前肝部并无疾病，故应当认定原告所患肝部疾病系服用该药物导致。因此，被告承担药物销售者的责任[②]。

（二）不合理风险标准与发展风险免责的矛盾

《产品质量法》规定了发展风险免责条款，生产者将医疗产品投入流通时科学技术水平尚不能发现缺陷存在的免责，但国内外发生的药物致害事件难见据此免责的。仍以痔血胶囊案为例，据报道，国家药品中心病例报告数据库共收到痔血胶囊相关病例报告 35 例，其中，21 例不良反应名称描述为肝功能异常、胆汁淤积型肝炎、药物性肝炎，另有腹痛 8 例、皮疹 4 例、过敏样反应 1 例、头晕头痛 1 例。经对来自 6 个省（直辖市）的 21 份痔血胶囊肝损害报告病例系统分析后，认为痔血胶囊与肝损害的关联性较为明确[③]。国家药品不良反应监测中心同时对临床医师、患者临床用药提出建议[④]。可见，痔血胶囊引起肝脏受损这一知识，根据生产者将其投入流通时

---

① 海都. 福建 4 患者疑用痔血胶囊引发肝损伤 已上报药监局. [2008-11-17]. http://www.chinanews. com/jk/ysbb/news/2008/11-17/1452347. shtml.

② 北京市西城区人民法院民事判决书，（2009）西民初字第 10455 号。

③ 网易新闻. 痔血胶囊引发 35 例肝损害被召回. [2015-05-01]. http://news. 163. com/08/1112/03/4QH42JN20001124J. html.

④ 国家食品药品监督管理总局. 国家食品药品监督管理局密切关注痔血胶囊召回情况. [2015-05-01]. http://www. sda. gov. cn/WS01/CL0051/33824. html.

的科学技术尚不能发现，需要依赖后来的药物临床应用进行归纳总结，明显属于发展的风险，但法官根据国家药监局的通报，认定药物存在缺陷，患者有权根据产品责任获得赔偿。再比如，确立市场份额规则的 DES 案。在 20 世纪 40 年代的美国，DES 被公认是一种既有效又安全的保胎药，该药品在 1947 年获得美国国家食品药品管理局批准，被用于防止妇女流产及其他妊娠综合征。在当时，医生一般都会建议可能发生流产或早产的孕妇使用 DES 进行有针对性的治疗。据统计，在 1947 年至 1971 年之间，有 500 万至 1 000 万的美国妇女在怀孕期间服用过 DES。但是，在 1971 年，有研究人员发现，在怀孕过程中使用 DES 的妇女所生育的女性后代可能在少年或者青年时期患上腺癌。有鉴于此，美国国家食品药品管理局随即发布药品公告，警告医生应当停止给怀孕妇女使用 DES。从 20 世纪 70 年代中期开始，一部分母亲在怀孕期间服用过 DES 的女孩在成长过程中患上腺癌。随着时间的推移，这种因 DES 而导致的病例逐年增加，其中一些受害者开始向法院提起诉讼，以求通过司法途径使自己因罹患癌症而受到的财产损害和精神损害获得赔偿，这些诉求获得了法官的支持①。

(三) 不合理风险与缺陷鉴定的矛盾

按照一般人合理期待标准，风险合理与否，是患者或者患者群体的主观认识问题，但在司法实践中，缺陷有无被定性为科学问题，法官们寄希望于鉴定专家来回答。主观问题如何通过客观手段回答？专家意见能否代表一般人的合理期待？这是一个问题。

(四) 不合理风险标准导致的结果责任与医疗的行为责任的矛盾

通说认为，不合理风险的判断标准是一般人的合理期待。对于一般人来说，都会期待自己使用的药品和医疗器械是安全的，随着医学进步，医疗产品的安全性也的确在不断提高，这种期待也就越来越具有合理性。从科学的角度看，"站着进来、躺着出去"是不可避免的，医学毕竟还是高风险的，但从一般人角度，"站着进来、躺着出去"违背了其合理期待，结果是，因医疗产品造成的损害都违背了一般人的合理期待，患者都可按照《侵权责任法》第五十九条获得救济，最终，不合理风险标准通常演变为结果责任，大量的

---

① 马新彦，孙大伟. 我国未来侵权法市场份额规则的立法证成. 吉林大学社会科学学报，2009，49 (1)：94.

内固定物断裂赔偿案也证实了这一点。但是，医疗是公认的高风险行业，医疗服务被定性为行为债务也是学界公认的，医疗机构仅负责提供符合诊疗规范的服务，并不担保行为结果。假如采用不合理风险标准，必然极易出现结果责任，结果责任与医疗的行为责任性质相矛盾。

二、不合理判断的一般困难

种种迹象表明，合理性判断极其困难，尽管研究者众多，理论成果丰富，但真正付诸实践者极少。这也从另一方面说明，不合理判断历来困难重重。

(一) 行政法的经验

以合理性研究最为透彻的行政法为例，日本行政法学的司法界和学术界对合理性所作的解释是：合理性就是非法律规范的条理和道理，即按社会上一般人的理解，所尊重的合乎事情性质的状态①。这个正面的判断标准高度抽象，并以理性人为基本标准。但实际上，理性人标准并未真正普遍适用，各国普遍求助于对不合理行为标准的确定。英国法官确立了一些"不合理"的标准："如此荒谬以致任何有一般理智的人不能想象行政机关在正当地行使权力时能有这种标准"；"如此错误以致有理性的人会明智地不赞同那个观点"；"如此无逻辑或所认可的道德标准，令人不能容忍，以致任何认真考虑此问题的正常人都不会同意它"②。从这些不合理行为的标准可以看出，权利或者权力"滥用"的标准非常之高，以至于需要达到社会公认不合理甚至不能容忍的程度，才为不合理行为。

司法实务界也极少将某一行为定位为不合理。从1949年到2004年，在我国全部有效的法律、法规、规章、司法解释乃至行业规范中，有8 614部规定了"滥用职权"——不合理行政条款，共计8 920条。但通过对《人民法院案例选》刊登的270个行政机关败诉案件的分析，被认定为行政机关滥用职权的比例非常低，仅占3.85%，一例是以侦查为名侵犯他人权利的（滥用侦查权），一例是政府没有举出当事人骗取离婚证的证据而宣布离婚证无效的，其余的案件都没有说明被诉行为为何构成滥用职权③。

---

① ② 百度百科"合理性原则"条. 百度网. [2015-05-01]. http://baike. baidu. com/view/9309. htm.

③ 沈岿. 行政诉讼确立"裁量明显不当"标准之议. [2015-05-01]. http://www. civillaw. com. cn/article/default. asp? id=24388.

（二）民法的经验

从经验观察角度，过度医疗在我国非常普遍。自《侵权责任法》规定了过度医疗责任之后，也发生了几起引发社会关注的事件，如广东儿童的 217 项检查案①、八毛门事件②，但最终结果都是不了了之，无一被定性为"过度"。实务界对过度医疗也持谨慎态度，强调如果医务人员在诊疗过程中，向患者明确说明扩大检查或者治疗范围，并说明了采取该检查、治疗的必要性及费用，并经患者书面同意，医方已尽告知义务，患者要对自己的选择负责，其后不能就医生扩大检查或者治疗部分主张过度医疗责任。但如果医生扩大检查或治疗范围的必要性不存在，且未告知或者告知具有欺骗性，医疗机构应承担过度医疗责任③。

三、医疗产品缺陷鉴定的局限

如果采用一般人合理期待标准，缺陷的有无就是主观认识问题。即便我们将主观认识问题转化为客观鉴定问题，受制于鉴定条件、技术等原因，鉴定也只能回答合格与否的问题，而且，还必须满足必要的鉴定条件；至于是否存在不合理风险，则完全超出了鉴定能力。

（一）鉴定只能回答合格与否的问题

在最常引发纠纷的内固定钢板、钢钉断裂案中，鉴定也不过是检验送检材料的密度、硬度等物理指标，至于是否存在不合理的风险，鉴定仍然无法回答。再有，医疗器械材料的鉴定标准如何选择也至关重要。北京某著名医院发生过一例钢板断裂案，为科研需要，医院将断裂钢板送至北京市理化分析测试中心进行检测。检测报告指出，材料组织存在缺陷，未充分发挥材料性能的作用。经调查发现，鉴定人员参照的检验标准是航天材料标准④。

---

① 广州一儿童误食弯针引发 217 项检查. [2015-05-01]. http://www.jsw.com.cn/site3/jjwb/html/2010-06/18/content_1482132.htm.
② 鲍文娟，肖陆军. 婴儿被诊断需做 10 万元手术 最终花 8 毛钱治愈. 广州日报. [2015-05-01]. http://news.163.com/11/0908/03/7DD9ISUE00011229.html.
③ 陈昶屹，曾祥素. "过度检查"责任确立之后 患者如何判断得失. [2015-05-01]. http://finance.sina.com.cn/roll/20100901/07473439014.shtml.
④ 北京市西城区人民法院民事判决书，（2012）西民初字第 16078 号。

(二) 送检材料难以满足鉴定要求

《医疗事故处理条例》规定，"疑似输液、输血、注射、药物等引起不良后果的，医患双方应当共同对现场实物进行封存和启封，封存的现场实物由医疗机构保管；需要检验的，应当由双方共同指定的、依法具有检验资格的检验机构进行检验"，但在司法实践中，血液通常由血站检验，并不存在社会中立的第三方检验机构，因此，求检无门。至于药品，检验机构并不接受封存的药品，理由是：开封的药品已与外界接触，其理化性质发生改变，不具备基本的检验条件。有被告曾提议用同批次的未开封药品进行检验，但这样的提议通常又会遭到患者的强烈反对，"同批次的没问题不能代表我用的也没问题"。至此，疑因输血、输液、注射、药物等引发的纠纷不少，医疗机构按照规定封存的也很多，但真正能够启动检验程序的凤毛麟角。

由于药品和医疗器械是消耗品，患者使用后才会出现损害，当出现损害时，药品已经消耗掉，医疗器械有时也已成为人体的一部分，因此无法提供鉴定材料。药品还可采用同批次的进行替代，植入体内且无法取出的医疗器械则连替代品都不能找到。例如，原告术后出现假体旋转、折断等并发症，怀疑与假体质量有关。由于该假体的质量现无法通过鉴定认定是否存在质量问题（该假体因在原告体内等原因不具备鉴定的条件），根据举证责任规则，由被告医疗器械公司承担举证不能的责任[1]。

(三) 鉴定能力的局限

曾有患者于治疗后发生损害，认为药品混入杂质，存在缺陷，并同意用同批次的药品进行检验。但是，检验机构仍拒绝受理，理由是，检验只能针对已标明物质的理化属性，回答送检药品应该具有成分是否存在、含量是否符合标准，至于是否存在未标明的其他物质，因其他物质范围无限，要想发现如大海捞针，在没有特定怀疑物质的情况下，无法检验。事实上，临床上经常出现药源性反应，绝大部分药源性反应是由杂质引发的，但除了极特殊情况外，是否存在杂质、存在何种杂质都是无法用科学手段证明的；目前得以证明的案例，都是损害后果严重、影响人数较多、社会影响巨大、卫生行政部门直接介入调查的。例如，2007 年国家药品不良反应监测中心通报的甲氨蝶呤事件中，检验机构发现该批次药物中混入了硫酸长春新碱[2]，但检验机

---

① 北京市西城区人民法院民事判决书，(2007) 西民初字第 4501 号。

② 吕诺. 卫生部、药监局公布调查情况：甲氨蝶呤和阿糖胞苷生产过程混入了硫酸长春新碱. [2015-05-01]. http://news.sina.com.cn/c/2007-09-15/022212571945s.shtml.

构之所以能够发现，也是因为该生产线上一批生产的药物是硫酸长春新碱，硫酸长春新碱是最可能出现在该批药物中的异物，因此才能有针对性地验证，并最终证实了人们的猜测。

四、司法实务界选择了不合格标准

（一）药品缺陷采用不合格标准

药品不良反应大量存在，因用药造成的损害不在少数，但因药品引发的诉讼不多。究其原因，一是药品引发的人身损害一般是可逆的，有起诉动力的受害人不多；二是患者难以发现损害是由药品导致的，常将损害结果归因于疾病或医疗过失；三是即便药品具有超出一般人合理期待的风险，受害人也难以胜诉。实地调研发现，在涉及药品的诉讼中，受制于缺陷鉴定的重重困难，法官很少围绕药品缺陷进行审理，即便审查缺陷有无，通常也只进行形式审查，即只审查书证，当药品的来源、应用等都能通过各类记录得到证明时，缺陷就会被否认。例如，患者注射狂犬病疫苗后抗体检测呈阴性，患者诉疫苗为假货。医院出具了五组证据，分别用以证明医院所用疫苗来源合法、质量合格，疫苗的运输、储藏过程符合冷冻管理制度。"第一组：（1）进口药品通关单；（2）生物制品批签发合格证。第二组：（3）疫苗运输温度记录表；（4）疫苗储藏冰箱温度记录表。第三组：（5）处方；（6）预防用生物制品领发登记表；（7）销账本。第四组：（8）北京市狂犬病暴露者门诊登记表；（9）知情同意书；（10）单位资质；（11）医生培训合格证明。第五组：（12）北京市狂犬病免疫预防门诊医务人员培训教材（第二版）；（13）卫生部《狂犬病暴露后处置工作规范（试行）》"①。

（二）医疗器械缺陷以不合理风险标准为主、以不合格标准为辅

相比药品致人损害案件，医疗器械致人损害案件采用一般人合理期待标准者明显增多。

以内固定物断裂案为例，大量的此类案例以和解或调解结案，医疗机构承担全部或部分赔偿责任②。尽管采用一般人合理期待标准的案例很多，但法

① 北京市朝阳区人民法院民事判决书，（2009）朝民初字第20694号。
② 北京市西城区人民法院民事判决书，（2010）西民初字第07459号；北京市朝阳区人民法院民事判决书，（2003）朝民初字第6138号；北京市西城区人民法院民事判决书，（2012）西民初字第11601号。

官们也认为，缺陷是否存在还是应该以鉴定结论为主。北京某区法院曾以钢板经质量监督部门检测符合 YY 0017—1990 标准为由，否认缺陷存在①。在另一起术后钢针断裂案中，法院认为，术中使用的钢针是经国家医疗器械监督管理部门注册的产品，但并不足以证明该内固定物的质量合格。作为医疗机构，应当提供该内固定物的产品生产标准，以便据此对产品质量进行检测②。

另外，通过形式审查确认产品合格与否的案例也不在少数。在起搏器植入后出现感染的案例中，医疗事故鉴定委员会审查了起搏器及导线的来源，在确认生产者合法、渠道合法后，直接认定"感染不排除是起搏器植入手术后发生的难以防范的手术并发症"③。

五、采用不合格标准也能为患者提供相同水平的保护

（一）重大药品缺陷事件都采用不合格标准

近年来，我国发生的重大药害事件，追根溯源，无一不是生产者或销售者违规导致药品质量不合格。从龙胆泻肝丸事件、亮甲菌素事件、欣弗事件、甲氨蝶呤、刺五加事件到一系列的非法疫苗案件等，涉案药品要么是假药，要么被污染、理应按照假药处理（详见第三章第二部分的内容）。至少从司法实践的角度，不合格标准是认定药品缺陷的主流，而非学界认为的不合理风险标准。在美国，药品侵权制度也经历了大致相似的变迁。产品责任领域适用严格责任，但药品最早被限制适用。"就药品这一特殊产品而言，由于其工艺配方设计以及对其不良反应的认识往往都受到现有科技知识水平的限制，对企业适用严格责任确有其负面效应，如阻碍医药科技发展进而影响公众健康利益；但企业不承担严格责任并不意味着理所当然地应以牺牲公众的健康乃至生命为代价来发展医药事业。因此，如果在穷尽所有制药工业技术后，仍然不能避免药品使用者的损害，应当给予药品使用者合法的保护"。药品致害无过失补偿制度得以逐步建立，"德国、日本、瑞典以及新西兰等都相继建立了对于药品损害的基金赔偿或救济制度，以避免在药品缺陷认定中的纠缠不休而确保及时有效的对受害人实施救济"④。

---

① 北京市第二中级人民法院民事判决书，（2007）二中民终字第 00350 号。
② 北京市西城区人民法院民事判决书，（2009）西民初字第 12770 号。
③ 北京市第一中级人民法院民事判决书，（2008）一中民终字第 00764 号。
④ 叶正明. 美国药品侵权责任制度的演变及其发展趋势. 湖南行政学院学报，2011 (5)：77.

（二）药品和医疗器械监管严格、合格标准较高

日常生活离不开吃穿住行。就国家监管的严格程度来说，吃的东西排在最前面。就吃的东西来说，国家对药品监管的严格程度排在水和食品之前。由于高风险性和应用的广泛性，国家对药品和医疗器械的监管可以说面面俱到：从生产者到销售者，从机构和人员资质到产品注册，从产品质量到生产工艺，从包装材料到说明书。为了及时发现问题，国家还建立了不良反应（事件）报告制度，以便及时纠正新发现的错误、防止未来可能出现的危险。当监管足够严格、规范时，产品的危险性自然大为降低。对于患者来说，承担一点风险也是应该的。以输血感染传染病为例，在国家加强了采、供血管理，规范了检验制度之后，输血引发的传染病感染事件大幅度减少，此时发生概率极低的感染事件，相关各方均无过错时，也只能求助于公平责任。总体而言，由于药品和医疗器械监管严格、标准较高，即便采用不合格标准，也不会过分影响患者利益保护。

（三）医疗过失责任对患者损失的填补

因药品和医疗器械提起的诉讼，法官首先要审查的不是缺陷之有无，而是是否存在医疗过失。以疫苗注射未检测到抗体案为例，患者认定疫苗为假货，法院通过审查接种单位和人员资质、接种记录、告知义务履行情况、疫苗运输与储存记录确认医疗过失是否存在，再通过审查药品合格证确认疫苗是否存在缺陷①，假如存在医疗过失，无论药品有无缺陷，患者都能获得赔偿。实证研究发现，按照医疗过失处理的案例非常普遍。常见过失类型如下：

1. 使用未经批准的医疗产品

医疗机构使用了未经批准的医疗产品，直接推定存在医疗过错，此时举证责任转换，医疗机构又很难证明损害后果非因医疗行为所致，导致承担责任难以避免。例如，患者外伤骨折术后愈合不良，认为骨折断端使用了未经批准的黏合剂是导致愈合不良的原因。法院认可，但只以使用未经批准的医疗器械应征得患者同意为由，判决六千元精神损害抚慰。至于缺陷产品与损害之间的因果关系，法院采用了鉴定意见，认定二者间无因果关系②。再比如，医疗机构使用了未经注册的左心辅助装置，法院以医方未尽审查义务为由判决其承担20%的责任③。

① 北京市朝阳区人民法院民事判决书，（2009）朝民初字第20694号。
② 北京市海淀区人民法院民事判决书，（2002）海民初字第3389号。
③ 北京市石景山区人民法院民事判决书，（2007）石民初字第3908号。

2. 违反诊疗规范及记录义务

在药品或医疗器械引发的诉讼中，法院对医疗机构是否存在违规使用情况审查详细，医疗机构须提供完整的证据链条以证明己方行为符合诊疗规范。例如，在"腰椎管减压、椎弓根钉内固定横突间植骨融合术"术后感染案中，医疗机构需提供的证据材料详细如下：国家药品监督管理局《一次性使用无菌医疗器械监督管理办法（暂行）》第二十一条第二款规定的"医疗机构应当建立无菌器械采购、验收制度，严格执行并做好记录……按照记录应能追查到每批无菌器械的进货来源"；北京市卫生局京卫医字〔2002〕101 号《关于北京市医疗机构护理文件书写的指导意见》规定的"手术记录单：……手术要求的物品有使用前清点和手术后的数量核对；对手术过程中使用的无菌物品的有效期要有记载"；京药监械〔2004〕49 号《关于规范医疗机构医疗器械使用的指导性意见》第六条规定的"对骨科内固定器材、心脏起搏器、血管内导管、支架等植入性或介入性的医疗器械，必须建立并保存详细的使用记录。记录至少应包括：患者姓名、产品名称、产品数量、规格型号、灭菌批号（对无菌医疗器械）等必要的产品跟踪信息，使产品具有可追溯性"，第十一条规定的"医疗器械使用管理部门必须对上述各项记录和原始资料进行文件管理……"①

在患者认为医院接种假疫苗的案例中，医院因存在记录瑕疵而承担责任。如医院记录的疫苗购入时间是 5 月 19 日，疾病控中心记录的提供时间则是 5 月 27 日，此为原告认定疫苗为假的主要理由。对此，医院的解释是，因医院购入时没有付款，疾控中心记录的是医院的实际付款、开票时间。法院审理后认为：由于医院在购入疫苗过程中，对购入时间的记载存在瑕疵，该问题出现后，医院与原告沟通不够，且该问题给原告带来了一定程度的心理恐惧，所以医院应对此予以补偿，补偿款六千元②。

3. 违反明示担保义务

在医疗产品标明了使用年限、效果保证等内容时，未达到者也须承担责任。如某患者安装了心脏起搏器，保质期 9 年，在第 7 年时电池电量耗竭，生产者承担了产品缺陷责任③。

4. 违反告知义务

知情同意条款在成为医疗技术过失责任的"替代品"之后，又成功地出

① 北京市西城区人民法院民事判决书，(2007) 西民初字第 12649 号。
② 北京市第二中级人民法院民事判决书，(2009) 二中民终字第 19712 号；北京市朝阳区人民法院民事判决书，(2009) 朝民初字第 20694 号。
③ 北京市第一中级人民法院民事判决书，(2010) 一中民终字第 7205 号。

现在医疗产品责任中。在审查医疗产品是否存在缺陷之前，法院完全有权先审查医方是否存在未告知的事项，又由于"可能存在风险的检查和治疗——几乎相当于一切检查和治疗"都需告知，理论上，在使用任何医疗产品前都须取得患者知情同意。又由于该要求超出医生的能力和精力，医生不大可能在使用任何医疗产品前都告知风险和替代医疗措施，违法事实自然容易发现，法院自然可根据知情同意条款进行判决。例如，在一起椎体内固定物断裂案件中，法院委托国家骨科器械电疗仪器质量监督检验中心鉴定，其出具检验报告表明化学成分和硬度均为合格。但法院认为，检查、治疗（手术）志愿书存在缺陷，因其内容系在打印内容后用钢笔填写，具有随意性，且前几项画钩，而有断裂内容的未画钩，故在此情况下，法院认定其不能证明尽到告知义务，判决医院赔偿原告第二次手术治疗费三万八千一百九十元二角三分，出院后护理费二千元，误工费一万零八百元，精神损害赔偿金二万元[1]。在另外一例疫苗接种后发生弥漫性脑膜炎的案件中，法院认为，鉴定意见认为患者接种疫苗后出现的功能障碍与接种疫苗有关，只说明医疗行为产生了后果，关于产生后果的原因，现无证据证明疫苗本身有质量问题，但医院接种时未履行告知义务违反了规定程序，应认为有一定过错，应承担相应的法律后果。原审法院从过错程度角度考虑由院方承担50％的责任并无不妥[2]。

(四) 公平责任对患者的补偿

在相关各方均无过错的情况下，受害人也可根据公平原则获得补偿。部分内固定物断裂案采用了这一形式。例如，同样是钢板断裂，原、被告均认可内固定物产品质量符合《中华人民共和国产品质量法》规定，其产品质量不存在任何不足，但被告考虑到钢板断裂事实，同意给予原告适当补偿[3]。

小　结

实践证明，以保护患者利益为宗旨的《侵权责任法》第五十九条并未发挥预期的立法效果。究其原因，首先是医疗产品的范围界定不清，导致沿用

---

[1]　北京市海淀区人民法院民事判决书，（2004）海民初字第5308号。
[2]　北京市第二中级人民法院民事判决书，（2004）二中民终字第00335号。
[3]　北京市西城区人民法院民事判决书，（2010）西民初字第6291号。

自卫生行政管理法的概念外延大，而患者能够感知到缺陷的产品范围小，外加与医疗技术过失的复杂关系，导致第五十九条几乎失去了可操作性。从司法实践需求出发，医疗产品的范围应限定于直接用于人体的药品和进入人体组织器官的医疗器械，至于药品和医疗器械以外的其他物品，与消毒灭菌有关的可适用医疗技术过失规则，无须消毒灭菌的与生活用品无异，无强调其特殊性的必要。其次，在医疗产品侵权责任制度设计中，医疗机构被定性为销售者，患者有权选择其首先承担赔偿责任，医疗机构通过追偿权保护自己的利益。但在司法实践中，原告、法官通常都有意绕过医疗产品侵权制度。事实上，患者乐于优先选择医疗机构为被告，法官倾向于按照医疗过失责任规则救济患者；至于医疗机构的追偿权，法院无法保障，以至于医疗机构要借助其销售渠道垄断地位"要挟"生产商或销售商。当医疗机构无法通过法院行使追偿权时，理论上的不真正连带责任人转变为法律上的最终责任人。最后，《侵权责任法》规定因药品、医疗器械缺陷致人损害的，患者有权获得救济。至于缺陷采用何种标准，理论界几乎一边倒地认为应采用"一般人合理期待——不合理风险"标准。反观实务界，除骨科内固定物、支架、钢针、导管、导线断裂或起搏器障碍等案件外，采用不合理风险标准者寥寥无几。绝大部分案件，要么不审查缺陷之有无，要么进行合格与否之审查，其结果是：绝大多数情况下，不合理风险标准名存实亡。究其原因，无外乎不合理风险难以审查，同时医疗过失又审查容易，法官倾向于将案件引入医疗过失领域；同时，法学界寄予厚望的医疗产品鉴定制度作用有限，要么无法启动鉴定程序，要么不具备鉴定能力，即便鉴定，也只能回答产品合格与否的问题。基于不合理风险审查的现实困难，结合司法实践，医疗产品缺陷应采用不合格标准。不合格标准与鉴定人的鉴定能力相符，标准明确可靠，且由于医疗过失发现容易，实在发现不了医疗过失，也可借助公平责任救济受害人。因此，只要相信法官具有实践理性，采用不合格标准也不太会影响患者权益保护。

第七章　过度医疗责任

　　基本医疗政策必然追求适度医疗、避免过度医疗，但如果规则制定、执行不当，基本医疗服务项目也会"过度"，因此，有必要通过过度医疗责任，控制基本医疗的"度"。关于过度医疗行为的概念界定，美国社会学家定义为：由于医疗机构对人们生命采取了过多的控制和社会变得更多依赖于医疗保健而引起的医疗行为。我国学者有的认为，过度医疗是由于多种原因引起的超出疾病实际需要的诊断和治疗的医疗行为或医疗过程；或者认为，过度医疗是在医疗实践活动中采取超出病人疾病实际需要的诊断和治疗手段的医疗行为[①]；或者认为，过度医疗是违反医疗卫生管理法律、行政规章、部门规章和诊疗护理规范、常规，以获取非法经济利益为目的，故意采用超越个体疾病诊疗需要的手段，给就医人员造成人身伤害或财产损失的行为[②]。本书认为：过度医疗是超越疾病本身实际需要，故意实施不必要的检查和治疗，造成患者损害的医疗侵权行为[③]。

第一节　过度医疗的必然性

　　从广义角度观察，过度医疗行为并非都构成侵权责任，原因在于有些过度医疗行为具有一定的正当性因素。

　　例如，人们常常将我国的过度医疗归罪于"以药养医"的医疗体制，但不存在"以药养医"问题的其他国家也没能有效解决过度医疗问题。在欧美发达国家，据评估也存在30％的过度医疗[④]。也有人将过度医疗归罪于法律，

---

　　① 李本富. 从550万天价住院费透视过度医疗. 家庭医学，2006（1）：4.

　　② 周士逸，曾勇. 过度医疗行为的法律研究. 北川医学院学报，2007（2）；杨丽珍. 论过度医疗侵权责任. 人文杂志，2011（1）：190.

　　③ 杨丽珍. 论过度医疗侵权责任. 人文杂志，2011（1）：192.

　　④ 姚宝莹. 统一的临床诊疗指南缺失过度医疗在所难免. 首都医药，2010（1）：22.

认为：规定医疗损害责任的严苛，促使医生采取防御性医疗，以防止在诉讼中败诉。但在提出防御性医疗概念的美国，以防御性医疗为目的的情形似乎也不是主流，如心脏支架放置的数量，美国患者平均放 2 个，我国患者平均放 3.5 个；美国不必要支架放置的比例是 50%，我国没有明确的统计数字，但普遍认为过度放置非常严重①。在医务人员道德水平低下、"以药养医"的医疗体制、防御性医疗等原因之外，必然还有形成过度医疗的其他原因。这些原因至少有以下五种：

一、患者的主观愿望

社会保障水平高的地区更容易出现过度医疗，且患者的实际支付能力越强，越容易出现过度医疗。以神木县的调查为例：2008 年城乡居民住院率约为 8.0%。全民免费医疗制度实施之初，神木县的住院率就升至 10.3%，之后逐步上升到 2010 年 8 月的 11.0%。其中，公费医疗受益者的住院率最高，为 13.9%；城镇职工医保次之，为 9.2%；新农合再次之，为 6.9%；城镇居民医保和其他社会医疗保险则为 5.1%；没有社会医疗保险者最低，仅为 4.3%。该县医改以后，全民免费医疗受益者的住院率明显超过全国的平均水平，尤其是公务员和国有事业单位职工的住院率大大超过了其他地区同类人群的住院率②。这从一个侧面揭示，保障水平的高低影响着患者实际接受的医疗服务水平。该县的剖宫产率变化也证明了保障水平与过度医疗之间的这种关系。在实施全民免费医疗之前，县人民医院的剖宫产率仅为 13.0%；实施全民免费医疗之后的头三个季度（即 2009 年最后三个季度）的剖宫产率跃升至 41.1%，2010 年上半年的剖宫产率继续攀升到 45.8%③。

如果患者无须支付任何费用，过度医疗更难避免。此种情形在机动车交通事故中表现得最为典型。即便伤情不严重，受害人一般也会要求进行 CT、核磁、造影等一系列检查。对受害人来说，一是为今后可能的诉讼搜集证据，二是进行了免费体检。前者与医生的防御性医疗相似，所不同的只是行为主体；后者往往有受害人让加害人付出代价的意味，主观上常常表现为故意。

从主观意愿来说，绝大多数患者愿意用名牌药、用先进仪器检查。使用

---

① 《新英格兰医学》杂志：美国人被"过度医疗". [2011-05-27]. http://news.sina.com.cn/o/2010-03-22/132719915396.shtml；心脏支架已成为我国过度医疗的"重灾区". [2011-05-27]. http://med.haoyisheng.com/10/0418/310054458.html.

②③ 朱恒鹏，顾昕，余晖. "神木模式"的可持续性发展："全民免费医疗"制度下的医疗费用控制. [2011-05-27]. http://ie.cass.cn/download.asp? id=807&tn=Graduate_Thesis.

名牌药物，质量有保障，疗效好，副作用少；采用先进仪器检查，阳性率高，误诊少。如果有负担能力，特别是在自己无须负担费用时，过度医疗更受患者欢迎，符合多数患者的主观意愿。

二、循证医学的推广

医学从经验科学向循证医学转变，医学的每一个过程都要求有充分的证据加以说明。客观上，医生需要用更多现代化的仪器化验、检查来证明自己的判断[①]。仅凭经验作出的诊断往往不受法律保护，经验已经"沦落"为采取何种诊断、治疗措施的线索了。

三、诊疗规范的推动

法学界一直呼唤医学界能够制定出一整套科学的、具有普遍指导意义的诊疗规范、诊疗指南或者临床路径，以合理压缩医生的诊疗特权，从制度上给过度医疗行为的认定提供科学的参考依据。但实践证明，在已经制定诊疗规范的领域，诊疗规范却常常成为过度医疗的"助推器"。

我国的很多诊疗指南是从欧美发达国家移植过来的。以丙肝为例，按照一般的诊疗常规，确诊须查明是否存在丙肝抗体，治疗用常规干扰素，一支 50 元。如果按照丙肝诊疗指南，还须进一步查明病毒基因分性和 RNA 定量，一般省城的医院才有此条件。治疗药物为长效干扰素，一支 1 300 元。如果按照指南去诊断和治疗丙肝，费用自然大大增加。有人戏称：我国的医事法与欧美接轨了，诊疗水平和欧美接轨了，但经济水平却没接轨[②]，想不"过度"都难。

四、现代医疗管理制度的弊端

现有的医疗体系，无论是西方还是东方，都在制造一种叫作"过度医疗"的"慢性自杀病"。在论量计酬的体系下，医生的收入和病人的开支正相关[③]。这是有意无意地诱导患者过度消费。

另外，医院的管理评价机制促使甚至是迫使医院开展过度医疗。以三甲

---

① 陈文姬. 从急诊内科抢救室患者医疗费用看"过度医疗". 中国伦理学杂志, 2008 (3): 105.
② 姚宝莹. 统一的临床诊疗指南缺失过度医疗在所难免. 首都医药, 2010 (1): 22.
③ 尹钛. 医治 VS 治医: 一个世界性难题. 中国社会导刊, 2004 (11).

医院的评审为例，高端医疗技术的开展例数是刚性指标，能否开展复杂的手术、做了多少例介入治疗都有明确要求①。同时，社会对医院、医生诊疗水平的评价，通常也是以能开展何种高新技术、技术熟练程度为标准。在这样的医院等级评价机制下，医院要发展，就要努力运用高新技术。高新技术的接受者没有那么多，医院就采用放宽手术适应证甚至欺骗患者就范的做法，从而必然造成患者接受过度医疗。

五、医学科学的局限性

20 世纪 70 年代的流行病学家分析大量已报道的资料，发现只有不足 20％ 的临床诊治措施后来被证明是有效的②。换言之，大约 80％ 的治疗行为实际上是无效甚至有害的。从结果角度观察，绝大部分诊疗行为确实超出了患者的实际需求。

在确定过度医疗行为及其责任时，对于上述正当性的原因不得不予以重视，不能将具有一定正当性的过度医疗行为认定为侵权行为。

第二节 认定过度医疗行为的法律障碍

认定过度医疗行为及责任的难点，除了广义的过度医疗行为具有上述一定的正当性之外，还存在一些法律上的障碍。

一、过度医疗与医疗过错价值追求之间的矛盾

19 世纪前，法律人恪守"法不入医界"的传统，理由是医学很神圣，医生的耽搁、错误可以理解，医界专业性太强，外界无法作出正确判断，只能靠医界自律③。在法律介入医界之后，采用医疗过错责任来规范医疗行为。医疗过错认定的主要标准是合理的医生标准，是当时的医疗水平。这些要求都

---

① 张冉燃. 被植入体内的"GDP". 瞭望，2009 (48).

② 李银平. 询证医学：为传统走向现代铺路. ［2011-05-27］. http://www.jkw.cn/health/news/6/2002-10-12-10081.htm.

③ 杨立新. 中国医疗损害责任制度改革. 法学研究，2009 (4)；杨立新. 论医疗损害责任的归责原则与体系. 中国政法大学学报，2009 (2).

是医生行为应达到的最低标准，是医疗行为的"下限"。"下限"之上属于诊疗特权的范围，法律不再干涉。而过度医疗是医务人员超过必要限度，向患者提供了不必要的医疗服务，是为诊疗特权确定的"上限"。

确定医疗过错，以患者的生命健康保护为唯一追求，强调"最善的注意""善良家父标准"，成本问题不在考虑之列。确定过度医疗，则强调将有限的医疗资源用于最需要的地方，追求的目标至少包括两个：患者的生命健康和费用低廉。

费用，一般与生命健康保护水平正相关。考虑了费用，至少意味着极少数病人的生命健康会受到损害。以奥巴马接受前列腺癌筛查为例，当时48岁的奥巴马患此癌的概率非常低，不属于高危人群，筛查行为可以被划入"过度"的范畴①。但如果奥巴马已患此癌，医生没有建议筛查而漏诊，按照美国的先例，法官可能会认为存在医疗过错，进而按照机会丧失理论进行赔偿②。

如果为医疗行为设定"上限"，某些误诊、漏诊、误治行为就没有过错，即基于社会成本的考虑，少数人的生命健康会被牺牲。在法律层面上，当财产权与生命健康权发生冲突时，生命健康权永远处于优先保护地位，医疗过错就会被放大。例如，某患者髋骨粉碎性骨折，医疗方案有三：一是进口全陶瓷人造骨换髋，后遗症小，转动灵活，基本不疼痛，费用大约10万元；二是采用B型罗门钉内固定，术后转动较不灵活，安全性高，费用大约3万元；三是采用C型罗门钉内固定，术后转动较不灵活，易有疼痛感，且有罗门钉断裂的极小机会，可导致残废，费用1.5万元。患者称家庭条件有限，医生推荐了方案三。术后，罗门钉断裂，患者残废。法院认为：医院仅从手术花费方面考虑问题，而未采取针对患者病情的最佳医疗方案，且无证据证明已向患者作出足以令其理解的充分说明，使其作出了错误选择并付出身心痛苦的代价，医院应负主要责任③。

种种情形说明，过度医疗尽管非常普遍，但很多案件难以认定为侵权责

---

① 《新英格兰医学》杂志：美国人被"过度医疗". [2011-05-27]. http://news.sina.com.cn/o/2010-03-22/132719915396.shtml.

② Helling v. Carey案，被告眼科医师为24岁的原告进行眼底检查，没有发现异常。七年后，原告发现青光眼，且病史已经十年。被告抗辩说：青光眼检查一般仅针对40岁以上的人，因为40岁以下的发病率低于二十五万分之一，没有为24岁的原告进行青光眼检查符合惯例。一审法院支持了被告，即采用了合理的医生标准。上诉法院认为，此项检查安全，而且不昂贵，并可以避免青光眼的重大损害后果，医师没有进行检查，有过失。陈聪富. 医疗侵权责任. [2011-05-27]. http://www.civillaw.com.cn/article/default.asp? id=36718.

③ 刘典恩. 适宜技术与诊疗最优化的可行性研究. 医学与哲学，2005 (7)：5-6.

任。如哈尔滨 550 万元天价医疗费案，最终认定的乱收费为 20.7 万元，且均为明显违反管理规定的收费，如重复收费、拆解收费等①，所占比例不大；广东儿童的 217 项检查案，医生几乎能说出所有检查项目的理由，最后也不了了之②。

二、适度医疗追求的价值要素之间难以协调

一般认为，适度医疗应具备下列要素：优质、便捷、可承受安全、高效、便捷、节约等。综合起来，公认的适度医疗的核心要素是有效、安全、便捷、耗费少，或者安全、有效、方便、价廉。其中，有效和安全是最基本的考量，费用低廉必须以安全、有效为前提。且费用低廉，不是价格低，而是相对于患者自身的承受力而言。患者可承受的，就是低廉的③。

总之，安全、有效是医疗行为选择的基本追求，而随着安全性、有效性的提高，费用一般也会相应增加。药品和医疗器械通常都有此特点，质量与价格通常正相关。以抗生素为例，同样用青霉素预防感染，大品牌的效果往往优于小品牌的，进口的往往优于国产的。一般来说，用大品牌、进口的安全性和有效性更高，但费用也相应提高。再如，在白内障手术中，最突出的问题是疗效和费用的矛盾，疗效好的术式和人工晶体价格比较昂贵④。

如果追求康复快、痛苦小，费用低廉也常常要被牺牲。如无痛人流，痛苦小，但费用就不能低；微创手术康复快、痛苦小，但费用成倍提高；剖宫产术唯一的优势是痛苦小，但仍受很多产妇青睐。

如果采用相对安全、有效的标准，可能使得费用比较低廉，但也很难是最低，所谓"便宜无好货"。如果适度医疗坚持以上全部价值追求，各项价值追求之间难以协调，且常常相互矛盾。

三、缺乏"适度"的有效标准

由于诊疗规范常规比较笼统，医生诊疗特权的空间很大，各界呼吁建立

---

① 550 万天价医药费. [2011-05-27]. http://news.sina.com.cn/z/550wtjylf/.
② 广州一儿童误食弯针引发 217 项检查. [2011-05-27]. http://www.jsw.com.cn/site3/jjwb/html/2010-06/18/content_1482132.htm.
③ 杜治政. 过度医疗、适度医疗与诊疗最优化. 医学与哲学，2005（7）：2.
④ 李云琴，唐罗生，贺达仁. 白内障手术中的适宜技术与诊疗最优化. 医学与哲学，2007（5）：41.

一种能够切实压缩医生诊疗特权的制度，临床路径管理应运而生。在解释临床路径管理时，原卫生部部长陈竺说："现在大家觉得医疗活动，主要是诊疗的行为当中，还有很多的随意性，其实结合国际上的先进经验，我们也做了探索，就是规范诊疗活动的临床路径，或者叫规范化的诊疗指南体系的建立。有了这套指南，不仅能避免随意性，提高质量，而且也能够提高效率。现在要把卫生经济学的概念引进去，就是我们的标准化的诊疗方案，它必须既能体现技术含量，又要和现有国力、基本医疗的承受能力、人民群众的承受能力结合在一起。简言之就是要花比较少的钱，做比较好的事"[①]。从以上言论看，临床路径管理追求的目标包括有效、安全、费用低廉，体现了适度医疗的全部要素，适度医疗的具体标准可以是临床路径。

对于临床路径管理能否抑制过度医疗，本书持怀疑态度。理由如下：

（一）实践证明临床路径管理不能有效避免过度医疗

如果说我国过度医疗普遍存在的原因是缺乏医疗行为的规范性标准——临床路径，那么不缺临床路径的西方发达国家为何也没能解决过度医疗问题？高达 30％的过度医疗，高达 20％的非必要冠状动脉造影，高达 50％的非必要支架放置，说明临床路径即使有助于抑制过度医疗，但抑制作用也是有限的，甚至非常有限。

（二）适用临床路径管理的疾病非常有限

2009 年，卫生部组织专家制定出呼吸、消化、皮肤等 22 个专业、112 个病种的临床路径管理规范[②]。按世界卫生组织 1978 年颁布的《疾病分类与手术名称》第九版（ICD-9），有记载的疾病达上万种。可见，能够纳入临床路径管理的病种非常少，只占疾病种类的百分之一[③]，非常有限。

（三）临床路径易被规避

临床路径是对典型单病种诊疗的合理处置方式，但现实中很少有人所患的疾病非常典型且单一。如果一个患者所患疾病为多种，临床路径管理必然失去作用。另外，医生有可能将典型疾病解释为非典型疾病，自然也能绕开

① 陈竺. 新医改后药价会大幅下降. ［2011-05-27］. http://news. cnnb. com. cn/system/2009/03/05/006016075. shtml.

② 百度百科"临床路径"条. 百度网. ［2011-05-27］. http://baike. baidu. com/view/2109245. htm.

③ 百度百科"疾病"条. 百度网. ［2011-05-27］. http://baike. baidu. com/view/50819. htm.

临床路径管理。以糖尿病临床路径管理为例，对于慢性病患者来说，较少有人单一患糖尿病，即使患有单一糖尿病，大多数也会出现并发症，即使没有明确的并发症，只要检查结果提示某一脏器异常，医生就可以按照提示进一步检查，而不再受临床路径的约束。找到这类提示非常容易，看看任何一份体检报告，很少有人全部检查项目都正常，而其中任何一个异常提示都可能成为避开临床路径管理的理由。

(四) 临床路径本身的局限

首先，就临床路径管理的目标来说，避免过度医疗是排在最后的。"保证患者所接受的治疗项目精细化、标准化、程序化，减少治疗过程的随意化；提高医院资源的管理和利用，加强临床治疗的风险控制；缩短住院周期，降低费用"①。

其次，按照临床路径实施医疗行为，医生诊疗特权的空间仍然很大。仍以糖尿病管理为例，根据病情可以实施的检查包括：ICA、IAA、GAD、IA－2 自身抗体测定，血乳酸；24 小时动态血压监测，运动平板试验，心肌核素检查，冠脉 CTA 或冠状动脉造影；震动觉和温度觉测定，10 克尼龙丝压力检查，踝肱比检查；肿瘤指标筛查，感染性疾病筛查。此类可选检查，几乎涵盖了各个系统的疾病，包括心脏病、肿瘤、感染等，范围非常广泛。按照临床路径，糖尿病患者可以选择的用药包括降血糖药物：口服降糖药、胰岛素或胰岛素类似物；针对伴发疾病治疗的药物：降压药，调脂药，抗血小板聚集、改善微循环药物等；对症治疗药物：根据患者情况选择。且不说可选药物本身范围非常宽泛，仅看兜底条款的规定，就能说明可选范围到底有多大。

最后，法律对医生们提出过很多要求，有高标准的要求，如"最善的注意"，也有非常低的要求，如不许收受红包、不许拿回扣。无论哪种要求，似乎都没有真正改变医生们的惯常行为。现在的临床路径管理就能实现这样的要求吗？

第三节 认定过度医疗行为的基本原则

随着社会进步及侵权法的推动，医疗行为超出必要的限度是必然的，因

---

① 百度百科"临床路径管理"条. 百度网. [2011－05－27]. http://baike.baidu.com/view/3284230.htm.

此，在认定过度医疗行为时，必须坚持谦抑原则。

一、谦抑原则的本来含义

谦抑的本义是指缩减或者压缩。刑法上，谦抑原则又称必要性原则，是指用最少量的刑罚取得最大的刑罚效果，是指立法机关只有在该规范确属必不可少——没有可以代替刑罚的其他适当方法存在的条件下，才能将某种违反法秩序的行为设定成犯罪行为[①]。行政法上较少用谦抑这一概念，用来限制行政自由裁量权的主要是比例原则。比例原则的子原则之一是必要性原则，也称最小侵害原则、不可替代原则。必要性原则是指在有多种同样能达成行政目的的手段可供选择时，行政主体应选择采取相对人权益损害最小的手段，即手段的选择以达到目的为限[②]。"杀鸡焉用牛刀"是对这一原则的较好诠释[③]。

谦抑原则和必要性原则都追求用最小的代价达到同样的目的，与适度医疗的价值追求相似，因此，适度医疗的认定可以借鉴上述研究成果，将谦抑原则作为过度医疗认定的基本原则。

二、采用谦抑原则的理由

(一) 过度医疗行为特殊性的要求

过度医疗之所以广泛存在，是有其存在的正当理由的，也许损害了全社会的利益，但可能有助于维护作为个体的患者的生命健康权益。同时，"过度"与"适度"之间，标准极其模糊，难以确定。因此，对过度医疗的认定即诊疗行为合理性的评判不得不非常慎重。另外，过度医疗毕竟是法律介入了诊疗特权的领地，应坚持谦抑原则。

(二) 适度性评价的通常准则

法学界在对行为是否适度的判断上，一直秉持谦抑原则。

---

① 百度百科"谦抑原则"条. 百度网. ［2011－05－27］. http://baike.baidu.com/view/1205136.htm.

② 张树义. 行政法与行政诉讼法学. 北京：高等教育出版社，2007：35.

③ 百度百科"比例原则"条，百度网. ［2011－05－27］. http://baike.baidu.com/view/738098.htm.

1. 滥用行政权的认定标准符合谦抑原则

行政行为的适度性评价即合理性评价是行政法最关注的内容之一，研究成果颇丰。就现有的研究成果观察，可以说谦抑原则贯穿始终。按照行政合理性理论，某一行为是否合理，正面的判断标准主要有适当性原则、必要性原则、比例原则①。日本司法界和学术界对合理性所作的解释是：就是非法律规范的条理和道理，即按社会上一般人的理解，所尊重的合乎事情性质的状态②。其正面判断标准高度抽象，并以理性人为基本标准。但实际上，理性人标准并未真正普遍适用，各国纷纷求助于不合理行为标准的确定。英国法官确立了一些"不合理"的标准："如此荒谬以致任何有一般理智的人不能想象行政机关在正当地行使权力时能有这种标准"；"如此错误以致有理性的人会明智地不赞同那个观点"；"如此无逻辑或所认可的道德标准，令人不能容忍，以致任何认真考虑此问题的正常人都不会同意它"③。从中可以看出，不合理标准非常之高，以至于需要达到社会公认不合理甚至不能容忍的程度。

2. 滥用公司自治权的判断符合谦抑原则

民法领域比较关注公司自治权行使的合理性评价问题。但是，滥用公司自治权的行为被归纳为以下五种类型：垄断行为；侵害股东利益；侵害消费者利益；侵害劳动者利益；违反环境保护之规定④。这些行为直接违反了其他法律的具体规定，已经不再是一般意义上的不合理，而是达到了不合法的程度。

综合来看，适度的负面标准，如果有，也与一般理性人的标准不同，而是行为极其"荒谬、错误、难以令人容忍"，或者干脆就是违法行为。换言之，只有明显超出必要限度的行为，才有可能被认定为权利（权力）滥用，这种态度体现了谦抑原则。

---

① 适当性原则是指行政主体在执行一项法律的时候，只能够使用那些适合于实现该法目的的方法，而且必须根据客观标准，不是按照行政主体的主观判断来决定某种措施的适当性；必要性原则又称为最温和方式的原则，要求行政主体在若干个适合用于实现法律的目的的方法中，只能够选择使用那些对个人和社会造成最小损害的措施；比例原则即禁止越权的原则，该原则要求适当地平衡一种行政措施对个人造成的损害与为社会获得的利益之间的关系，也禁止那些对个人的损害超过了对社会有利的措施。百度百科"合理性原则"条. 百度网. ［2011-05-27］. http://baike.baidu.com/view/9309.htm.

②③ 百度百科"合理性原则"条. 百度网. ［2011-05-27］. http://baike.baidu.com/view/9309.htm.

④ 宿青青. 论公司自治的限度. 北京：中国石油大学，2010：7-10.

（三）司法实践者的理性选择

1989 年通过的《行政诉讼法》第五十四条将"滥用职权"规定为司法审查标准，其后，全国人大法工委组织编写的释义著作中，就将"滥用职权"的适用对象限定于行政权限范围内的具体行政行为。学界通说也认为，"滥用职权"审查标准针对的是行政权限范围内的裁量问题的评价，因而"滥用职权"的含义即为滥用裁量权，通常表现为目的不适当、不正当的考虑、行为反复无常、结果显失公正等[①]。但分析行政诉讼案例可以发现，司法判决中所适用的"滥用职权"标准，大多与学理上界定的滥用行政裁量情形无关[②]。被法官认定为滥用职权的具体行政行为，通常存在着诸如超越职权、事实不清、适法错误、违反法定程序等违法情形。学者们发现的确实滥用自由裁量权的行政诉讼案例，仅仅有一例[③]。这些研究充分说明，尽管滥用行政自由裁量权的行为比较普遍，涉诉也很常见，但是法官群体很少对此进行审查，非常"谦抑"。

《侵权责任法》实施后，舆论界开始关注过度医疗责任，希望出现"违反诊疗规范实施不必要的检查"的判决。这么长时间过去了，至今尚未形成诉讼成例。且已有法官明确表示，过度检查不包括过度医疗；只有违反诊疗规范进行的检查，才可能被认定为过度检查[④]。有理由相信，在对医疗检查合理性进行审查时，法官已会把违法作为前提，已经在贯彻谦抑原则了。

三、谦抑原则的具体表现

（一）只有在其他医疗损害责任无法救济的情况下才能适用过度医疗责任

相比合法性评价而言，合理性评价需要克服的困难更多，如果能够通过其他民事损害赔偿制度弥补受害人的损失，则不应选择过度医疗责任。例如，

---

① 胡康生. 行政诉讼法释义. 北京：北京师范学院出版社，1989：92.

② 章剑生. 现代行政法基本理论. 北京：法律出版社，2008：262；沈岿. 行政诉讼确立"裁量明显不当"标准之议. [2011-05-27]. http://www. civillaw. com. cn/article/default. asp? id=24388.

③ 施立栋. 被滥用的"滥用职权". 政治与法律，2015（1）：94.

④ 陈昶屹，曾祥素. "过度检查"责任确立之后　患者如何判断得失［2011-05-27］. http://finance. sina. com. cn/roll/20100901/07473439014. shtml.

非诊疗需要的医疗行为不适用过度医疗责任①；符合医疗技术过失构成要件的，按照医疗技术过失处理；能够用侵犯知情同意权处理的，优先适用②。换言之，只有在医疗过失责任、伦理损害责任、医疗物品责任无法涵盖的情况下，才应考虑过度医疗责任。

（二）达到非常荒谬或者明显不合理的程度

社会舆论对过度医疗行为口诛笔伐，民愤很大，但某些公众眼中的过度医疗是合理的、必然的，很难追究民事责任，只有达到非常荒谬或者明显不合理的程度的医疗行为才能适用《侵权责任法》第六十三条。

第四节　认定过度医疗行为的具体标准

一、主观故意

部分学者认为，过度医疗是客观的，以理性人为标准，主观上表现为过失③。也有部分学者认为，应以主观故意为必要④。我们赞同采用主观故意标准。

（一）过失标准难以适用的原因

按照客观化的过失判断标准，理性人标准是通常的选择。理性人标准又可分为合理的患者标准和合理的医生标准，前者有扩大责任的弊端，后者有过分限制医方责任的嫌疑。

调查发现，37.7%的患者认为医务人员选择的检查不是出于诊疗需要，32.5%的患者认为所实施的检查是完全没有必要的⑤。换言之，按照合理的患者

---

① 近年来，专业体检机构蓬勃发展，如北京的慈铭健康体检管理集团，已在全国拥有 31 个体检中心，体检人数连续数年国内第一。参见 http://bj. ciming. com/ArticleShow. asp? ArticleID=524，2011年 4 月 11 日访问。

② 医疗美容，基于社会心理需要而要求改变生理特征，花费不菲。如果未合理告知，应以侵犯消费者的知情同意权论处。

③ 李本富. 从 550 万天价住院费透视过度医疗. 家庭医学，2006（1）：4.

④ 周土逵，曾勇. 过度医疗行为的法律研究. 北川医学院学报，2007（2）；杨丽珍. 论过度医疗侵权责任. 人文杂志，2011（1）：190.

⑤ 潘传德. 医疗检查合理性及其相关问题研究. 武汉：华中科技大学，2010：82-83.

标准，大约有一半的医疗行为可以被定性为过度医疗，但实际情况并非如此。如广东儿童的 217 项检查案，几乎整个社会都认为是过度检查，合理的患者都认为超出了诊疗需要，但经医方一解释，似乎 217 项检查全都是必要的了①。可见，合理的患者标准可能使医方责任扩大化。

同一调查还发现，医务人员自我评估认为，考虑诊疗需要的占 97.3%，考虑医疗安全防范的占 91.9%，考虑医院规范管理的占 83.8%，考虑患者要求的占 71.4%，考虑医院分配机制的占 72.4%②。这组数据，一方面说明非诊疗需要的医疗可能非常普遍，另一方面也说明，如果采用合理的医生标准，相当部分的过度医疗行为不会被追究责任，部分患者的权益可能得不到保护。

(二) 主观故意标准的合理性

过度医疗是很难明确界定的，它在很大程度上不是一个纯粹的医学问题，而是一个经济问题，真正构成制约因素的是收费水平以及医保（或个人自费）支付能力和支付范围③。因此，过度与否，应根据行为人的主观心态进行判断。

1. 采用主观故意标准的理由

谦抑原则要求优先适用其他责任制度救济受害人，包括优先适用医疗过错责任，坚持过度医疗的主观方面为故意，体现了过度医疗责任的谦抑精神，并明确区分了医疗过错责任和过度医疗责任。

事实证明，即使以故意为要件，过度医疗的比例仍然非常高，医生们承认的、考虑医院的激励机制的占 72.4%④，因而不会过分影响患者利益的保护。

---

① 一名儿童误食弯针，在医院做了胃镜检查，后该弯针随粪便自行排出体外。在这样一组医疗行为中，检查高达 217 项，医生解释说其实是 73 项，如肝功能方面的检查，就一项，其中有 20 多个小项，所以合计才能达到 217 项。按照一般人的感觉，即使是 73 项，就异物吞入来说也够多了。媒体大肆报道，儿童也查梅毒、艾滋病，太"过度"了。但医院的人解释说，该弯针随时可能划破重要脏器，如果内出血，就可能需要急诊手术，如果急诊手术，就可能需要输血，如果输血，按照临床输血规范的要求，梅毒与艾滋病就是必查项目。说来说去，医院提供的 73 项检查似乎都是必要的。最终的结论是：医院的检查项目不透明，应多进行说明和解释。广州一儿童误食弯针引发 217 项检查. [2011-05-27]. http://www.jsw.com.cn/site3/jjwb/html/2010-06/18/content_1482132.htm.
② 潘传德. 医疗检查合理性及其相关问题研究. 武汉：华中科技大学，2010：56-63.
③ 朱恒鹏，顾昕，余晖. "神木模式"的可持续性发展："全民免费医疗"制度下的医疗费用控制. [2011-05-27]. http://ie.cass.cn/download.asp?id=807&tn=Graduate_Thesis.
④ 同②.

2. 故意的内容

人们普遍认为，过度医疗的主观动机有二：一为获得经济利益；二为规避医疗损害责任——防御性医疗。防御性医疗可进一步区分为积极防御与消极防御。积极防御性医疗指医务人员为患者提供名目繁多的检查和治疗。消极防御性医疗指医务人员拒绝为有较大风险的危重病人提供医疗措施①。有学者认为，过度医疗与防御性医疗的主观恶性明显不同，前者的主观恶性更大。也有学者反对此种观点，认为此种区分可操作性差，应将积极防御医疗纳入过度医疗的范畴，将消极防御性医疗作为医疗过失的一种情形处理②。

医生提供不必要的检查和治疗，获得经济利益、积极防御性医疗是两大主要原因，但不限于此。例如，为跟踪某一治疗慢性病药物的疗效，不顾患者治疗效果良好而说服其更改药物；为防止出现副作用，直接用档次高的药物。此类行为的共性是医方的利益掺杂其中。因此，故意的内容应是为医方的利益，至于为了医方的何种利益，在所不问。

3. 以获取医方利益为主要目的

医方提供的检查和治疗，一般都有多重考虑，如：患者病情需要，诊疗规范，医院的管理制度，患者的主观愿望，自己的利益。为医方自己谋取利益只是因素之一，符合何种条件才应被定性为过度医疗的"故意"？解决方案有三种：第一，只要有为自己的利益的目的，就认定为故意；第二，自己利益是主要目的，认定为故意；第三，唯一目的是自己的利益，才能被认定为故意。具体采用何种解决方案，又是一个"仁者见仁、智者见智"的问题。我们赞同第二种方案。理由是，如果采用医方自己的利益为唯一目的，大处方、小病大治等常见的过度医疗行为会因存在为患者治疗疾病的目的而被排除在外，范围过窄；如果有医方自己的利益就被认定为过度医疗，范围又过宽，如诊疗规范的要求、医院管理制度、患者主观愿望都可能导致检查范围扩大、检查档次提高、治疗手段先进。综合来看，主要为医方自己的利益标准比较可取。

---

① 专家解读《中华人民共和国侵权责任法》第六十三条. [2011-05-27]. http://cache. baidu. com/c? m＝9d78d513d9d431aa4f9c96697b17c012124381132ba1d20209d28449e3732d41501695ac5621077 5d7d27c1616df394b9e862102461453c78f8fc814d2e1d46e6d9f26476d01da1657920eafbc4d768079875a9efe4 5faf1ae6ac7b3828b990c4eca51067883f096590216cb68f01426e3d1d81253004e&-p＝8c57cc15d9c546b30be2 93285b47&- user＝baidu&fm＝sc&query＝％B7％C0％D3％F9％D0％D4％D2％BD％C1％C6＋％BB％ FD％BC％AB&qid＝e446de6c076f86d5&p1＝8.

② 杨丽珍. 论过度医疗侵权责任. 人文杂志，2011 (1)：191.

例如，在遇到头痛的患者时，大部分医生会开出脑 CT 检查，即使凭经验也能判断不是脑肿瘤，但毕竟也有脑肿瘤的可能。再如，脑梗死，在发病 24 小时甚至 3 天内，大多数 CT 扫描都不会有阳性发现，因脑组织的密度还没有足够的改变。但为了保险起见，医生也会要求全部检查①。此时，主要目的都是病情需要，尽管有防御性医疗的因素，但不应被认定为过度医疗。

二、客观标准

(一) 违反临床路径

过度医疗的标准，很难从纯医疗技术的角度——医疗规范加以判断。即便从住院率和住院费用的角度来看，要确认过度医疗的存在也有相当的难度②。按此标准，还会与医疗过错责任标准重合。例如，司法实践中不乏以医生擅自扩大手术适应证为由提起的诉讼，比较有影响的是熊卓为案。熊卓为案的司法鉴定认为，医方的过错主要有两个：一是熊卓为无手术适应证，不应手术；二是对熊卓为的高凝倾向注意不够③。此类案件，公认医方应承担医疗过错责任。"只要医疗机构及其医务人员违反诊疗规范及诊疗常规对患者当前的病情实施超过上述规范及常规之外的检查，均可以认定为过度检查"④，此类行为可以被定性为过度医疗，但这样的定性很难得到一致认可，也不符合过度医疗责任认定的谦抑原则。

临床路径管理追求以较低的代价获得较好的诊疗效果，符合适度医疗的各项要求，假使临床路径明确、完善而全面，则不失为过度医疗认定的绝佳标准。但正如前文所述，临床路径管理难以担此重任，需要其他的客观标准作补充。

(二) 明显超过了必要限度

过度医疗，尽管不是纯粹的医学问题，但毕竟与医学问题密切相关。从行为的角度看，某一医疗行为明显不合理，非常荒谬，可被定性为过度医疗。

---

① 刘晓慧. 过度医疗：患者与家属难辞其咎. 首都医药，2010 (1)：25.

② 朱恒鹏，顾昕，余晖. "神木模式"的可持续性发展："全民免费医疗"制度下的医疗费用控制. [2011-05-27]. http://ie. cass. cn/download. asp? id=807&tn=Graduate_Thesis.

③ 邱伟. 熊卓为案北大医院终审败诉 是否非法行医未定. [2011-05-27]. http://news. 163. com/10/0428/15/65CA0T2000014AEE. html.

④ 法官详解"过度检查"认识误区. [2011-05-27]. http://www. lawtime. cn/info/xiaofeizhe/dongtai/201009134498. html.

如广东儿童的 217 项检查案，检查梅毒、艾滋病是基于输血安全的要求，类风湿的检查就无论如何也是没有理由的，是明显不合理的。就类风湿检查一项来说，明显超出了合理范畴，应定性为过度检查①。

是否超出了合理范畴，还要根据不同地区、不同国家的情况加以区别。某些医疗对某些人是过度的，对另一些人就不算过度②。也就是说，是否明显超出合理的范畴，要根据个案具体分析。

超出必要限度的医疗行为通常表现为以下四种类型：

1. 非医学需要的医疗干预

包括：对于属于正常生理范围的现象，或者虽有异常但通过自身调节很快可以恢复正常的现象进行医疗干预；用吃补药、补品的方式代替医疗保健③。

2. 明显不合理的检查

包括：能用 1～2 项确诊的用了多项检查印证；可以一次得到的诊断采用多次重复检查；滥用高档医疗设备作常规检查；实施毫无必要的检查④。

3. 明显不合理的治疗

包括：能用 1～2 种药的却用多种药，能用国产的却用进口的，能用便宜的却用贵的，能用基本药物治愈的疾病却用高价新特药，口服药能治愈的却用针剂或者输液等；滥用抗生素；扩大手术适应证或手术范围；延长疗程或者缩短观察时间；能门诊治疗的却收入院治疗⑤。

4. 无效治疗

包括对死亡征兆明显或者死亡不可逆转的病人仍进行无效甚至是不惜一切代价的抢救治疗⑥。

三、损害结果

根据过度医疗责任认定的谦抑原则，只有其他民事责任无法覆盖的领域

---

① 广州一儿童误食弯针引发 217 项检查. [2011－05－27]. http://www.jsw.com.cn/site3/jjwb/html/2010-06/18/content_1482132.htm.

② 杜治政. 过度医疗、适度医疗与诊疗最优化. 医学与哲学，2005（7）：1-2.

③④⑤⑥ 李本富. 从 550 万天价住院费透视过度医疗. 家庭医学，2006（1）：4；李传良. 法视野下的过度医疗行为分析. 法律与医学杂志，2006（2）：99；杜治政. 过度医疗、适度医疗与诊疗最优化. 医学与哲学，2005（7）：2；刘以宾. 分析：医生过度治疗已成全社会风气. [2011－05－27]. http://news.sina.com.cn/c/2005-12-09/04587660424s.shtml.

才适用过度医疗责任，因此，过度医疗责任的损害结果仅限于患者财产权益受损，某些情况下，还包括精神损害。

（一）财产权益受损

因接受了不必要的检查和治疗，医疗费用超出了合理范畴，造成患者财产权益受损，包括诊疗费用和为接受该诊疗而负担的交通费、误工费等其他必要费用。

（二）精神损害

财产权益受损是过度医疗通常的损害后果，但不限于此，有时还包括肉体和精神上的痛苦。例如，实施不必要的有创检查，尽管没有影响到患者身体机能的正常运转，没有侵害患者的健康权，但无疑造成了患者肉体上的痛苦和精神伤害。

四、患者非自愿

如果医务人员在诊疗过程中，向患者明确说明扩大检查或者治疗范围，并说明了采取该检查、治疗的必要性及费用，并经患者书面同意，那么医方已尽告知义务，患者要对自己的选择负责，其后不能就医生扩大检查或者治疗部分主张过度医疗责任。但如果医生扩大检查或治疗范围的必要性不存在，且未告知或者告知具有欺骗性，则医疗机构应承担过度医疗责任[1]。

小　结

如果医疗资源是无限的，讨论过度医疗责任就是没有必要的。问题是，在医疗资源有限的情况下，你该给什么人投入？投入多少？如何将有限的医疗资源"花在刀刃上"[2]？过度医疗问题的解决，可能从整体的角度考虑更合适。陈竺部长指出，应采用按单病种付费的模式减少小病大治，采用大型医

---

① 陈昶屹，曾祥素．"过度检查"责任确立之后　患者如何判断得失．[2011-05-27]．http://finance. sina. com. cn/roll/20100901/07473439014. shtml.

② 《新英格兰医学》杂志：美国人被"过度医疗"．[2011-05-27]．http://news. sina. com. cn/o/2010-03-22/132719915396. shtml.

疗器械检查阳性率评估的方式确保检查的合理①。只有此类内部约束制度发挥效力,过度医疗问题才有可能真正解决。对过度医疗行为进行私法上的救济,尽管有着重要意义,但其作用可能是比较有限的。又由于过度医疗行为具有一定的正当性,且与适度医疗之间的界限非常模糊,民事责任的认定应坚持谦抑原则。谦抑应体现在两个方面:一是能用其他医疗损害责任制度救济的,优先适用其他民事责任;二是只有明显不合理的过度医疗才需承担民事责任。过度医疗的责任构成:主观上以故意为必要;客观上表现为医疗行为违反临床路径管理或者明显超出合理范畴;造成患者财产权益受损,某些情况下还包括精神痛苦;患者接受该医疗行为并非出于自愿。

---

① 陈竺怒批部分医院大病治疗天价收费 建议按病种收费. [2011-05-27] http://news. xinhua-net. com/politics/2009-11/07/content_12402884. htm. 卫生部长怒批部分医院大病治疗天价收费. http://money. 163. com/09/1107/08/5NGK4NED00252G50. html.

第八章　免责事由

免责事由也称抗辩事由，是指被告针对原告的诉讼请求提出的证明原告的诉讼请求不成立或不完全成立的事实。在侵权法中，抗辩事由是针对承担民事责任的请求而提出来的，所以，又称为免责事由或减轻责任事由①。免责事由也有广义和狭义之分。狭义的免责事由是指在侵权责任构成要件基本齐备时，因存在特定情形进而免除加害人责任的情形。广义的免责事由还包括责任构成要件不齐备的各种情况。我国规定免责事由最基本的法律是《民法通则》，一般侵权行为的免责事由包括"不可抗力、正当防卫、紧急避险、受害人故意、受害人过错、第三人过错"，《民法总则》规定的免责事由包括"不可抗力、正当防卫、紧急避险、无因管理、善意救助"②。《侵权责任法》规定的一般免责事由有"受害人过错、受害人故意、第三人行为、不可抗力、正当防卫、紧急避险"。基于《侵权责任法》第六十条规定了医疗机构不承担责任的三种情形，在具体诉讼中，医疗机构常同时援引《侵权责任法》第六十条以及其他免责事由③，因此，司法实践常用的免责事由分三类：第一类，受害人过错，法律依据是《侵权责任法》第二十六条"被侵权人对损害的发生也有过错的，可以减轻侵权人的责任"，第二十七条"损害是因受害人故意造成的，行为人不承担责任"，第六十条第一项"患者或者其近亲属不配合医

---

① 百度百科"抗辩事由"条．[2011-10-10]．http://baike.baidu.com/view/1583952.htm.

② 《民法总则》第一百八十条：因不可抗力不能履行民事义务的，不承担民事责任。法律另有规定的，依照其规定。不可抗力是指不能预见、不能避免且不能克服的客观情况。第一百八十一条：因正当防卫造成损害的，不承担民事责任。正当防卫超过必要的限度，造成不应有的损害的，正当防卫人应当承担适当的民事责任。第一百八十二条：因紧急避险造成损害的，由引起险情发生的人承担民事责任。危险由自然原因引起的，紧急避险人不承担民事责任，可以给予适当补偿。紧急避险采取措施不当或者超过必要的限度，造成不应有的损害的，紧急避险人应当承担适当的民事责任。第一百八十三条：因保护他人民事权益使自己受到损害的，由侵权人承担民事责任，受益人可以给予适当补偿。没有侵权人、侵权人逃逸或者无力承担民事责任，受害人请求补偿的，受益人应当给予适当补偿。第一百八十四条：因自愿实施紧急救助行为造成受助人损害的，救助人不承担民事责任。

③ 王耀辉，叶平胜，朱琳鸿，等．医疗纠纷抗辩事由类型分析及医院管理对策．中国农村卫生事业管理，2012 (9)：921-923.

疗机构进行符合诊疗规范的诊疗";第二类,不可抗力,法律依据是《侵权责任法》第二十九条"因不可抗力造成他人损害的,不承担责任",第六十条第三款"限于当时的医疗水平难以诊疗";第三类属于广义免责事由的范畴,通过责任构成要件不齐备进行抗辩,法律依据是《侵权责任法》第六十条第二款"医务人员在抢救生命垂危的患者等紧急情况下已经尽到合理诊疗义务"。

关于免责事由的分类,学者们分歧很大。有主张"正当防卫、紧急避难、自助行为、无因管理、权利行使、被害者的允诺"六类型的,也有坚持"权利之行使、被害人之允诺、无因管理、自卫行为"四分法的,还有认为应分为"正当行为、紧急避难、自助行为、无因管理、权利行使、被害人允诺、正当业务"七种类型的①。杨立新教授主张以正当理由和外来因素为标准,将免责事由分为一般免责事由和特别免责事由。一般免责事由指正当防卫、紧急避险、职务行为、自助行为、自甘冒险;特别免责事由指意外事件、不可抗力、受害人过错和第三人过错②。张新宝教授将抗辩事由分为正当理由抗辩和外来原因抗辩,并将外来原因抗辩等同于因果关系抗辩,并将外来原因抗辩进一步区分为不可抗力和意外事件③。鉴于学界对免责事由分类问题的争议较大,且医疗损害实际案例适用的免责事由相对有限,本书不追求逻辑的统一,而是根据司法实践案例,从主体——受害人、加害人、第三人的角度分别讨论医疗损害责任的免责事由,基于受害人方面主客观因素的免责事由包括受害人同意、受害人过错、特殊体质,基于加害人方面主客观因素的免责事由包括不可抗力、紧急避险、善意救助。

第一节　基于受害人因素的免责事由

一、受害人同意

受害人同意,是指受害人事先明确表示自愿承担某种损害结果,加害人在其所表示的自愿承担的损害结果的范围内对其实施侵害,减轻或者免除民

---

① 郭佳宁. 侵权责任免责事由类型体系的建构. 行政与法,2010 (4):111.

② 杨立新. 侵权责任法. 北京:法律出版社,2010:177.

③ 张新宝. 侵权责任法原理. 北京:中国人民大学出版社,2006:122-127.

事责任。受害人同意制度历史悠久，可追溯到古罗马时期的法谚"经同意的行为不违法"。目前，受害人同意免责的以德国、英美法国家为代表，以法国为代表的国家类推适用过失相抵制度，减轻加害人责任。德国民法规定，受害人的同意不管是以明示的方式还是以默示的方式表示出来，只要不违反法律和违背社会公德，都可以作为一种正当理由而使加害人免除民事责任。瑞士、奥地利等国家也采用受害人同意免责的立法例。而法国、比利时等国采用了受害人同意减责的立法例，认为受害人同意是受害人过错，并不免除加害人的注意义务，因为任何一个合理的人都不会实施不法行为，即使这些行为是得到受害人同意的。在这种情况下，受害人的同意视为受害人与加害人具有共同过错，因此可以减轻乃至免除加害人的赔偿责任[1]。在英美法系国家中，"一人不得就其同意之事项起诉是基本原则"[2]，在故意侵权时被称为"受害人同意"——狭义的受害人同意，在过失侵权行为时也被称为"自负风险""自甘冒险""风险自担"[3]。

医疗服务过程中，可被定性为"受害人同意"的行为大量存在，从遵从医生要求配合检查、治疗，到术前签订书面文件表明同意手术，前者属于狭义的受害人同意，后者可被定性为自甘冒险。比较法研究表明，自甘冒险探讨过失相抵、加害人未尽注意义务等范畴的问题，早期承认其独立性的国家转而否认其独立性[4]，自甘冒险的独立性受到质疑。但是，患者同意是否产生免除医生责任的法律效果，是我国医学界最为关注的问题之一，因此，本书特别讨论自甘冒险的法律效果。

就我国医疗损害案件裁判情况观察，患者同意仅产生免除医疗机构对诊疗措施应有损害、固有风险和意外的责任。在医方无过失的情况下，患者同意可被定性为自甘冒险，损害由患者承担，医方免责。但这一规则屡屡受到挑战。在一些案例中，法院以患方不知情，其同意为无效的意思表示为由，判决医方承担手术同意书已列明风险的赔偿责任。为了防止发生签署知情同意书不被定性为自甘冒险的情况，医学界已经创设了术前谈话全程录音录像制度、律师见证签字制度、手术知情同意书公证制度等，以求最大可能地将患者同意界定为有效的同意，并援引自甘冒险制度免责。

在某些特定的诊疗活动中，自甘冒险也不能产生免责的法律效果。有些国家将仅仅基于心理动机的手术视为侵权行为，如法国，在缺乏医学上的必

---

① 张新宝. 中国侵权行为法. 北京：中国社会科学出版社，1995：403.

② 耿云卿. 侵权行为之研究. 台北：台湾商务印书馆，1985：20.

③ 吴兆祥，高蔚卿. 论受害人同意. 山东师范大学学报（社会科学版），2000（3）：89.

④ 廖焕国，黄芬. 质疑自甘冒险的独立性. 华中科技大学学报（社会科学版），2010（5）：45.

要性的情况下，即使是在患者的知情同意之下实施了男性生殖器切除术，也构成侵权行为。西班牙的法院甚至将医疗美容行为作为结果责任处理①。

二、受害人过错

受害人过错，是指受害人对损害的发生也有过失的，减轻加害人的责任，也称与有过失、过失相抵、比较过失、共同过失、混合过错等。该制度发轫于古罗马法，德国民法将其发扬光大。但德国民法只是作出了原则性规定，最终决定权交由法官自由裁量②。

(一) 受害人过错的性质

关于受害人过错的性质，法学界也素有客观说和主观说的争论。客观说认为，受害人过错指受害人行为，将受害人过错定义为受害人过错行为引发或者加重了损害结果③。主观说坚持过错的主观性，认为受害人过错是指受害人对损害之发生或扩大具有故意或过失的主观心理状态④。因受害人过错可产生完全中断或部分中断因果关系的法律效果，在受害人过错认定的具体依据上，客观说和主观说观点一致。坚持客观说的学者，主张从过错行为的角度考虑责任的减免，主要依据是原因力对比。张新宝教授支持主观说，认为"过失相抵虽然与双方当事人的主观状态有联系，但主要是从因果关系的角度来考虑后果分担的，主要是通过原因力比较完成的"⑤。换言之，双方都主张从原因力比较的角度确认责任的减免。

(二) 责任减免规则

因《侵权责任法》第二十六条规定"被侵权人对损害的发生也有过错的，可以减轻侵权人的责任"，多数学者主张综合比较说，既比较原因力也比较过失，但在何种比较优先的问题上，分歧也很大⑥。

主张过失比较优先的学者认为，应按照下列规则进行过失比较：（1）受

---

① 克雷斯蒂安·冯·巴尔. 欧洲比较侵权行为法：下卷. 焦美华，译. 北京：法律出版社，2004：370.

② 程啸. 过失相抵与无过错责任. 法律科学，2014 (1)：137.

③ 杨立新. 侵权行为法. 上海：复旦大学出版社，2005：129.

④ 张新宝. 侵权责任构成要件研究. 北京：法律出版社，2007：495.

⑤ 同④507.

⑥ 杨立新，梁清. 客观与主观的变奏：原因力与过错：原因力主观化与过错客观化的演变及采纳综合比较说的必然性. 河南财经政法大学学报，2009，24 (2)：8–21.

害人存在重大过失而加害人无过失，受害人过错是损害发生的唯一原因①；（2）受害人存在重大过失而加害人存在轻微过失，一般认为产生因果关系中断的效果，加害人不承担责任②；（3）其余情况按照过失相抵减轻加害人责任。原因力比较优先的通常规则是：（1）加害人行为发挥主要作用的，减轻或不减轻其责任；（2）受害人行为是主要原因的，减轻或免除加害人责任；（3）加害人故意或者存在重大过失，不得免除加害人责任；（4）受害人故意或存在重大过失，则应免除加害人责任③。

本书赞同原因力比较优先的观点，主要理由是：过错是通过行为评估出的当事人的心理状态，原因力是基于经验做出的某一行为对损害发挥的作用，比较而言，原因力需要考察的因素相对较少，因而相对客观；原因力考察从来就不是纯粹事实的考察，过错程度必然对原因力的判断产生影响；医疗损害专家鉴定时，责任份额划分标准是原因力，无论是因果关系参与度、寄与度、损害参与度等理论，还是医疗事故完全责任、主要责任、次要责任、轻微责任的确认，主要依据都是原因力；按照事实因果关系、法律因果关系的划分，事实因果关系阶段通常解决事实原因判断问题，事实原因判断的主要依据必然是事实原因对损害结果作用的有无、大小，原因力比较更适合目前的理论框架；无过错责任的广泛适用，导致无法比较过错的情形比较常见。

(三) 司法实践现状

根据受害人过错责任减免规则，在受害人存在重大过失、加害人无过失的情况下，应免除加害人责任。但就国内外医疗损害案例观察，该规则并未被严格遵守。以被害人因被告行为导致的损害而自杀为例，按照传统理论，自杀是有意识的行为，受害人的自杀行为应中断因果关系，加害人无须承担责任。英国一名受害人，因被告的过错行为导致工伤，此后精神极度焦虑，最后自杀身亡。法院认定自杀是工伤的直接结果，被害人过错并未中断因果链条，从而裁判被告承担责任。近年来，英美法普遍认为，假使被告的行为引发了被害人精神病发作，并导致被害人自身无法控制的自杀冲动，加害行为与自杀死亡之间具有因果关系④。但是，英美法也强调，无论被害人所遭受的精神痛苦如何严重，即使达到痛不欲生的程度，只要自杀冲动尚处于被害人可以控制的范围之内，则自杀行为也中断被告行为与死亡之间的因果联系，

---

① 高绍安. 中国最新医疗纠纷典型案例评析. 北京：中国法制出版社，2001：60-61.
② 杨立新. 侵权行为法. 上海：复旦大学出版社，2005：130.
③ 张新宝. 侵权责任构成要件研究. 北京：法律出版社，2007：507.
④ 同③369-370.

加害人无须负责①。与英美法观念不同的是，在我国大陆地区，此类案件多认定加害人的行为与损害之间存在部分因果关系，由加害人承担部分责任。仍以患者自杀为例，因自杀地点在医院，或者住院期间外出时自杀，法院通常认定患者自身原因和医院存在管理疏漏或者沟通不细致等共同造成损害结果，判决医方承担部分责任。当造成损害的原因是受害人不遵医嘱或拒绝医方建议时，通常的裁判结果是减轻甚至免除加害人责任。例如，受害人因交通事故引发脑出血，但其坚决反对住院，并表示后果自负。后来，受害人死于脑出血，其近亲属起诉。法院在审理时未明确讨论拒绝治疗与损害后果之间的因果关系，只认可了原告请求的部分赔偿金额，减轻了加害人责任②。被害人接受美容手术，术前医生明确要求禁食、禁饮水，受害人并未遵照执行。手术前，医生再次向其求证，受害人明确表示已遵医嘱。术后，受害人因食物返流造成窒息死亡。法院审理后认为，此案受害人存在重大过失，而医方没有过失，但裁判结果仍是医方承担部分赔偿责任③。患者于医院急诊科就诊，值班医师对其进行检查之后建议住院观察，但患者亲属决定将患者带到另外一家医院诊治，并将医生尚未写完的病历带走。患者因转院耽误治疗时机而死亡。法官审理后认为，医生的诊疗行为没有过错，其行为与患者之死亡无因果关系，免除医方责任④。

三、特殊体质

侵权行为和受害人特殊体质共同导致损害时，加害人应否减免责任？对此，传统法学坚持所谓的"蛋壳头盖骨"规则，即加害人不得援引受害人体质特殊而减轻责任，"个人不因自己的天生体质而受不公平对待，不能让患有眼疾、精神衰弱或者其他疾病的人因担心与他人发生要自己承担责任的事件而处处限制自己的行动自由"，英美法将这一规则扩展至受害人精神异常，"被告行为如果导致被害人发生精神病，引发无法控制之自杀冲动时，被告与被害人自杀之间具有因果关系"⑤。

① 余岑遥. 美国侵权法中的因果关系理论. 杭州：浙江工商大学，2009：26-28.
② 张小义. 侵权责任理论中的因果关系研究：以法律政策为视角. 北京：中国人民大学，2006：48.
③ 深圳美容死亡案爆出五大焦点. [2011-11-11]. http://news. sina. com. cn/society/1999-8-26/9257. html；医疗责任事故离犯罪有多远. [2011-11-11]. http://web. haoyisheng. com/html/kspx/yiyufa/qczj/nk_04. htm；美容事故 精神赔偿. [2011-11-11]. http://www. zg-wsfz. org. cn/anli/2009/0811/article_672. html.
④ 高绍安. 中国最新医疗纠纷典型案例评析. 北京：中国法制出版社，2001：60-61.
⑤ 张新宝. 侵权责任构成要件研究. 北京：法律出版社，2007：369-370.

近年来，"蛋壳头盖骨"规则不断受到挑战，国内外的法院都曾以不同理由和方式对其予以限制①。荷兰、英格兰等的法院对不适用该规则的情形进行了严格限制，"大概只有加害人明知受害人的敏感性而利用这一点时，因果关系的认定才是毫无疑问的。例如，对于一个心脏脆弱的人来说，故意向他转告一些令其不安的错误信息就足以将其致死"，"当加害人以未能预见进行抗辩时，出于法律政策的考虑，此抗辩理由不应被认可"②。更多的国家和地区将特殊体质作为减免加害人责任的事由。瑞士法院认为，被害人之特殊体质，为损害发生之与有原因，依据与有过失之规定减轻加害人之赔偿责任③。日本法院与瑞士法院的观点相同，在"外伤性头颈部症候群"一案中，由于受害人心理上的自我消极暗示和强烈的神经症倾向，致使仅需 50 天的疗程持续十余年。日本最高裁判所认为，由侵权人作出全部赔偿有违损害公平分担之理念，并类推适用其《民法》第 722 条关于过失相抵的规定，仅使侵权人承担40％的责任④。

当限制"蛋壳头盖骨"规则适用时，法学界通常以侵权行为"增加或提高了损害发生的可能性"为由，论证由加害人、受害人分担损失的正当性⑤。但是，这一理由并未被普遍接受，减轻到何种程度也各不相同。德国的一个判决充分展示了法学界在这一问题上存在的巨大分歧。因原告体质特殊，以至于事故引起疾病暴发的可能性和速度都大为提高，并最终导致原告丧失劳动能力。专家意见认为，损害可归因于其特殊体质的占 75％，可归因于事故的占 25％。初审法院坚持传统观点认为，如果一个事故伤害了一个本已脆弱的人，且使其丧失了劳动能力，法律将劳动能力丧失的全部后果作为事故的结果看待，特殊体质不能成为减轻被告责任的理由。上诉法院认为，如果加害人承担全部责任，无异于说加害人对受害人本身的脆弱状况负责，这在因果关系上是很难证明的，因而需要适当减轻加害人的责任，并据此判决被告赔偿原告身体伤害和误工费用的 50％，后续赔偿金支持了 25％。最高法院又改变了上诉法院的判决，认为即使受害人体质特殊，疾病也应该完全被认定为事故的结果，加害人也不能以即使没有加害行为损害结果也照样会基于其他原因发生而免责。但原告毕竟体质特殊，即使没有事故，疾病迟早也会发

---

① 孙鹏. 受害人特殊体质对侵权责任之影响. 法学，2012 (12)：93.

② 克雷斯蒂安·冯·巴尔. 欧洲比较侵权行为法：下卷. 焦美华，译. 北京：法律出版社，2004：547.

③ 陈聪富. 因果关系与损害赔偿. 北京：北京大学出版社，2006：57.

④ 同①95.

⑤ 同①96.

生，被告应赔偿原告身体伤害和误工方面的全部损失，但是后续赔偿金仍然只支持 25%[①]。

第二节　基于加害人因素的免责事由

不可抗力指不能预见、不能避免的客观现象。在医疗损害中，既存在不能预见但结果可以避免的情况，也有能够预见但结果不能避免的情形。因此，本书分别讨论不可预见和不可避免两种情形下的减免责任问题。

一、损害结果不可预见

理论上，因"可预见性"同时作为过错和因果关系的判断标准，损害结果不可预见的抗辩同时也具有破坏过错和因果关系要件的可能，但在具体案件中，不可预见更多地用来否定过错要件。荷兰一名患者卵巢切除后不久，因性生活导致损害，但这种损害极其罕见。法院的态度是，医生应预见到这种损害，并告知原告不得过早开始性生活，因医生的未告知行为存在过失，与原告的损害结果之间存在因果关系，应承担责任。在另外一个案例中，女孩抽血后从椅子上站起来，突然晕厥，法院认为此事不具有可预见性，属意外事件，与损害结果之间没有因果关系[②]。

严格来说，医疗损害几乎没有什么是不能预见的，如抽血后晕针昏厥、皮试本身引起的严重过敏反应、漏诊、误诊、误治。医务人员都知道此类损害会发生，但不能预见到会发生在哪位患者身上。有些法官将此种情形定性为损害结果不可预见，即意外事件；但在意外事件的认定标准上，尚缺乏相对明确、统一的规则，以至于同类案件，有的被定性为意外事件免责，有的未被定性为意外事件而由加害人承担了全部或部分责任。

二、损害结果不可避免

作为免责事由，不可预见主要从注意义务的角度否认医疗过错而免责，

---

① 韩强. 法律因果关系理论研究. 北京：北京大学出版社，2008：106-108.
② 克雷斯蒂安·冯·巴尔. 欧洲比较侵权行为法：下卷. 焦美华，译. 北京：法律出版社，2004：369.

而损害结果不可避免地侧重于否定因果联系。在疾病本身是损害的事实原因，而医疗过错行为不是的情况下，无论按照传统的必然因果关系理论还是按照相当因果关系理论，过错行为都不是造成损害的法律原因，加害人应予免责。英国、德国的案例支持这一传统观点的居多。英国一名医生没有做皮试就直接给受害人注射了破伤风疫苗，受害人出现过敏反应，造成损害。法官认为，证据显示，根据受害人当时的情形必须立即注射，即使医生做了皮试也不可能等结果出来，受害人的过敏反应无论如何都会发生，因此，医生的过失与受害人的损害之间没有因果关系①。一名守夜人在饮茶之后出现恶心、呕吐等症状，并赴被告医院急诊室求医，但医生未加诊治。守夜人稍后死于砷中毒。专家证词表明，即便医生善加诊治，也无力回天，法院据此否认医生的过错行为与损害之间存在因果关系，驳回了原告的诉讼请求②。1994年，德国上诉法院的一个判决指出，即使医生极为谨慎，也无法避免手术用具断裂的碎片留在手术处的可能，医生无须对此损害负责③。在武某、余某诉溧水县人民医院青霉素皮试过敏致患者死亡医疗损害赔偿案中，武某因耳痛于溧水县人民医院耳鼻喉科就诊，诊断为耳前瘘管伴感染。医生给开出青霉素、灭滴灵用于治疗。武某遵医嘱于门诊做皮试，护士常规操作，嘱其于20分钟后看结果。皮试后不久，患者出现过敏反应，呼吸心跳停止，经抢救无效于次日死亡。法院以医护人员履行了注意义务、损害结果不可避免为由，驳回了原告的诉讼请求④。

与一般的医疗过失行为相比，当损害结果表现为误诊、漏诊时，法官更倾向于以损害结果不可避免为由否认因果联系，进而免除过失行为人的责任。例如，一名患者常规体检未发现异常，三个月后因肉眼血尿就诊，诊断为肾癌，手术切除，术中未发现转移。后患者以体检漏诊为由起诉体检机构。法院审理后认为，体检时可能存在肾癌，但是，可能是病灶较小，也可能是体检方没有尽到注意义务，导致未能及时发现。肾癌的治疗方法为切除，且术中未发现转移，体检方虽有潜在过错，但与不良后果之间没有因果关系，驳回原告的诉讼请求⑤。

近年来，发生不可避免的损害结果时，加害人免责的观点受到了极大挑战，但理论依据各不相同。某些法官采用竞合的因果关系理论，即如果两个

---

① 胡雪梅. 英国侵权法. 北京：中国政法大学出版社，2008：151.

②③ 克雷斯蒂安·冯·巴尔. 欧洲比较侵权行为法：下卷. 焦美华，译. 北京：法律出版社，2004：532.

④ 高绍安. 中国最新医疗纠纷典型案例评析. 北京：中国法制出版社，2001：211-212.

⑤ 闵银龙. 医疗纠纷司法鉴定理论与疑难案评析. 北京：北京大学出版社，2010：39.

侵权行为各自独立造成损害，均为损害的充分原因，尽管缺乏因果关系必然性，法律仍选择将每一个独立行为视为损害的原因。例如，英国一个患儿出现呼吸困难，医生未加诊治，孩子因此受到损害。被告医生从因果关系的角度进行了抗辩，声称即便及时诊治，损害仍然不可避免。布朗-威尔金森勋爵在其判词中论述道："在本案中，就因果关系来说，本该发生了什么这一问题的答案并不具有决定性，被告不能主张说，损害无论如何也会发生，因为要不然他也会实施某些其他义务违反行为，若是能够因此免责，岂不荒唐"①。还有一些法官支持机会丧失理论。机会丧失理论指，如果被告的侵权行为破坏或减少了原告获得更有利结果的机会，那么原告可以就丧失的机会请求被告予以赔偿②，在医疗侵权领域也称为生存或治愈机会丧失。当最终的损害结果不可避免时，有过错的加害人就丧失的机会本身承担损害赔偿责任。美国一名被害人咳嗽、胸部疼痛就医，被告医生拍摄 X 光片后未发现异常，仅开了止咳药物。一年后被害人检查出罹患肺癌，经专家分析，若一年前诊断出患有肺癌并予以治疗，被害人有 39% 的概率存活 5 年，但现在其存活 5 年的机会仅为 25%。最后，被害人死于肺癌。法院认为，医生的过失行为属于死亡发生的实质因素，应对于被害人的提前死亡承担全部的赔偿责任③。我国的此类案件则更进一步，在医生存在过失，但与死亡之间是否具有因果关系不确定的情况下，法院通常依据医疗行为存在过失，判决医生承担全部或者部分责任。例如，患儿被狗咬伤，接种了狂犬病疫苗，但患者仍死于狂犬病发作。狂犬病发作的可能原因有二：一是患儿病情严重，无存活之可能；二是如为规范接种，患儿具有生存之可能。实际上，法院并未查明患儿死亡与医疗过失之间是否存在因果关系，但以接种程序和疫苗进货渠道不规范为由，判决医方承担了全部赔偿责任④。在非法行医者造成患者损害、医生脱岗未加诊治情况下患者受到损害等情形中，医方的重大过错行为并非损害的事实原因，法院仍将其认定为损害结果的法律原因，由医方承担赔偿责任。

三、紧急避险

　　紧急避险是指危险发生时，为了保护更大的利益而侵害相对较小的利益，

　　① 马克·施陶赫. 英国与德国的医疗过失法比较研究. 唐超，译. 北京：法律出版社，2012：54—55.

　　② 赵明非. 机会丧失损害赔偿制度的困境与出路. 许昌学院学报，2004（4）：132.

　　③ 解娜娜. 医疗损害案件中的机会丧失理论. 法学杂志，2010（4）：118.

　　④ 同②131.

由此造成损害的，紧急避险人不承担民事赔偿责任。在医疗诉讼中，患方诉医方违反卫生法律法规侵害其合法权益时，医生通常会引用紧急避险制度进行抗辩。如医学院学生在旅客列车上义务为产妇接生，但因技术过失造成人身伤害[①]；又如，患者窒息，情况危急，医生未进行常规消毒即实施了气管切开，后患者因切口感染气管挛缩[②]。在"准丈夫拒绝签字手术致孕妻死亡"案发生后，许多学者指出，医方因违反手术签字制度而直接进行手术，根据紧急避险制度，医方无须承担责任。2017年引发热议的"医生急救剪开患者衣服 家属报警要求赔钱"案以医务人员赔偿了衣服钱告终[③]。医方的最佳抗辩理由只能是紧急避险。

根据传统理论，紧急避险人因一般过失造成的损害免责。但本书认为，根据《民法总则》善意救助人免责的立法精神，在紧急避险的情况下，医方非因故意造成的损害，不承担责任。理由是，过失是否重大很难判断，如在"患者突然窒息 医生未消毒即行气管切开术"案中，医生在挽救了患者一命的同时，严重违反消毒管理制度，且遗留了气管挛缩的严重后遗症。因医疗行为的高风险性，紧急避险行为往往造成无法弥补的重大损害后果。法官群体有保护弱者——患者的意愿，外加损害后果极其严重，医生违反消毒管理制度的行为很容易被定性为重大过失，从而违背了紧急避险制度的立法初衷。

四、善意救助

医疗机构提供的诊疗服务，即便不属于约定的诊疗义务，也属于法定强制缔约义务的范畴，似乎没有无因管理存在的空间。例如，北京一家民营医院无照引产，导致被引产者生命垂危，送协和医院抢救。在没有家人签字同意的情况下，医生实施了急诊手术，此时，医生提供诊疗服务是基于法定义务，不属于无因管理。再比如，医疗机构对"三无人员"开展救治，因国家对流浪乞讨人员有救助政策，医疗机构的救治义务是法定的，因此，对此类人员的救助也不属于无因管理的范畴。

在医疗机构外的场所，医师发现他人患病提供救助，才可能构成无因管

---

①　刘建平，曹卢杰. 孕妇列车上临产 女学生边打电话咨询边帮助接生. ［2011-12-20］. http：//news. sina. com. cn/s/2007-02-20/073111270013s. shtml.

②　刘振华. 医疗纠纷预防处理学. 北京：人民法院出版社，2005：37.

③　王丽乐. 医生急救剪开患者衣服 家属报警要求赔钱. ［2017-12-17］. http：//news. sina. com. cn/o/2017-09-21-doc-ifymeswc8909603. shtml.

理。如实施紧急胸外按压造成肋骨骨折、救助车祸受伤者时造成了新的损害等，医师是否应承担损害赔偿责任？《民法总则》第一百八十四条解决了这一问题，"因自愿实施紧急救助行为造成受助者损害的，救助人不承担民事责任"。

善意救助制度也称为"好撒玛利亚人法""好人法"，核心内容是救助者责任豁免，鼓励见义勇为。在美国，如果一个医生路过车祸现场，发现有人受伤，医生有能力、有条件救治，但他只有道德上的救治义务，而无法律上的救治义务。很多医生害怕承担因抢救带来的各种法律后果，常常袖手旁观。为了鼓励医生发扬救死扶伤的美德，多数州都通过了"善人法规"。该法规规定，如果医生自愿抢救与他无关的人，他可以不因抢救中的过失而承担责任，除非他在抢救的时候非常不负责任[①]。台湾万方医院的医生曾谈到这样一个案例：万方医院一位著名的心脏科医生去美国参加心脏病方面的年会，在去美国的飞机上有一名旅客心脏病发作，急需医生帮助。空姐多次请求医生们出面帮助，同一架飞机上有多位著名的心脏科大夫，但无人响应。后来，台湾的一名医生提供了帮助，患者得救。半年后，法院传票从美国发出，患者以提供救助的台湾医生没有在美国注册、存在医疗过错为由请求损害赔偿。尽管最终法官没有支持原告的诉求，但这位行善的医生也支付了去美国参加庭审的全部成本[②]。换言之，行善之后，诉讼成本支出的可能性已经大增，如果再追究医疗过失责任，成本提升的幅度更大，很难想象，有多少人愿意站出来提供应急救助。因此，即便善意救助人免责，提供救助的人也存在各种风险，而收益却模糊不清甚至没有。本书认为，法律直接规定善意救助人免责，而不是一般过失免责，具有重大意义。

第三节　基于第三人的免责事由

《侵权责任法》第二十八条规定，"损害是因第三人造成的，第三人应当承担侵权责任"。第三人过失理论研究医疗行为与损害结果之间因果关系中断的条件，以及最终的责任承担问题。在医疗损害诉讼中，一类第三人是造成初损害的行为人，如交通肇事、故意伤害事件的责任人；另一类第三人于诊疗开始后才介入，如阻碍 120 急救车通行的人、缺陷药品的生产商。第三人

---

① 李亚红. 美国侵权法. 北京：法律出版社，1999：70.
② 根据台湾地区医事法学界同行介绍的情况。

的行为是引起或者扩大医疗损害的一个因素。

　　假设患者接受了两个以上的医生治疗，第一个医生基于过错造成了损害，后续治疗的医生也有过失加重损害的，后续治疗医生被视为第三人，责任承担的基本规则应是什么？"如被告所造成的初始损害构成了原告后来所受的独立的、进一步损害的必要条件，行为人（agent）应在多么遥远的范围内就作为先前损害连锁反应后果的损害负责，哪怕其他行为人（第三人或者原告）原则上本可通过一定行为来防止这损害的发生。在某些情形下，患者是由于初次损害（first injury），没有能力应付其受到危害的身体状态，进而遭受二次损害（second injury），法院在这里的倾向是（至少在二次损害系于一个短暂时间内发生的情形）将被告的责任扩张至于二次损害。类似地，如果医生过失造成患者损害，第二个医生在治疗初次损害的过程中由于过错又给患者造成进一步损害，一般来说，头一个医生亦应就后一损害负共同连带责任。但这一规则有一例外，如果第二个医生介入行为中的过错与第一个医生相比不成比例（disproportionately faulty）或者与前一过失无甚干系，从而得被界定为一个新介入的行为（novus actus interveniens），打断了第一个医生过错与二次损害之间的因果链条，这时，第一个医生不就后一损害负赔偿责任"①。

　　当介入因素与诊疗行为无关时，如何确定责任呢？通常来说，中断医疗行为与损害之间因果关系的因素应在医疗行为发生后、损害结果出现前"介入"，但医疗损害领域存在某些特殊情况，医疗行为发生之前的因素中断了医疗行为与损害之间的因果关系，典型表现于交通肇事后又出现医疗过失的情形。有学者认为，"必须在行为人之行为与损害结果之间，具有独立介入之原因，（医疗行为）直接引发损害结果"，医方才需负责②。在实际案例中，一般的医疗过失通常会被归责于最初事故责任人，例外是医疗过失达到重大的程度，"只要无重大医疗过失，结果就会被归责于最初的肇事者"，"只有当医疗过失涉及的极其重大的医疗事故或治疗方法超越了事故受害者所需程度时，才不会归罪于最初的肇事者"③。一名在车祸中受伤的原告在医院手术，由于麻醉不彻底导致心脏病发作死亡，由于医院的过失实属重大，法院否认了肇事者的赔偿责任④。医院急救车在运送患者途中，由于未缴纳车辆通行费，收费站拒绝放行，后患者因抢救延误而死亡，家属起诉。法院审理后认为，收

---

　　① 马克·施陶赫. 英国与德国的医疗过失法比较研究. 唐超，译. 北京：法律出版社，2012：61.

　　② 陈聪富. 因果关系与损害赔偿. 北京：北京大学出版社，2006：9.

　　③④ 克雷斯蒂安·冯·巴尔. 欧洲比较侵权行为法：下卷. 焦美华，译. 北京：法律出版社，2004：542.

费站和医疗机构共同造成患者死亡的严重后果，应共同承担赔偿责任①。

原则上来说，第三人侵权时，通过比较第三人和被告的原因力或者过失确定被告是否免责或减轻责任，基本规则详见本章第一节受害人过错部分。

小 结

《民法通则》《侵权责任法》《民法总则》以及《医疗事故处理条例》等卫生管理法律制度都涉及医疗损害的免责事由，具体条款或高度抽象或具体列举。在医疗损害诉讼中，医方通常援引数个条款进行抗辩，但从医方的高败诉率来看，如果不是我国医疗水平过低、普遍存在医疗过错，需要检讨的是医疗损害的免责事由。我国医疗损害免责事由制度问题重重：首先，从立法上看，《侵权责任法》第六十条专门规定了医疗损害的免责事由，但毫无新意，"患者或者其近亲属不配合医疗机构进行符合诊疗规范的诊疗"是受害人过错的主要表现形式，"医务人员在抢救生命垂危的患者等紧急情况下已经尽到合理诊疗义务"，可以归因于损害结果不可避免，也可用来破坏过错要件，至于"限于当时的医疗水平难以诊疗"属于不可抗力的范畴，因此，该三款特别规定，至多是对一般侵权行为免责事由的细化，却没能突破其范围，也没能成为医方免责的重要法律依据；另外，医疗行为本身的高风险性、道德性、技术性等特征，决定了医疗侵权的责任构成和免责事由都有其特殊性，但目前学界对此关注不够，使得医疗损害免责事由类型化及体系构建比较落后，现有的研究成果难以指导司法实践。本书认为，立足于司法实践经验，医疗损害免责事由应包括"受害人同意、受害人过错、受害人特殊体质、损害结果不可预见、损害结果不可避免、紧急避险、善意救助和第三人过错"八大类型，并根据用来免责的主客观因素所依附的主体不同进一步分类，即基于加害人、受害人、第三人主客观因素的免责事由。免责事由存在时，到底发生何种法律效果，各国态度不同，甚至一国之内同案也不同判，原因还是免责或减责、如何免责的问题尚处于争议之中。就我国的案例来说，大多数案件都类推适用过失相抵或者比较原因力规则，判决由各方分担责任，从而使免责事由的免责效果大为降低。因此，确保免责事由切实承担起免责或者减轻责任的立法目的，应是未来关注的主要课题之一。

---

① 唐泽光. 120 急救车无法通行致损害医院担责. 中国社区医师，2011（39）：24.

第九章　基本医疗损害与国家责任

按照我国法律，医疗机构提供医疗服务，因过错造成患者损害的，按医疗侵权处理。特定情形下，如一类疫苗接种、计划生育手术并发症等，在相关各方均无过错的前提下，由国家承担补偿责任。对此，部分医学界人士明确表示不满，认为提供某些医疗服务时，医患之间不再是典型的民事法律关系，而是行政关系，相应地，仅仅按照民法由医疗机构单独承担侵权责任不再合理。法学界则持相反观点，认为医疗机构与患者之间是民事法律关系，不应牵扯上行政法律关系，自然也无国家责任。根据行政法原理，提供具有公共品属性的基本医疗等诊疗服务时，医患之间是否应被定性为行政法律关系？如果答案是肯定的，国家应否承担因此引发的损害赔偿责任？如何承担？

责任的本意是"应尽的义务，分内应做的事"及"没做好分内事而应承担"的不利后果①。国家责任是指"一个国家不仅要为其国民的生存、发展、安全、健康、幸福生活和可持续发展承担和履行责任，同时，国家作为国际社会中的一员，应为全人类的安全、健康、幸福和可持续发展承担和履行责任。广义的国家责任分为国际责任和国内责任两大类"②。照此观点，基本医疗可以归入国家责任中的国内责任范畴。基本医疗政策，要求国家要为国民提供基本的医疗卫生服务。《中共中央　国务院关于深化医药卫生体制改革的意见》（中发〔2009〕6号）计划到2020年普遍建立比较完善的公共卫生服务体系和医疗服务体系、比较科学的医疗卫生机构管理体制和运行机制。因此，在医疗卫生服务领域，国家责任意味着国家有义务确保各项制度顺利实施，并尽可能减少基本医疗制度运行的事实和法律障碍。而在影响基本医疗制度运行的事实和法律障碍中，医疗风险又占据重要位置（详见第二章第五节全

---

① 百度词典"责任"条. ［2014－12－12］. http://dict.baidu.com/s? wd＝％E8％B4％A3％E4％BB％BB&device＝pc&from＝home&q＝.

② 百度词典"国家责任"条. ［2014－12－12］. http://dict.baidu.com/s? wd＝％E5％9B％BD％E5％AE％B6％E8％B4％A3％E4％BB％BB&ptype＝word.

科医疗服务提供者的损害赔偿责任部分）。如果风险依旧，基本医疗制度很难顺利运行。换言之，国家有责任通过制度安排，降低、分担基本医疗提供机构的损害赔偿风险。

第一节　国家责任的理论基础

通说认为，医患之间是民事法律关系。但不可否认的是，至少某些情况下，医患之间符合行政法律关系的条件，甚至是典型的行政法律关系。

一、医疗中的行政法律关系

行政法律关系是指行政主体行使行政职能和接受行政法制监督而与行政相对人、行政法制监督主体所发生的各种关系以及行政主体内部发生的各种关系[①]。在医疗卫生服务领域，一部分医疗行为符合行政给付的特点，还有一部分体现了公认的行政强制法律关系。

（一）行政给付关系

广义上的行政给付包括社会保障行政。社会保障行政是指行政主体为保障人民生活达到一定水准而进行的给付活动，包括公共扶助、社会保险、公共卫生和社会福祉[②]。随着社会进步，服务型政府不断提供免费或者费用低廉的医疗卫生服务，这类服务的福利性质极其明显，因此，有理由将这类服务定性为行政给付。

医疗卫生行政给付的主要内容包括如下几方面：

（1）基本医疗服务。2009 年，《中共中央 国务院关于深化医药卫生体制改革的意见》首次提出：到 2020 年，建立覆盖城乡居民的基本医疗卫生制度。基本医疗服务是指医疗制度中对劳动者或社会成员最基本的福利性照顾，目标是保障劳动者或社会成员基本的生命健康权利，使劳动者或社会成员在防病治病过程中按照防治要求得到基本的治疗，其核心是人人享有，目标是

---

① 姜明安. 行政法与行政诉讼法：第 6 版. 北京：北京大学出版社，高等教育出版社，2015：18.

② 南博方. 行政法：第 6 版. 杨建顺，译. 北京：中国人民大学出版社，2009：33；姜明安. 行政法与行政诉讼法：第 6 版. 北京：北京大学出版社，高等教育出版社，2015：233.

惠及全民①。（2）第一类疫苗接种。根据《疫苗流通和预防接种管理条例》的规定，人体疫苗实行分类管理，一类疫苗由政府免费提供，包括疫苗本身的费用、接种服务费及材料费等，承担接种任务的医疗机构由政府指定。一类疫苗包括列入国家或者地方免疫规划的疫苗、县级以上政府组织的应急接种和群体性接种疫苗。（3）艾滋病患者救助措施。《艾滋病防治条例》规定国家提供下列救助：向农村艾滋病病人和城镇经济困难的艾滋病病人免费提供抗艾滋病病毒治疗药品；对农村和城镇经济困难的艾滋病病毒感染者、艾滋病病人适当减免抗机会性感染治疗药品的费用；向接受艾滋病咨询、检测的人员免费提供咨询和初筛检测；向感染艾滋病病毒的孕产妇免费提供预防艾滋病母婴传播的治疗和咨询。（4）母婴保健技术服务。国家提供的母婴保健技术服务主要包括婚前检查、孕产期保健和新生儿疾病筛查，上述服务由地方政府提供，是否接受由服务接受者自行决定，且部分项目完全免费，如部分省市提供免费的婚前医学检查和新生儿疾病筛查服务。

（二）行政强制关系

行政强制是指行政主体为实现行政目的，对相对人的财产、身体及自由等予以强制而采取的措施②，包括行政强制措施和行政强制执行。为维护社会整体安全，医疗卫生机构有权限制特定疾病患者、疑似者、密切接触者的自由，包括强制检查、强制隔离、强制治疗、强制尸检等。

医疗卫生行政强制的主要事项包括：（1）精神障碍患者强制住院治疗。精神病患者强制医疗最早由刑法学界提出，但并无可操作的明确规则，2012年颁布的《精神卫生法》弥补了这一缺憾。根据《精神卫生法》，原则上，除非患者本人或者近亲属同意，否则医疗机构不得进行确定其是否患有精神障碍的医学检查。如果患者具有自伤行为或者出现自伤危险，其监护人有权决定是否采用强制方式迫使其住院治疗。只有在精神障碍患者"已经发生危害他人安全的行为或者有危害他人安全的危险、监护人阻碍实施住院治疗或者患者擅自脱离住院治疗"时，医疗机构才有权对患者实施强制住院治疗。（2）传染病患者及相关人员强制检验、隔离、治疗。《传染病防治法》第三十九条规定，"医疗机构发现甲类传染病时，应当及时采取下列措施：（一）对病人、病原携带者，予以隔离治疗，隔离期限根据医学检查结果确定；

---

① 张清慧. 基本医疗卫生制度的公共产品属性及供应方式分析. 中国改革论坛. ［2013-07-03］. http://www.chinareform.org.cn/gov/service/Forward/201007/t20100709_34592.htm.

② 姜明安. 行法与行政诉讼法：第6版. 北京：北京大学出版社，高等教育出版社，2015：322.

（二）对疑似病人，确诊前在指定场所单独隔离治疗；（三）对医疗机构内的病人、病原携带者、疑似病人的密切接触者，在指定场所进行医学观察和采取其他必要的预防措施"，"拒绝隔离治疗或者隔离期未满擅自脱离隔离治疗的，可以由公安机关协助医疗机构采取强制隔离治疗措施"，"医疗机构发现乙类或者丙类传染病病人，应当根据病情采取必要的治疗和控制传播措施"。《全国人民代表大会常务委员会关于严禁卖淫嫖娼的决定》第四条第四款规定，"对卖淫、嫖娼的，一律强制进行性病检查。对患有性病的，进行强制治疗"。（3）吸毒者强制隔离戒毒。戒毒分自愿戒毒、社区戒毒、强制隔离戒毒，其中，强制戒毒由戒毒所统一实施。戒毒所内设戒毒医疗机构，是强制戒毒的实际实施者。戒毒所归公安部门监督管理，戒毒所内的医疗机构归卫生行政部门监管。（4）强制尸体解剖检验。《传染病防治法》规定，"为了查找传染病病因，医疗机构在必要时可以按照国务院卫生行政部门的规定，对传染病病人尸体或者疑似传染病病人尸体进行解剖查验，并应当告知死者家属"。

二、医疗机构法律地位

（一）法律、法规授权组织

法律、法规授权组织是指依具体法律、法规授权而行使特定行政职能的非国家机关。法律、法规授权组织具有如下特点：首先，法律、法规授权组织是指非国家机关的组织。它们不同于行政机关，不具有国家机关的地位。它们只有具有刑事法律、法规所授权的行政职能时，才享有国家行政权力和承担行政法律责任；在非行使法律、法规授权时，它们只是一般的民事主体，享有民事权利，承担民事义务。其次，法律、法规授权的组织行使的是特定行政职能而非一般的行政职能。所谓特定职能，即限于相应法律、法规明确规定的某项具体职能或某种具体事项，其范围通常是很窄的、有限的。再次，法律、法规授权组织行使的职能为具体法律、法规所授权，而非行政组织法所授权，而具体法律、法规对相应组织的授权通常是有期限的，通常限于执行某一具体行政事务，该行政事务完成，相应授权即结束①。

医疗卫生机构拥有法律、法规授权执行行政职能的情形有：（1）精神障碍患者强制住院治疗。根据《精神卫生法》，在精神障碍患者出现"已经发生危害他人安全的行为，或者有危害他人安全的危险的"情形时，监护人阻碍

---

① 姜明安. 行政法与行政诉讼法：第 6 版. 北京：北京大学出版社，高等教育出版社，2015：114.

实施住院治疗或者患者擅自脱离住院治疗的，医疗机构有权对患者实施强制住院治疗。（2）传染病患者、病原携带者及密切接触者强制隔离、检查、治疗。根据《传染病防治法》，医疗机构有权对甲类传染病病人、病原携带者隔离治疗，对疑似者隔离观察，对乙类和丙类传染病采取必要的治疗和控制传播措施。（3）强制尸体解剖检验。根据《传染病防治法》，医疗机构有权对传染病病人尸体或者疑似传染病病人尸体进行解剖查验。

（二）受委托组织

行政委托是指行政机关委托行政机关系统以外的社会公权力组织或私权利组织行使某种行政职能、办理某种行政事务。行政机关为什么要委托非行政机关的社会组织行使行政职能、办理行政事务？这是因为：首先，在现代社会，由于经济和社会的发展，行政事务增加，行政职能扩张，行政机关由于受编制、经费等的限制，依靠本身的力量有时难以完成既定行政事务和实现预定行政目标，从而使行政委托成为必要。其次，行政不同于立法和司法，预期性弱、变动性强、不可预料的情况时有出现（如2003年的"非典"），因而行政有时会增加许多临时性的任务。对于新的、临时性的任务，行政不可能也没有必要新设机构。再次，行政有时会遇到某些技术性很强的事务要处理。由于这些事务不是经常性的，行政机关没有必要设置专门的机构和人员来从事相应业务[1]。

医疗卫生机构接受行政机关委托履行行政职能的情形有：（1）基本医疗服务。基本医疗服务尚未立法，但其方式无外乎政府购买或者由政府设置的基层医疗卫生机构免费或者以低廉的收费提供，就目前来看，倾向于采用后者，假如仍无法律授权，医疗机构只能以行政机关委托组织的身份提供基本医疗服务。（2）第一类疫苗接种。一类疫苗接种任务由政府指定的医疗机构承担，且须免费提供服务，因此，在承担一类疫苗接种任务时，医疗机构与政府的关系是委托与被委托。（3）艾滋病患者救助措施。国家为特定艾滋病患者提供免费诊疗服务，医疗机构接受政府委托具体实施。（4）母婴保健技术服务。婚前检查、孕产期保健和新生儿疾病筛查、计划生育等由国家提供服务，医疗机构具体实施，政府与医疗机构之间可能是委托与被委托的关系。（5）性病强制检查、治疗。对有卖淫、嫖娼行为的，一律强制进行性病检查，检查发现患有性病的，政府进行强制治疗。（6）强制戒毒。强制戒毒无疑是

---

[1]　姜明安. 行政法与行政诉讼法：第6版. 北京：北京大学出版社，高等教育出版社，2015：121.

行政强制措施的一种。根据《强制戒毒办法》，强制戒毒决定由公安机关作出、强制戒毒所执行。

医疗机构提供上述服务，其身份并非一概是受委托组织，还需要根据医疗服务公共品属性的强弱具体判断，如政府完全通过市场方式购买医疗服务，则政府与医疗机构、医疗机构与患者之间的关系归民法调整。

三、医疗机构法律责任

（一）执行法律、法规授权事项时的法律责任

被授权组织在行使法律、法规所授行政职能时，是独立行政主体，其行使行政职能直接以授权法为根据，具有与行政机关基本相同的法律地位。可以依授权发布行政命令，采取行政措施，实施行政行为，对违法不履行其义务或违反行政管理秩序的相对人采取行政强制措施或实施行政处罚[1]。当医疗机构根据《传染病防治法》《精神卫生法》实施强制医疗时，是以行政主体的身份、以自己的名义提供医疗服务，根据行政法原理，行为后果也理应由医疗机构承担。但是，同样根据行政法原理，行政主体实施行政行为法律后果的最终承担者是国家，即作为法律、法规授权的组织，医疗机构在执行授权事项时，违法行使职权侵犯公民、法人和其他组织的合法权益造成损害的，应由国家承担赔偿责任。可惜，《国家赔偿法》将行政赔偿的条件限制于行政机关及其工作人员违法行使职权，"非典"的经验表明：国家目前也无意承担强制医疗致人损害时的赔偿责任。

（二）执行行政机关委托事项时的法律责任

受委托组织的法律地位：首先，受委托组织必须在委托的职权范围内行使行政职权、履行行政职责。受委托组织必须以实施行政委托的行政机关即委托行政机关的名义实施行政管理活动，其后果由委托行政机关承担。同时，受委托组织应接受委托行政机关的监督和指导，如果受委托组织在行使行政权力、办理行政事务的过程中有故意或重大过失，委托行政机关可以按照法律规定先负责赔偿，然后行使求偿权，责令有故意或重大过失的受委托组织承担部分或全部赔偿费用。另外，由于受委托组织的具体行政行为引起纠纷或者争议，行政管理相对方向人民法院起诉时，受委托组织不能以被告的身

---

① 姜明安. 行政法与行政诉讼法：第6版. 北京：北京大学出版社，高等教育出版社，2015：118-119.

份应诉，只能由委托行政机关作为被告出庭应诉，因而受委托组织不具有行政主体资格①。作为受托组织，其权利包括依法行使职权和取得履行职责所需要的经费与报酬②。

根据行政法基本理论，医疗机构应以委托机关的名义提供服务，行为后果应由委托机关承担，包括受托组织因过错侵害他人合法权益的情形。但是，行政机关委托医疗卫生机构提供具有公共品性质的医疗服务，却并不承担委托机关责任，医疗机构因过错造成他人损害的，按照民事赔偿规则自行赔偿。例如，《疫苗流通和预防接种管理条例》规定，作为接受地方政府"指定"承担疫苗接种任务的医疗机构，医疗机构与患者的关系首先被定性为民事法律关系，患者因一类疫苗接种受到损害的，优先适用《医疗事故处理条例》，在医疗机构确无过错的情形下，国家承担补偿责任。在《艾滋病防治条例》中也有类似规定，"医疗卫生机构和血液制品生产单位违反法律、行政法规的规定，造成他人感染艾滋病病毒的，应当依法承担民事赔偿责任"。

第二节　国家责任的模式选择

鉴于部分省市基层医疗机构的运营经费由政府全额支付，医疗机构按照政府指令提供收费低廉甚至免费的诊疗服务，也有二级、三级医院执行政府任务，免费提供疾病筛查、特定疾病诊治等服务，上述医疗卫生服务均属于基本医疗的范畴。在提供基本医疗服务时，医患之间原本典型的民事法律关系具备了行政法律关系的特点。理论上，特定条件下，如实行收支两条线的社区提供基本医疗保险诊疗项目、基本药物服务，国家理应承担医疗机构非故意和重大过失所致的损害赔偿责任。具体来说，下述制度模式可供选择。

一、国家赔偿

国家赔偿是指国家机关及其工作人员行使职权，侵犯公民、法人或其他

---

① 百度百科"受委托组织"条. [2014-03-01]. http://baike.baidu.com/view/5659627.htm.

② 姜明安. 行政法与行政诉讼法：第 6 版. 北京：北京大学出版社，高等教育出版社，2015：123.

组织的合法权益并造成损害，由国家承担赔偿责任的制度。国家赔偿具有下列几层含义：（1）国家赔偿的主体是国家。虽然侵权行为是由不同的国家机关或机关工作人员实施的，但是，承担责任的主体不是这些机关或工作人员，而是国家。国家对受害人给予的赔偿来自国库，赔偿费用列入各级财政预算。（2）国家赔偿由国家机关及其工作人员行使职权的行为所引起。国家赔偿限于国家行政机关、法律法规授权行使行政权的组织等及其工作人员职务行为引起的损害，个人行为由个人负责，国家不承担赔偿责任。（3）引起国家赔偿的行为可以是违法行为，也可以是不违法但造成损害后果的行为。（4）国家赔偿以公民、法人或者其他组织合法权益受到实际损害为前提，包括物质损害和精神损害。（5）国家赔偿是一项旨在为相对人提供法律救济的具体法律制度，不限于宪法的规定，而是一项具体的制度，具有现实性和可操作性，赔偿主体、范围、程度都由法律明确设定①。在西方，行政赔偿指因行政主体及其公务人员行使职权给他人造成损害而引起的国家赔偿，包括"因国有公共设施的设置或管理欠缺"。在德国，公立医院被界定为公共设施，国家有义务赔偿受害人的损失。美国联邦医院因错误的医疗行为导致患者病情恶化的，国家负赔偿责任。

（一）国家赔偿是民事赔偿的延续

对于国家赔偿责任的属性，历来存在两种不同的观点。一种观点认为，国家赔偿承担的是民事责任，无论国家机关还是公民过错侵犯他人合法权益的，都应承担法律责任，此观点在普通法系国家较流行。我国《行政诉讼法》《国家赔偿法》颁布实施以前，也将国家赔偿责任列入民事责任的范畴。另一种观点认为，国家赔偿责任承担的是一种国家责任，确立这种责任的目的是为了保护公民、法人和其他组织的合法权益不受国家权力的非法侵害。以法国为代表的大陆法系国家一般都采用后者②。即便采纳第二种观点，我国的国家赔偿也是从民事赔偿发展而来，是对受损权益的恢复和补救，二者的区别主要体现在赔偿主体、赔偿程序、赔偿方式等方面。尽管理论上认为，二者的根本区别是加害行为是否与公共权力的运行有关③，但是，对于基本医疗服务能否纳入公共权力的范畴也存在争议，何况还存在典型的行使公共权力的医疗行为。因此，在基本医疗侵权领域，从受害人救济角度看，民事赔偿与

---

① 薛刚凌. 国家赔偿法. 北京：中国政法大学出版社，2011：1-3.

② 同①4-5.

③ 同①3-4.

国家赔偿并无实质不同。

（二）公共服务国家赔偿是世界潮流

日本、德国、英国等国均规定，国家邮政、铁路、医院等提供公共服务活动违法侵权造成损害的，由国家承担赔偿责任[①]，甚至公共设施侵权国家赔偿也已成为通例[②]。世界范围内，国家赔偿范围不断扩大是大势所趋。以法国为例，法国通过行政法院一系列的判决，确立了非常宽泛的行政赔偿范围，国家几乎承担全部的行政赔偿责任，一些传统理论上认为应该属于国家责任豁免的事项，如行政立法行为、行政机关内部惩戒行为、公有公共设施管理及设置缺陷，在特定条件下都由国家承担赔偿责任[③]。

公务行为的范围日益宽泛。为了使受害人有更多机会获得赔偿，法国对"公务行为"进行了扩大解释，主张只要是为了公共利益而从事的行为，或在行政主体权力控制下工作，即使行为人不具有公务员身份，也被理解为公务行为[④]。日本《国家赔偿法》规定，"行使国家或公共团体权力之公务员就其执行职务，因故意或过失不法加害于他人者，国家或公共团体对此应负赔偿责任"，国家公务员包括了所有国家和公共团体的职员，公务员是执行公务人员的简称，涵盖了国营企业、国立学校的职员，且客观上具有行使职权特征的行为都被认定为公务行为[⑤]。

（三）基本医疗纳入国家赔偿的现实需求

我国制定《国家赔偿法》时，纳入"公共设施侵权"的呼声很高，立法者未予采纳，主要理由是国家财力有限，管理运营公共设施的企事业单位具备相应的赔偿能力[⑥]。同样的理由也可出现在基本医疗国家赔偿的讨论中，不同的是，基本医疗服务的"主力军"——社区卫生服务中心实行收支两条线，缺乏盈利能力，基本不具备自行承担赔偿责任的能力。调研发现，当前社区卫生服务中心的赔偿经费出自办公经费，属"挪用"的范畴。未来，社区卫生服务中心的赔偿经费，要么归国家赔偿这一块，要么纳入政府财政预算，除此别无良策。

---

① 李国建. 关于医疗事故损害赔偿的若干思考. 商业经济，2009（9）：122-124.

② 吕宁. 论公有公共设施致害的国家赔偿. 政治与法律，2014（7）：77.

③ 邱之岫. 中国日本国家行政侵权赔偿制度比较研究. 行政与法，2002（4）：37.

④ 裴宝莉. 比较美法两国的行政赔偿范围. 经济师，2009（4）：93.

⑤ 同③.

⑥ 同②79.

（四）基本医疗纳入国家赔偿的法律依据

《国家赔偿法》第三条规定，行政机关及其工作人员行使职权时，因违法采取限制公民人身自由的强制措施、非法拘禁或以其他方法非法剥夺公民人身自由、造成公民身体伤害或死亡的其他违法行为的，受害人有权获得国家赔偿。根据本条规定，除基本医疗服务机构的工作人员不具备公务员身份外，基本医疗中的公共卫生服务、传染病和精神病的强制诊疗均符合国家赔偿的条件，如上述服务均须限制甚至剥夺公民的人身自由，诊疗措施也有可能造成人身伤害。因此，根据现行《国家赔偿法》，基本医疗侵权可以纳入国家赔偿的范畴。

二、医疗责任保险

医疗责任保险是指在保险期限或者追溯期及承保范围内，被保险人在从事与其资格相符的诊疗护理工作中，因过失发生医疗事故或医疗差错，造成医疗事故，依法应由被保险人承担的经济赔偿责任保险。医疗责任保险也称医疗职业责任保险、医疗执业责任保险等[1]。根据投保人的不同，医疗责任保险又被分为医疗机构责任保险和医师责任保险等。

（一）医疗机构责任保险

20 世纪 90 年代末期，广西、贵州等省份建立医疗机构自主投保、保险公司依据鉴定意见或法院判决核赔的医疗责任保险制度；到 2000 年左右，该形式陷入"低投保、高费率、低赔付"的困境，成为"鸡肋"保险[2]。2007 年《关于推动医疗责任保险有关问题的通知》（卫医发〔2007〕204 号）要求各地"认识医疗责任保险的重要性，积极引导医疗机构转变观念，提高风险防范意识，充分利用保险等经济手段，化解医患矛盾，处理医疗纠纷"。随着我国医生依聘用合同于医疗机构执业，诊疗行为被定性为职务行为，各保险公司纷纷推出医疗机构责任保险。各地医疗机构责任保险制度具有如下特点：（1）以地方行政法规为基础推行"准强制保险"，要求辖区内公立医院应保尽保，鼓励民营医院参保；（2）建立医疗纠纷调解机制，成立第三方调解中心，应理赔的案件由保险公司或承保共同体支付保险金；（3）院方投保，医院、医生和护士等按比例分担保费[3]。

---

① 谭湘渝. 医疗责任保险研究. 上海：上海财经大学出版社，2008：17.
②③ 叶安照，黄巍华. 新时期医疗责任保险制度的改革创新研究. 广西大学学报（哲学社会科学版），2015（4）.

1. 医疗机构责任保险的困境

截至 2014 年，全国仅有近 3 万家医院投保医疗责任险，覆盖率不到 10%[①]，并未发挥"化解医疗风险，保障医患双方合法权益，构建和谐医患关系"的功能，分析原因，主要有以下三点：首先，政府投入不足。面对逐年提高的保险成本，很多基层医疗机构和医生难以负担；有实力、风险较低的医疗机构大多有较强的经济能力自行赔偿，不愿购买保险。这种困境也降低了保险公司提供医疗责任险的动力。其次，缺少可方便获得的、有公信力的医疗责任鉴定渠道。医疗责任鉴定的相关法律不完善，投保和承保风险较大，医院和医生的权益缺乏有效保障。险种开发不能准确反映医疗机构的实际风险情况。大部分医疗责任险只承保因医疗事故而产生的损害赔偿责任，很少承保实践中高发的医疗差错致害赔偿。保险产品不切实际，且费用的厘定也不够科学。导致医疗机构支付的保险费可能会高于医疗机构应赔付额，从而挫伤了医院投保的积极性。最后，医疗责任险的配套服务不完善。医疗机构和医生除了希望在经济赔偿方面获得协助外，更希望能在法律和医疗纠纷协调方面获得协助。

2. 医疗机构责任保险制度的完善

在医疗责任保险"叫好不叫座"的情况下，近年来，学者们纷纷研究强制保险的必要性、可行性。

根据德国法律，凡在德国执业的医师都必须参与医疗事故保险和医师责任保险。在美国，医疗责任保险已有上百年的历史。在科罗拉多、佛罗里达等 10 个州，医疗责任保险属于法定的强制责任保险。在密苏里、加利福尼亚等州，医疗责任保险是医院取得执照时重要的评价因素。英国没有强制立法实行医疗责任保险，但医学会执业守则要求医师必须转移医疗责任风险。美国等国的法律还对保险公司医疗责任保险业务给予低税收支持。

医疗责任保险的组织模式不外乎三种：商业保险模式、互助保险模式和社会保险模式。三种模式各有侧重点和利弊。各国不同的组织模式体现了该国的经济体制、医疗卫生体制以及保险业的发展状况。

因投保人的不同，医疗责任保险可分为三种类型。第一种是以美国为代表的医生自主参保型。不管是强制的还是自愿的，美国的执业医生基本上都购买了医疗责任保险。由于美国医疗损害赔偿案件赔偿额偏高，互助自保的医疗责任保险公司应运而生。该保险公司自身是非商业化的、没有股权资本的法人团体，其经营目的不是为了获利，而是给投保人提供低成本的保险服

[①] 王健. 完善医疗责任保险制度. 经济参考报，2016-03-10 (002).

务，该保险公司的投保人和被保险人合二为一，所有投保的医疗服务者都有权利通过决策机关参与公司的经营，公司的经营结果和收益归全体成员所有。第二种是以英国、加拿大为代表的政府投保型，医院和医生的医疗责任保险费用由政府支付，赔偿费用由保险公司支付。第三种是以日本为代表的团体入保型。日本医师会作为一个团体与保险公司签订合同，对已参加保险的会员医师的医疗过失负有赔偿责任。47 个都道府县医师会还提供一种补充责任保险，以保证医疗纠纷的赔偿。

(二) 医师责任保险

因医师隶属于医疗机构，责任保险以医疗机构为责任主体。但随着医师从"体制人"转变为"自由人"，摆脱了聘用关系的医师们提出了医师责任保险的制度需求①。医师责任保险独立于医院责任保险，指被保险人（医师）于执行医师业务时，因过失、错误、疏漏，违反其业务上应尽的责任，直接导致病人伤亡，依法应承担的赔偿责任，在保险期间内受理赔偿请求时，由承保公司对被保险人负赔偿之责。医师责任保险具有如下特征：（1）医师责任保险以被保险人对受害人承担的损害赔偿责任为标的，是保险人直接保障被保险人利益、间接保障第三人利益的一种双重保障机制；（2）医师责任保险是被保险人分散和转移其赔偿责任的一种方式，它为受害人取得实际赔偿创造了条件；（3）医师责任保险的保险金额具有限制性②。

三、专项赔偿基金

医疗损害隶属于民事责任，在特定情况下，并不排斥国家责任。如因血液或血液制品感染，法国政府在社会保障体系中设立专项基金，先行对受害人全额赔偿。英国的国民医疗服务诉讼委员会处理几乎所有英国公立医院的医疗事故赔付问题。大部分的赔偿资金来自财政拨款，小部分来自医师们的年度"投保"。统计分析表明，国民医疗服务诉讼委员会 2000—2010 年为 5 087 件产科医疗事故买单，赔付了 31 亿英镑，平均单笔赔偿金额有 561 万人民币，"赔得起是因为有专门基金，医院医生不用躲闪"③。2011 年，海南、江苏等地试点基层医疗风险基金，海口是将医疗机构 1‰ 的收入投入基金，用

① 谭湘渝. 医疗责任保险研究. 上海：上海财经大学出版社，2008：33.
② 王欢. 医师责任保险基本法律问题研究. 武汉：武汉大学出版社，2015：33.
③ 腾讯评论. 赔偿脑瘫儿 1.3 亿元值得学习. http://view.news.qq.com/original/intouchtoday/n3123.html.

于购买责任保险及损害赔偿。江苏某县是由政府、机构及个人共同出资组成基金，用于支付损害赔偿金①。

小　结

随着医疗卫生服务回归公益性，国家向公众提供的具有公共品属性的服务项目日益增多，包括基本医疗、一类疫苗接种、艾滋病患者救助、母婴保健技术服务以及其他政府救助专项、强制医疗、强制尸检。即便国家提供的诊疗服务安全性更高，医疗损害仍不可避免。医疗机构提供此类服务，有时依据法律、法规明确授权，有时地位类似受委托组织。无论哪种情形，医疗机构与服务接受者之间的关系都已不再是传统意义上的医患关系，医疗机构不过是行政行为的具体实施者，其行为后果理应归国家解释。如果坚持医疗机构与患者之间仍为民事法律关系，一则理论上难圆，二则也会影响医疗机构的积极性。目前体制下，政府尚可通过各种评比制度、人事安排确保医疗机构"听话"，随着医疗卫生体制改革的深入，政府是否还能如此制约医疗机构，尚待观察。总之，因具有公共品属性的诊疗服务造成损害，国家责任缺位既不合情也不合理。为解除基本医疗服务机构的后顾之忧，基本医疗侵权等应尽快纳入国家责任的范畴，责任保险、国家赔偿、专项赔偿基金等都是可供选择的制度安排，具体哪种制度更合适，则是后续应继续研究的课题。

---

①　本书的风险基金不同于合作医疗非正常超支风险的风险基金。2004 年，财政部、卫生部发布《关于建立新型农村合作医疗风险基金的意见》（财社〔2004〕96 号）。风险基金以县级为统筹单位，基金每年从筹集的合作医疗基金总额中按比例提取，用于解决合作医疗基金非正常超支导致的合作医疗基金临时周转困难。李晓雅. 基层医务人员不再用为赔偿担忧. 中国社区医师，2011-05-06（25）.

结　语

　　基本医疗是"最基本的医疗服务"的简称，是指采用基本药物、使用适宜技术，按照诊疗规范程序提供的急慢性疾病的诊断、治疗和康复等医疗服务①，是由国家保障人人享有的最基本的医疗卫生服务。我党在十八大上明确提出，要为群众提供安全、有效、方便、价廉的基本医疗服务。《基本医疗卫生法》也曾列入十二届全国人大常委会立法规划第一类立法项目②。提供基本医疗服务也会造成患者损害，医方也会面临损害赔偿风险（以下简称医疗风险）。如果法律过于注重患者权益保护，医方很可能采取防御性医疗——为了避免医疗风险和医疗诉讼而采取的防范性医疗措施③。反之，受害患者难以获得合理救济。无论出现哪种情况，患者权益都会受损，要么难以获得适当的基本医疗服务，要么权益受损后无法得到合理赔偿。因此，法律既要确保基本医疗服务范围内医方的行为自由，又要保障受害患者的合法权益，并努力在二者之间寻求平衡，防止顾此失彼。为此，我们将从医疗风险的现状入手，分析医疗风险对基本医疗的影响及原因，并以保障人人获得基本医疗服务为出发点，探讨适当的医疗损害赔偿法律政策。

一、我国医疗风险现状

　　通过回顾性研究发现，在医疗纠纷诉讼中，我国医方败诉比例都偏高、赔偿责任较重，涉事医务人员通常要承担部分或者全部赔偿责任。

（一）医疗风险高、赔偿负担重

　　无论是我国特有的"医闹"，还是符合世界潮流的医疗诉讼、调解，我国

---

① 陈竺. 深入贯彻落实党的十七大精神 努力开创中国特色卫生事业发展的新局面. [2016-04-06]. http://www.moh.gov.cn/wsb/pM30208/200804/671.shtml.

② 全国人民代表大会：基本医疗卫生法立法工作全面启动. [2015-01-06]. http://www.npc.gov.cn/npc/bmzz/jkww/2015-01/04/content_1892366.htm.

③ 刘琼，杨秀群，胡正路. 防御性医疗行为研究进展及启示. 医学与哲学，2006 (8)：58.

医方的败诉比例都偏高，承担的责任较大，医生们"指责"法律"偏袒"患者并非毫无根据。

以诉讼为例，我国患者胜诉率动辄 50%、60%，甚至 70%、80% 以上。根据广州中院发布的 2010—2014 年医疗纠纷审判白皮书，二审判决结案 270 件，其中判令医疗机构承担赔偿责任的案件 173 件，占 64.07%①。山东某地区法院统计 2010—2015 年裁判案件，患者胜诉率高达 92.68%②。有研究者曾以"医疗损害"为关键词搜集裁判文书 243 份，判决医疗机构承担责任的占 99.86%③。域外患方的胜诉率要低得多。英国某一实证研究发现，3% 的患者索赔案件没有发现损害结果，37% 的索赔案件无医疗过错；28% 存在过错、16% 存在损害结果的案件，患者获得了赔偿④。德国法院裁决的医疗纠纷案件中，患者胜诉率在 10% 左右。日本 2006 年的统计显示，患者胜诉率为 35.3%⑤；日本 1990—2000 年的统计显示，患者胜诉率平均为 30%⑥。

我国医患纠纷调解成功率也很高。成功的医疗纠纷调解通常须以医方承担一定的责任为前提，无赔偿的成功调解必然是少数，甚至可以忽略不计，因此，调解成功率几乎等同于医方赔偿率。而 2015 年发布的《中国医改发展报告（2009—2014）》显示，全国医疗纠纷调解成功率超八成⑦。2014 年，人民调解处理医疗纠纷 6.6 万起，调解成功率在 85% 以上⑧。有学者研究了 2008—2013 年南京某区医调委调解的 801 个案例，结果显示，调解成功率达到惊人的 98.63%，其中，赔偿金额低于 5 万元的占 63.2%，平均赔偿额为 7.37 万元⑨。2006 年，日本 53.3% 的和解率也已经达到了创纪录的水平⑩。

"医闹"也是患方获得赔偿的非正式程序，目前仍被广泛"采用"。毫无

①　刘冠南，马伟锋，王格. 约六成案件二审判决医院担责. 南方日报，2015-05-22（A09）.

②　胡晓梅，史华振. 关于《侵权责任法》实施后医疗损害责任纠纷案件的调研报告. 山东审判，2016，32（2）：113.

③　唐小华，段双霞，牛红娟，等. 医疗过失的司法认定探悉. 中国卫生政策研究，2012，5（5）：63.

④　STUDDERT D M, MELLO M M, GAWANDE A A. Claims, errors, and compensation payments in medical malpractice litigation. New England Journal of Medicine, 2006, 354 (19): 2024.

⑤　李明波. 看国外如何处理医患纠纷. 中国中医药报，2013-10-30（7）.

⑥　新美育文. 日本医疗诉讼的现状. 夏芸，译. 清华法学，2003（2）：375.

⑦　白剑峰. 医疗纠纷调解成功率超八成. 人民日报，2015-07-21（13）.

⑧　国家卫生和计划生育委员会. 关于《医疗纠纷预防与处理条例（送审稿）》的起草说明. [2017-06-26]. http://www.nhfpc.gov.cn/zwgk/jdjd/201511/3b9643ca57004569ae44db8b967b49ba.shtml.

⑨　周倩慧，袁受美，李平梁，等. 801 例医患纠纷第三方调解案例分析与研究. 中国医院管理，2015，35（7）：48.

⑩　同⑤.

疑问，对患者来说，与诉讼、调解程序相比，"闹"成本低、收益高，甚至发展到了由专业公司运作的地步。在"闹"的背景下达成的和解协议，患方获赔比例更高、额度更大。只是，私密性的赔付过程、医方息事宁人的态度，使得最终的赔付额度成为第三方无法了解的"秘密"，自无客观统计数据进行佐证。

(二) 医务人员个人支付损害赔偿金

与美、英、日、德等国相比，我国医疗机构承担损害赔偿责任的比例偏高，但涉事医生是否因此分担或承担赔偿责任？对此，我国医学界讳莫如深。实地调研发现，绝大多数医疗机构都建立了追偿制度，但追偿对象、追偿比例不一。一些医疗机构以涉事科室为追偿对象，也有的向涉事医生、科室负责人追偿。就追偿额度来说，全额追偿的医疗机构不在少数，通常的追偿比例为赔偿总额的 20%～50% 不等。无论如何，我国涉事医生会损失部分工资、奖金等私人财产，甚至有被追偿几十万元的医生直接递交了辞职报告。随着医疗责任保险制度的普及，部分医疗风险被保险公司分担，但免赔额内、责任限额外的部分，医疗机构仍须自行承担，涉事医务人员仍旧会被追偿。可见，我国患方获得的损害赔偿，保险赔付金额外的部分，形式上来源于医疗机构，实际上部分或全部由涉事医务人员负担。以北京市为例，1 万元以下、超出 20 万元或者 30 万元的部分，保险公司不予赔偿。2015 年北京市城镇居民人均可支配收入已达 5 万余元，如患者死亡，医疗机构承担全部责任，仅死亡赔偿金一项已达 100 多万元，医疗机构须自行负担 70 多万元至 80 多万元，医务人员个人承担全部或者十几万元，这对医疗机构和被追偿的医务人员来说，都是不小的负担。与我国形成对比的是，有学者研究了美国得克萨斯州 1990—2003 年的 9 525 个医疗纠纷案件，结果表明，98.5% 的案件医院支付给患方的赔偿额度等于或低于保险单限额，医生很少用私人财产支付损害赔偿金[①]。

二、医疗风险是基本医疗的主要制度障碍

从赔偿概率、赔偿额度、个人负担等多方面考察，我国医方的医疗风险大，损害赔偿负担重。对于医院来说，医患矛盾仍在恶化，需要采取措施降

---

① ZEKLER K, SILVER C, etc. Physician's insures limits and malpractice payments: evidence from Texas closed claims. The Journal of Legal Studies, 2007, 36 (2): 9-45.

低医疗风险。从医务人员个人的角度考察，在职业声誉、个人经济损失的双重压力下，外加经济利益激励，采取措施防止医疗风险就变得理所当然。而防御性医疗的种种手段——没必要的检查和治疗、回避高危患者和难度大的处置、带有推脱责任性质的转诊及会诊等①，与基本医疗的要求背道而驰。

（一）阻碍了分级诊疗制度的推行

为确保人人享有基本医疗卫生服务，"基层首诊、双向转诊、急慢分治、上下联动"的分级诊疗制度势在必行。调查发现，目前北京大部分社区卫生服务中心自行诊断的疾病限于上呼吸道感染、急性胃肠炎、泌尿系统感染等非常有限的疾病；对于最常见的高血压、糖尿病等疾病，以不能鉴别诊断为由拒绝初诊，在上级医院诊断之后，仅提供后续的治疗服务。当诊疗服务限制在如此狭小的范围时，医务人员的专业技术水平难以提高，较低的诊疗水平反过来又影响患者的就诊意愿。在"强基层"短期无法实现的情况下，多省采用差别化报销比例政策，以期引导患者自愿接受社区首诊②。以北京市为例，社区门诊报销比例已达 90%，几近免费，但社区的患者仍以老慢病为主。可见，差别化报销比例难以引导患者下基层。青海省于 2013 年率先尝试强制基层首诊，并严控转诊比例③，尽管政策效果明显，但缺乏法律授权的"强制"，又招致诸多批评，患者也不满意。而且，一旦强制基层首诊，医疗风险必会随患者下移到基层，那么，当前三级医院常见的防御性医疗措施将成为基层医疗机构的必然选择，且难以避免随意转诊。如此，即便强制基层首诊，有序就医也会难以实现。

（二）降低了医方采用基本药物、使用适宜技术的主观意愿

基本医疗要求医疗机构采用基本药物、使用适宜技术，如果提供此类服务面临更高的医疗风险，则设法规避是绝大多数人的选择。

受利益和规避风险双重驱动，各级医院特别是三级医院使用基本药物、采用适宜技术的意愿较低，而提供安全性更高、疗效更好的诊疗服务的意愿较强烈。基层医疗机构是提供基本医疗服务的主力军，承担绝大部分的常见病、多发病的诊疗任务。但是，相比上级医院，基层医疗机构诊疗条件较差、技术水平较低，发生医疗差错的概率高，损害赔偿风险大，而风险负担能力

---

①　黄燕. 为防御性医疗"灭火". 医药经济报，2015-05-18（F02）.

②　杨坚，谢添，金晶，等. 我国各省分级诊疗政策分析. 中国卫生经济，2016，35（1）：14-17.

③　胡建辉，韩萍. 青海初现分级诊疗就医新秩序. 法制日报，2014-10-31（6）.

低。出于规避医疗风险之考虑，以社区卫生服务中心、卫生服务站为代表的基层医疗机构缺少提供诊疗服务（包括基本医疗服务）的意愿。即便只有基本药物、适宜技术可供选择，医生也可以通过挑选患者、减少服务、随意转诊等来规避风险。

（三）提高了防御性医疗的发生率

医务人员对目前的医疗损害赔偿现状多有不满，普遍抱怨"只要打官司，医院就得赔钱"，声称会尽力"避免医疗纠纷""采取措施保护自己"。有学者认为，我国每年2万多起医疗纠纷案件①，赔偿额度也不高②，理性的医生们不会为了避免医疗风险而采取防御性医疗措施。实证研究却表明，我国防御性医疗形势严峻。2014年6月，有研究者随机抽取了深圳某区392名医生进行调研，结果表明，避免医疗风险是医生采取非合理医疗措施的主因，当医生感受到医疗服务过程可能存在风险或威胁的时候，就会采取一定的方式和手段保护自己③。2013年，有学者对广东省某市立医院的504名医生进行问卷调查，结果显示，只有19.4％的医生表示不会为了避免医疗纠纷进行"过度检查"和"大处方"，61.9％的医生承认"有时"这么做，其余18.7％的医生选择"经常"这么做④。因此，在医务人员个人支付损害赔偿金的情况下，外加职业声誉等不利后果，医务人员很容易采取防御性医疗措施。

三、医疗风险成为基本医疗制度障碍的法技术原因

医疗行为本身具有高风险性、不确定性——是社会应该容许的风险，应以患者自行承担风险为原则，医方仅在限定条件下承担损害赔偿责任。我国规定医方责任的基本制度是《侵权责任法》，该法第五十四条规定："患者在诊疗活动中受到损害，医疗机构及其医务人员有过错的，由医疗机构承担赔偿责任"。即医方承担责任的法技术工具——构成要件包括：患者遭受损失；患者的损失与医方的行为之间存在因果关系；医方的行为有过错。理论上，损害结果、因果关系、过错行为相互联系，是有机统一的整体，共同发挥归

---

① 黄彩相. 全国法院收结案数量再创新高 审判工作取得新进展. 人民法院报，2015-04-03（5）.

② 白剑峰. 医疗纠纷调解成功率超八成. 人民日报，2015-07-21（13）.

③ 彭康为，黄奕祥. 深圳市某区医生防御性医疗行为的分布和成因调查. 华南国防医学杂志，2013，1（2）：385-386.

④ 柳经纬. 公立医院医生防御性医疗行为及其影响因素研究. 中国卫生政策研究，2014，7（10）：37.

责和免责——承担和免除责任的功能。但在实际案例中，裁判者通常分别考察上述要件。当割裂了三者之间的有机联系时，每个要件都比较甚至非常容易满足，以至于在医疗损害案件中，构成要件理论极易发挥归责作用，罕见产生免除医方责任的功能。

（一）损害结果恒常存在

损害结果是患者在诊疗活动中遭受的人身损害、精神损害和财产损害，由权利受到侵害和利益遭受损失两部分构成。具体来说，是患者生命健康权等权利遭受损害，因权利受损而伴随的人格利益、精神利益及财产损失。

首先，患者生命、健康权受损的损害结果是普遍的。只要患者死亡，即出现生命权受损的损害结果。健康是生理、精神的完满状态，而诊疗行为罕有能达到此种水平的，只要没有完全康复，健康权即受损。

其次，精神痛苦难以避免。只要实施医疗行为——诊断或治疗，就很可能造成接受者的肉体或者精神痛苦，所不同的只是痛苦的程度。就现实案例观察，何种痛苦可被视为具有法律意义的损害结果，对此尚缺明确且统一的认识，但在患者死亡、健康严重受损等案件中，法官通常会支持精神损害赔偿。

最后，诊疗行为需要支付一定的费用，而这些费用的支出是为了保障患者现在或未来的生命健康利益。一旦患者生命、健康权受损的事实得以确认，过去、现在、未来需要支付的以维护生命健康利益为目的的费用都会被法律认可，且患方极其方便就能提供证据，如诊疗费清单、出院医嘱等。

患者本就处于生命、健康权受损的状态，死亡和不能恢复健康是自然状态。而医方一旦未能阻止这一结果的发生，损害结果所要求的各项要素就已齐备。稍具医学常识之人均知，除非完全康复，否则患者都符合这一条件，即医疗损害的损害结果几乎常规存在，少有例外。

（二）因果关系形同虚设

在侵权责任三大构成要件中，各方公认因果关系是必备要件。但是，根据何种标准判断因果关系之有无，各种理论层出不穷，但争议最多、共识最少。霍夫曼勋爵曾有言："临床过失诉讼使得因果关系成了一个着实棘手的难题，这是路人皆知、毋庸讳言"[①]，著名学者王泽鉴先生也自嘲道：值得说的

---

① 马克·施陶赫. 英国与德国的医疗过失法比较研究. 唐超，译. 北京：法律出版社，2012：87.

已经说过多次，不值得说的更说得不少①。但是仍没有哪个理论能够满足司法实践的需要，以至于有学者主张，既然每一种因果关系的理论都存在这样或者那样的缺陷，与其如此，还不如干脆放弃对统一、明确的因果关系规则的追求，由裁判者根据个案自行判断②。总体而言，对于因果关系，学术上众说纷纭，立法上含混不清，实践中举措不定，法官想要哪种结果，都可找到相应的因果关系理论进行论证，以至于有学者评价说，因果关系理论只是武断决定和司法政策的伪装工具，没有任何实际意义③。

学界通说承认因果关系理论的意义，但各种理论主要适于导致损害结果发生——有作为的加害行为侵权的场合，没能阻止损害结果出现——不作为型的侵权行为难以适用。医疗侵权行为的表现形式通常是没能阻止损害结果的发生，如没能及时抢救、诊断、会诊、转诊、治疗等，无论按照哪种作为、不作为区分理论，都属不作为的范畴。以作为方式实施的医疗侵权行为通常限于以下情形：存在禁忌证但仍然实施的医疗行为，造成直接损害的违反技术规范的医疗行为，疫苗接种、计划生育、医疗美容等非诊疗目的性行为。以作为方式实施侵权行为时，侵权行为和损害结果均客观存在，人类可以基于科学实验、历史经验及价值判断，在二者之间建立因果联系。当以不作为方式侵害他人权益时，没有积极的加害行为，客观存在的仅有损害结果；因果联系的建立，是假设加害人履行了法定义务，损害结果必然能够避免。可见，以不作为方式实施的侵权行为，因果关系的判断更加主观，且与过失的判断标准接近。日本有学者认为，医疗侵权因果关系的认定应被过失的认定所吸收④。国内也有类似观点，主张虚化因果关系，用过错来判断责任之有无、大小⑤。

医疗损害通常是多因、多果现象，该点增加了因果关系判断的难度。医疗本身的经验性、高风险性、不确定性，使得医疗损害很少是单一医疗行为所致。在涉及损害的原因为复数的情况下，需要综合考虑以确定医疗行为是不是损害的原因及发挥作用的比例。如果再考虑到损害结果也是复数，还须考虑损害结果之间是否存在因果关系、哪些利益损失是由哪个损害结果造成的，因果关系问题更加复杂，超出人类目前的认知水平，裁判者最终也只好借助主观判断。

---

① 王泽鉴. 侵权行为. 北京：北京大学出版社，2009：182.
② 韩强. 法律因果关系理论研究. 北京：北京大学出版社，2008：2.
③ 张玉敏，李益松. 侵权法上因果关系理论的反思. 云南大学学报，2005，18（6）：2.
④ 吉村良一. 日本侵权行为法. 张挺，译. 北京：中国人民大学出版社，2013：47.
⑤ 王成. 侵权损害赔偿的经济分析. 北京：中国人民大学出版社，2002：198-207.

（三）过错标准脱离实际

在医疗损害案件中，损害结果几乎总是存在，且证明方便。因果关系要件通常是裁判者论证其结论合理的文字工具，且与过错认定标准趋同，因此，过错成为医方责任有无、大小的重要甚至唯一决定性因素。

过错分为故意和过失，医疗损害的过错只能是过失。理论界通常认为，医疗过失是指医方违反了注意义务。此注意义务的判断标准趋同，但名称各异：最善的注意、医疗水准、医疗水平等，法学界的研究通常到此为止。《医疗事故处理条例》进一步规定，违反法律、法规、诊疗规范和常规的诊疗行为存在过失。学界认为应"以卫生部、教育部在全国通用的医学院校统编教材中规定的诊疗标准、用药原则和中华医学会提出的且已被临床广泛运用的诊疗技术作为医疗行为是否合理的一般标准"[1]。本书认为，教科书和医学会的诊疗规范，是医学界的最杰出人士在总结前人所有经验的基础上，针对疾病得出的所有的、通常认为有效的诊断、治疗措施，但基层医院甚至欠发达地区的三甲医院不具备提供如此标准的诊疗服务的客观条件。至于诊疗常规，本就是缺少诊疗规范时的备用选项，且在长期实践中自发形成，缺乏科学性，不够具体、明确，且各个地区、各家医院的常规差异很大，在实际案例中，裁判者并未将其作为过失的判断标准。因此，无论是理论上最善的注意标准，还是实践中采用的教科书、医学会发布的诊疗规范标准，基层医疗机构普遍难以达到，即使三级甲等医院也不能全部执行（照此标准衡量，绝大部分患者接受的诊疗服务或多或少都有未达教科书、诊疗规范标准之处，诊疗行为有过错）。

四、医疗损害赔偿法律政策调整的必要性

由于医疗侵权案件的特殊性，本应共同发挥归责、免责功能的三大构成要件，只有过错要件可能发挥作用。而我国普遍采用的教科书、诊疗规范标准对医方要求过高，医疗过错标准过低，导致过错要件也难以发挥免责功能，终至目前医患双方权益失衡的状态。在侵权法司法领域，在行为自由与权益保护之间寻求平衡的任务，理想状态下应由法技术工具——构成要件独立承担，法律政策发挥填补漏洞、解释法律的作用，并借由一定的判断标准向那些语义不确定的概念注入政策的内容[2]。因此，为了平衡医

---

① 汪海莹. 浅析医疗纠纷中的医疗过错认定. 成都医药, 2005, 31（1）: 54.

② 法理学. 张万洪, 风值水, 译. 武汉: 武汉大学出版社, 2003: 23.

患双方的合法权益，在坚持构成要件理论基本框架的前提下，需调整医疗损害法律政策。

有研究者比较了美国和日本的医疗诉讼，在医疗损害赔偿法律条文相同的情况下，案件最终结果大相径庭。其直接原因是法律政策，再背后的原因是医疗卫生服务体制①。我国医疗损害赔偿法律政策几经变迁，背后的主要决定力量也是医疗卫生服务体制。我国医疗损害赔偿制度经历了几个阶段。第一阶段为无赔偿时期。1964 年，最高人民法院发布了《关于处理医疗事故案件不应判给经济补偿问题的批复》，明确了患者不能获得损害赔偿。第二阶段为限制赔偿时期。20 世纪 80 年代中期，医疗卫生机构获得了一定的自主经营权，具备了一定的营利能力。1987 年，卫生部颁布了《医疗事故处理办法》，规定在构成医疗事故的情况下，患者有权利获得经济补偿。鉴于《医疗事故处理办法》设置的补偿门槛高、额度低，2002 年颁布了《医疗事故处理条例》，规定构成医疗事故时，患者有权获得赔偿，但与一般人身损害赔偿相比，赔偿条件严、赔偿金额低。第三阶段为全额赔偿时期。在限制赔偿时期，最高人民法院已经尝试按照一般人身侵权对患者全额赔偿，如 1992 年《最高人民法院关于李新荣诉天津市第二医学院附属医院医疗事故赔偿一案如何适用法律问题的复函》规定，法院可以依照《民法通则》赔偿患者；2003 年最高人民法院《关于参照〈医疗事故处理条例〉审理医疗纠纷民事案件的通知》，再次重申法官可以突破《医疗事故处理条例》的限制，按照一般人身侵权全额赔偿患者。当前，《侵权责任法》延续了这一规定。

侵权法对损害的救济，借由法技术工具实现，其背后却是法律政策的选择。如果法律政策更倾向于最大限度地维护行为自由，则必然倾向于最低限度的侵权责任②。在计划经济时期，患者无权获得损害赔偿，不存在医疗损害赔偿法律政策。在医疗服务市场化早期，法律政策倾向于保障医方的行为自由，患者能够获得一定的补偿。随着市场化的深入，法律政策越来越倾向于保护患者，目前弊端尽显。如果诊疗服务继续由市场主导，医患双方仅仅是民事合同关系，坚持目前的法律政策并无不可。但是，发轫于 2009 年的医疗卫生服务体制改革将基本医疗定性为公共品，由国家保障供给。毕竟，国家能够用于基本医疗领域的资金有限，理论上，分配给受害患者的越多，则用于为其他患者提供诊疗服务的经费就越少。用于诊疗工作的经费越少，服务

---

① FELDMAN E A. Why patients sue doctors: the Japanese experience. Journal of Law Medicine & Ethics, 2009, 37 (4): 796.

② 姜战军. 损害赔偿范围确定中的法律政策. 法学研究, 2009 (6): 92.

的数量和（或）质量越难以保证、双双减低或者至少必降其一。另外，美国有学者通过实证分析证明，严苛的医疗侵权制度并不能明显减少医疗差错①，对纽约、犹他和科罗拉多州的医疗诉讼案例研究证实了这点②，以产科纠纷为对象的研究再次加以证实③。因此，由政府主导、具有福利性质的基本医疗服务，法律政策理应偏重于保障医方的诊疗自由，适当限制对患者的救济。

五、基本医疗背景下医疗损害赔偿法律政策建议

各国医疗损害赔偿法律政策考量的因素大同小异。以美国为例，法院认为医疗损害法律政策应考虑以下几个因素：（1）患者所受损害与过失侵权行为是否过于遥远；（2）损害是否与侵权行为人的过失完全不相称，如行为人的过失极其微小而患者所受的损害极大；（3）过失侵权行为本来就会产生的损害是否具有超乎寻常的可能性；（4）给予受害者的补偿是否会在将来给广大医疗服务的接受者造成不合理的负担，如导致医疗机构的预防性医疗活动出现，从而增加以后患者的不必要支出；（5）给予原告赔偿是否足以导致欺诈性的医疗损害赔偿诉讼；（6）对赔偿责任的判定是否会造成赔偿责任的范围漫无边际④。有学者概括为以下几点：（1）公平——当事人之间利益均衡，加害人不会负担过重的责任，受害人的利益得到适当保护；（2）效率——考虑司法资源的承受力，防止诉讼爆炸；（3）社会利益——有助于社会整体利益的实现，如引导医生开展适度医疗，减少防御性医疗，降低医疗成本；（4）道德建设——"好人"得到鼓励，如"善人法则"，"善人"仅在重大过失情况下才承担民事责任⑤。

法律政策反映社会或团体的总体目标，目的是使团体成员的社会、经济或政治福利得以整体提升，集体利益或福利的增进具有优先地位，即使这样会导致对个人权利的限制，有时也会被贯彻。耶林也认为，法律是解决个人利益和整体社会利益冲突的手段，社会全体成员的普遍利益优先于个别成员

①　SAGE W M. New directions in medical liability reform. Human Press, 2005, 364 (16): 247.

②　MELLO M M, BRENNAN T A. Deterrence of medical errors: theory and evidence for malpractice reform. Social Science Electronic Publishing, 2002, 80 (7): 1598.

③　LIZUKA T. Does higher malpractice pressure deter medical errors? . The Journal of Law and Economics, 2013, 56 (1): 161.

④　单国军. 医疗损害. 北京：中国法制出版社, 2010: 93.

⑤　李亚虹. 美国侵权法. 北京：法律出版社, 1999: 70.

的利益①。根据上述功利主义观点，本书认为，法律政策应按照下列因素逐级考察：(1) 人人都能获得基本医疗服务。为此，法律政策应首先确保患者群体获得相对安全的基本医疗服务。(2) 保障医方提供基本医疗服务的诊疗自由。因采用基本药物、使用适宜技术造成的损害，医方不承担损害赔偿责任。(3) 医方的损害赔偿负担适当，不会因医疗风险而采取防御性医疗措施。(4) 受害患者获得适当救济，该救济不足以造成欺诈性诉讼。按照上述要求，法律政策应修正为：第一，确保人人享有基本医疗服务，服务提供者有权根据自身条件提供诊疗服务；第二，服务提供者根据自身条件采用基本药物、使用适宜技术造成损害的，不构成医疗过错；第三，基本医疗服务提供者因过错造成患者损害的，承担损害赔偿责任；第四，该损害赔偿责任不会过分加重医疗机构的负担，原则上能被有效转移或分担。

本书认为，上述医疗损害赔偿法律政策应从以下几方面落实：

(一) 医疗过错应考虑医疗机构所在地区、等级、诊疗条件等因素

在不能消除各医疗机构诊疗水平的差异之前，医疗过错的判断标准也应有所区别。美国法早期以"相同地区"的医生标准判断过失的有无，随着社会进步调整为"相似地区"标准，直到 20 世纪 70 年代，广泛的保险使患者有了更多的机会挑选医生和医院后，才修正为"相同或者相似情况下相同级别的"实践者应达到的注意标准，即从"地方标准""相似地区标准"过渡到"同级的国家标准"②。日本学界承认，医疗水准并非整齐划一，应根据该医疗机构的性质、所在地区的医疗环境的特性等诸多情况决定③。这是在经历了种种曲折之后，日本法得出的成功经验④。我国台湾地区一项判决指出，医疗过失应以医疗当时临床医疗实践之医疗水准判断。原则上，医学中心之医疗水准高于区域医院，区域医院又高于地区医院，一般诊所最后，专科医师高于非专科医师。尚不得一律以医学中心之医疗水准为判断标准⑤。

按照主流法学理论，医疗过错通常仅考察诊疗行为是否"安全""有效"，而基本医疗要同时满足"安全""有效""方便""价廉"四个要求。上述要求在某些情况下相互矛盾，过于强调任何一个要素，通常意味着降低对另外一个、二个或者三个要素的要求，如强调"安全"，往往意味着牺牲"方便"

---

① 法理学. 张万洪，冯义水，译. 武汉：武汉大学出版社，2003：251.
② 徐爱国. 英美侵权行为法. 北京：北京大学出版社，2004：105-106.
③ 吉村良一. 日本侵权行为法. 张挺，译. 北京：中国人民大学出版社，2013：47.
④ 夏芸. 再考"医疗水平论"及医疗过失判断标准. 东方法学，2011 (5)：39.
⑤ 陈聪富. 医疗侵权行为之构成要件分析. 台北：元照出版有限公司，2014：41.

"价廉"甚至"有效"。当医务人员关注"方便""价廉"时，必然会有相当比例的"不安全"事件——医疗损害发生。因此，在考察过错时，应将"方便""价廉"纳入考察范围，而"方便""价廉"具有明显的地域性，与医疗机构的级别等也有关系。

我国已有学者注意到，在医疗过错的判断上，法官过于依赖"诊疗规范"，忽视了对合理医生应如何行为的考察，建议赋予法官自由裁量权，以使法律和法官具有改变医疗行为的潜能、信心和机制[①]。为改变当前过错认定标准的整齐划一和不切实际，本书认为，在考察医疗过错时，应纳入医疗机构的地域、等级、诊疗条件等因素。鉴于医疗损害案件鉴定意见的实际地位，鉴定成员应吸纳当地的基层医务人员，同时，通过完善鉴定程序，解决鉴定人员"专业而不中立"的问题。

（二）完善基本医疗服务提供者责任风险分担制度

作为分担基本医疗服务提供者医疗风险的主要制度，执业责任保险或医疗风险基金等应以全额覆盖为原则、自行承担为例外，并最大限度地减轻医务人员的个人责任。

实证研究表明，20 世纪 80 年代美国保险制度改革成效显著，但医疗侵权责任保险领域是例外，既没能降低保费，也没有增加保险公司的利润[②]。相当多的学者支持医疗损害无过错赔偿，并建议据此构建责任保险制度[③]。种种迹象均说明，医疗责任保险制度建设任重道远。本书初步认为，执业责任保险制度可尝试通过以下途径予以完善：修改现行医疗执业责任保险合同，通过增加保费、提高赔付限额等，原则上将医方的损害赔偿责任全部转移给保险公司；建立基层医疗机构补充责任保险，在维持现行医疗执业责任保险制度的基础上，为执业责任保险覆盖范围之外的损害赔偿责任提供保障；建立医务人员个人执业责任保险制度，转移或者分担医务人员个人承担的份额。

我国香港地区公立医院的损害赔偿全部由政府承担，私营医院通过责任

---

① 赵西巨. 论我国立法和司法对法定外在标准的过度依赖. 证据科学，2012，20（3）：297-312.

② VISCUSI W K, ZECKHAUSER R J, BORN P. The effect of 1980s tort reform legislation on general liability and medical malpractice insurance. Journal of Risk & Uncertainty, 1993, 6（2）：180-181.

③ STUDDERT D M, BRENNAN T A. Toward a workable model of "No-Fault" compensation for medical injury in the United States. American Journal of Law & Medicine, 2001, 27（2&3）：252.

保险转移风险。澳门地区将发生在公立医院的医疗诉讼界定为行政诉讼，过失的界定标准是出于故意或明显欠缺担任职务所需之注意及热心①。本书认为，上述经验也可借鉴，可尝试设立基本医疗风险基金。资金可全部来自政府，从基本医疗经费中预留。也可借鉴某些省市的经验，由政府、医疗机构和医师个人三方共同出资。

总之，各国"书本上"的医疗损害赔偿法大体相同，但为了社会效用，"实践中"的法律大相径庭②，其中发挥关键作用的是法律政策。我国现行医疗损害赔偿政策成形于医疗服务高度市场化时期，偏重于保护患者。今后，作为公共品的基本医疗将成为医疗服务最重要的组成部分，法律应优先保障人人获得基本医疗服务。为优先保障作为群体的患者获得基本医疗服务，目前的医疗损害赔偿法律政策应作相应调整，如在修订民法典《侵权责任法》时，修订条文或者立法解释、司法解释，并将调整后的法律政策落实到审判活动中。

---

① 孙大伟. 侵权法律制度比较研究. 北京：法律出版社，2013：176-177.
② 法理学. 张万洪，风值水，译. 武汉：武汉大学出版社，2003：251.

主要参考文献

[1] 杨立新. 医疗损害责任法. 北京：法律出版社，2012.

[2] 李大平. 医事法学. 广州：华南理工大学出版社，2007.

[3] 李燕. 医疗权利研究. 北京：中国人民公安大学出版社，2009.

[4] 单国军. 医疗损害. 北京：中国法制出版社，2010.

[5] 刘鑫. 医疗利益纠纷：现状、案例与对策. 北京：中国人民公安大学出版社，2012.

[6] 夏芸. 医疗事故赔偿法：来自日本法的启示. 北京：法律出版社，2007.

[7] 赵西巨. 医事法研究. 北京：法律出版社，2008.

[8] 杨立新. 《中华人民共和国侵权责任法》条文解释与司法适用. 北京：人民法院出版社，2010.

[9] 奚晓明. 《中华人民共和国侵权责任法》条文理解与适用. 北京：人民法院出版社，2010.

[10] 饶克勤，刘新明. 国际医疗卫生体制改革与中国. 北京：中国协和医科大学出版社，2007.

[11] 葛延风，贡森，等. 北京：中国医改问题·根源·出路. 北京：中国发展出版社，2007.

[12] 汪建荣. 让人人享有基本医疗卫生服务. 北京：法律出版社，2014.

[13] 张新宝. 中国侵权行为法. 2 版. 北京：中国社会科学出版社，1998.

[14] 全国人大常委会法制工作委员会民法室. 《中华人民共和国侵权责任法》条文说明、立法理由及相关规定. 北京：北京大学出版社，2010.

[15] 龚赛红. 医疗损害赔偿立法研究. 北京：法律出版社，2001.

[16] 区结成. 当中医遇上西医：历史与反思. 北京：生活·读书·新知三联书店，2005.

[17] 邱聪智. 民法研究（一）. 北京：中国人民大学出版社，2002.

[18] 王泽鉴. 侵权行为. 北京：北京大学出版社，2009.

[19] 韩强. 法律因果关系理论研究. 北京：北京大学出版社，2008.

[20] 马克·施陶赫. 英国与德国的医疗过失法比较研究. 唐超，译. 北京：法律出版社，2012.

[21] 陈聪富. 因果关系与损害赔偿. 北京：北京大学出版社，2006.

[22] 克雷斯蒂安·冯·巴尔. 欧洲比较侵权行为法：下卷. 焦美华，译. 北京：法律出版社，2004.

[23] 张新宝. 侵权责任法原理. 北京：中国人民大学出版社，2005.

[24] 张新宝. 中国侵权行为法. 北京：中国社会科学出版社，1995.

[25] 全国人大常委会法制工作委员会民法室. 侵权责任法立法背景与观点全集. 北京：法律出版社，2010.

[26] 王绍铭. 医疗纠纷与损害赔偿. 台北：翰芦图书出版有限公司，2004.

[27] 陈志华. 医疗损害责任深度解释与实务指南. 北京：法律出版社，2010.

[28] 王利明. 民法典·侵权责任法研究，北京：人民法院出版社，2003.

[29] 全国人大常委会法工委国家法行政法室，等. 《中华人民共和国执业医师法》释解. 北京：中国民主法制出版社，1998.

[30] 原卫生部医政司《医院感染管理办法》起草小组. 医院感染管理办法释义及适用指南. 北京：中国法制出版社，2006.

[31] 张树义. 行政法与行政诉讼法学. 北京：高等教育出版社，2007.

[32] 耿云卿. 侵权行为之研究. 台北：台湾商务印书馆，1985.

[33] 胡雪梅. 英国侵权法. 北京：中国政法大学出版社，2008.

[34] 薛刚凌. 国家赔偿法. 北京：中国政法大学出版社，2011.

[35] 姜明安. 行政法与行政诉讼法：第6版. 北京：北京大学出版社，高等教育出版社，2015.

[36] 南博方. 行政法：第6版. 杨建顺，译. 北京：中国人民大学出版社，2009.

[37] 黄威. 医患关系的法律性质和法律调整. 医学与社会，2002，15（3）.

[38] 关淑芳. 论医疗过错的认定. 清华大学学报（哲学社会科学版），2002，17（5）.

[39] 姚苗. 英美法对医疗过失的判定原则及对我国的启示. 法律与医学

杂志，2007，14（1）.

　　[40] 卫生部基本职业卫生服务试点工作项目办公室. 基本职业卫生服务试点动态简讯，2008（3）.

　　[41] 马伟宁. 英国国家卫生制度及其对我国基本医疗卫生制度改革的启示. 杭州：浙江大学，2009.

　　[42] 徐国平. 纠正概念 大力发展我国基础医疗卫生服务事业：从"初级卫生保健"中文误译说起. 中国全科医学，2014，17（25）.

　　[43] 卫生部统计信息中心. 第三次国家卫生服务调查分析报告. 中国医院，2005，9（1）.

　　[44] 王梅：基本医疗研究系列报告之一：从生理学和临床医学看基本医疗. 中国社会保险，1997（6）.

　　[45] 周永波. 基本医疗有待科学界定. 中国社会保险，1997（3）.

　　[46] 刘鑫，连宪杰. 论基本医疗卫生法的立法定位及其主要内容. 中国卫生法制，2014，22（3）.

　　[47] 国务院发展研究中心课题组. 对中国医疗卫生体制改革的评价与建议. 卫生政策，2005（10）.

　　[48] 孙逊. 基本卫生服务均等化界定、评价及衡量方法. 卫生软科学，2009，23（4）.

　　[49] 张洪才. 关于基本医疗服务若干问题的思考. 卫生经济研究，2012（2）.

　　[50] 李少冬. 政府保障基本医疗服务的责任. 中国卫生经济，2004，23（12）.

　　[51] 梁鸿，朱莹，赵德余. 我国现行基本医疗服务界定的弊端及重新界定的方法与政策. 中国卫生经济，2005，24（7）.

　　[52] 和春雷. 基本医疗的政策定位：抓大病、放小病. 中国国情国力，1998（11）：14.

　　[53] 刘子锋，曹培杰，程跃华. 美国"基本医疗服务"的界定及借鉴意义. 医学与法学，2014，6（4）.

　　[54] DICKINSON J A. 谈谈全科医学与全科医生. 全科医生，1999（1）.

　　[55] 杨秉辉. 全科医学的全与专 全科医生有特定专业技能. 健康报，2008-02-29.

　　[56] 李曼春，聂建刚. 世界家庭医生组织第12届亚太地区大会会议纪要. 中华全科医师杂志，2002（9）.

[57] 姜红玲. 从医生费用控制视角谈社区卫生事业发展方向. 中南财经政法大学研究生学报，2007（6）.

[58] 卢祖洵，姚岚，金建强，等. 各国社区卫生服务简介及特点分析. 中国全科医学，2002，5（1）.

[59] 郭清. 北京：中国社区卫生服务可持续发展的关键问题分析与政策建议. 中国全科医学，2007，10（2）.

[60] 杨辉. 社区卫生服务守门人好不好. 中国全科医学，2007，10（1）.

[61] 杨立新.《侵权责任法》规定的医疗损害责任归责原则. 河北法学，2012，30（12）.

[62] 赵西巨. 我国《侵权责任法》中的医疗产品责任立法之反思. 东方法学，2013（2）.

[63] 艾尔肯. 论医疗过失的判断标准. 辽宁师范大学学报（社会科学版），2007（3）.

[64] 肖青山. 论侵权损害赔偿范围之确定. 长沙：湖南师范大学，2008.

[65] 陶翔. 医疗不作为侵权问题研究. 成都：四川大学，2007.

[66] 韩强. 法律因果关系理论学说史述评. 上海：华东政法大学，2007.

[67] 张小义. 侵权责任理论中的因果关系研究：以法律政策为视角. 北京：中国人民大学，2006.

[68] 李彭. 侵权行为法之因果关系问题探究. 上海：华东政法大学，2008.

[69] 李德钧，史志旭. 谈 12 宗输血感染诉讼案. 中国卫生法制，2005（1）.

[70] 郭升选，李菊萍. 论医疗注意义务与医疗过失的认定. 法律科学，2008（3）.

[71] 汪海莹. 浅析医疗纠纷中的医疗过错认定. 成都医药，2005，31（1）。

[72] 陈子平. 医疗上充分说明与同意之法理. 东吴大学学报，2000，12（1）.

[73] 赵西巨，王瑛. 论美国法中的知情同意原则及我国的立法思考. 南京中医药大学学报（社会科学版），2004，5（3）.

[74] 马辉. 患者医疗信息知悉现状调查. 卫生软科学，2013，27（3）.

[75] 马辉. 论我国患者知情权的司法保护. 广西社会科学，2011（8）.

[76] 王平荣. 医疗纠纷案件审理的法律适用若干问题初探. 法律与医学杂志, 2005, 12 (2).

[77] 今西二郎. 所谓替代医疗. 李胜军, 译. 日本医学介绍, 2000, 31 (8).

[78] 温亮, 唐燕, 祖述宪. 有关替代医疗的若干问题. 国外医学: 社会医学分册, 2000, 17 (3).

[79] 胡宜. 补充和替代医疗. 日本医学介绍, 2007, 28 (2).

[80] 李冬, 常林. 替代医疗方案的法律解读. 中国卫生法制, 2013, 21 (6).

[81] 周士逵, 曾勇. 过度医疗行为的法律研究. 北川医学院学报, 2007 (2).

[82] 杨丽珍. 论过度医疗侵权责任. 人文杂志, 2011 (1).

[83] 姚宝莹. 统一的临床诊疗指南缺失过度医疗在所难免. 首都医药, 2010 (1).

[84] 陈文姬. 从急诊内科抢救室患者医疗费用看"过度医疗". 中国伦理学杂志, 2008 (3).

[85] 尹钛. 医治 VS 治医: 一个世界性难题. 中国社会导刊, 2004 (11).

[86] 张冉燃. 被植入体内的"GDP". 瞭望, 2009 (48).

[87] 杨立新. 北京: 中国医疗损害责任制度改革. 法学研究, 2009 (4).

[88] 杨立新. 论医疗损害责任的归责原则与体系. 中国政法大学学报, 2009 (2).

[89] 刘典恩. 适宜技术与诊疗最优化的可行性研究. 医学与哲学, 2005 (7).

[90] 杜治政. 过度医疗、适度医疗与诊疗最优化. 医学与哲学, 2005 (7).

[91] 李云琴, 唐罗生, 贺达仁. 白内障手术中的适宜技术与诊疗最优化. 医学与哲学, 2007 (5).

[92] 李本富. 从 550 万天价住院费透视过度医疗. 家庭医学, 2006 (1).

[93] 潘传德. 医疗检查合理性及其相关问题研究. 武汉: 华中科技大学, 2010.

[94] 李国建. 关于医疗事故损害赔偿的若干思考. 商业经济, 2009 (9).

[95] 吕宁. 论公有公共设施致害的国家赔偿. 政治与法律, 2014 (7).

［96］邱之岫. 中国日本国家行政侵权赔偿制度比较研究. 行政与法，2002（4）.

［97］裴宝莉. 比较美法两国的行政赔偿范围. 经济师，2009（4）.

［98］Morgan v. McPhail, 449 Pa. Super. 71；672 A. 2d 1359；1996 Pa. Super. LEXIS 453.

［99］Stover v. Association of Thoracic & Cardiovascular Surgeons 431 Pa. Super. 11；635 A. 2d 1047；1993 Pa. Super. LEXIS 3801.

［100］Kremp v. Yavorek 2002 Pa. Dist. & Cnty. Dec. LEXIS 126；57 Pa. D. & C. 4th 225.

［101］Dible v. Vagley, 417 Pa. Super. 302, 612 A. 2d 493 (1992).

［102］Finney v. Milton S. Hershey Med. Ctr. of the Pa. State U..., 36 Pa. D. & C. 4th 464.

［103］Bonn-Miller v. Carella 1998 Pa. Dist. & Cnty. Dec. LEXIS 33；40 Pa. D. & C. 4th 12.

［104］Matthies v. Mastromonaco 160 N. J. 26；733 A. 2d 456；1999 N. J. LEXIS 833.

［105］Glover v. Griffin Health Servs. , 2006 Conn. Super. LEXIS 1841.

［106］Sard v. Hardy, 281 Md. 432；379 A. 2d 1014；1977 Md. LEXIS 605；89 A. L. R. 3d 12.

［107］2003 ND 64；660 N. W. 2d 206；2003 N. D. LEXIS 75；125 A. L. R. 5th 733.

［108］Glover v. Griffin Health Servs. , 2006 Conn. Super. LEXIS 1841.

［109］Stover v. Association of Thoracic & Cardiovascular Surgeons 431 Pa. Super. 11；635 A. 2d 1047；1993 Pa. Super. LEXIS 3801.

［110］Badger v. McGregor 2004 Ohio 4036；2004 Ohio App. LEXIS 3684.

［111］Mitchell v. Ensor 2002 Tenn. App. LEXIS 810.

［112］Weidl v. Gfeller 1992 Conn. Super. LEXIS 2665.

［113］Backlund v. Univ. of Wash 137 Wn. 2d 651；975 P. 2d 950；1999 Wash. LEXIS 194.

［114］Schreiber v. Physicians Ins. Co, 2003 Pa. Dist. & Cnty. Dec. LEXIS 183；64 Pa. D. & C. 4th 21.

［115］Matthies v. Mastromonaco 160 N. J. 26；733 A. 2d 456；1999 N. J. LEXIS 833.

后　记

本书是 2013 年度北京市社会科学基金项目成果。

2013 年前后，学界热议《基本医疗卫生法》，尽管对于何为基本医疗争议巨大，但基本共识是：基本医疗服务需要满足"安全""有效""方便""价廉"几个条件，而传统侵权法理论为医生设定的注意义务标准是"最善的注意""万全的注意"。显而易见，"最善""万全"与"方便""价廉"通常无法兼顾，导致基本医疗服务的要求与医疗侵权理论之间存在矛盾。假定基本医疗是国策，则医疗侵权责任理论须修正。基于此，笔者以"与基本医疗相适应的损害赔偿规则研究"为题申请研究资助。

本项目负责人为笔者马辉，项目编号是 13FXB020，信誉保证单位是首都医科大学。项目组成员还包括：首都医科大学卫生法学系教师唐超、刘扬、林中举，北京大学附属口腔医院医务处研究员施祖东，宣武医院医患办研究员李作兵，昌平法院法官王琳。

按照预定研究计划，项目组首先进行了"基本医疗卫生服务的起源、概念、特点及范围""现行医疗损害赔偿制度对基本医疗的影响"的调查。为此，召开小型研讨会 5 次，座谈对象以全科医疗团队和全科医生为主。专家访谈共 40 人次，访谈对象包括一线医务人员、卫生管理人员、法学专家、司法实务人员。调查结果表明，全科医疗是最典型的基本医疗，而损害赔偿风险是妨碍全科医生提供"安全、有效、方便、价廉"服务的最重要的因素。换言之，如果医疗风险依旧，医生包括全科医生只能选择提供"安全"的诊疗服务，"有效"处于不太重要的位置，"方便""价廉"很难被考虑。因此，《基本医疗卫生法》的推行，的确需要与之相适应的医疗侵权责任制度及理论。

毫无疑问，全科医疗是最典型的基本医疗。如欲全科医疗机构及医务人员切实履行常见病、多发病的诊疗义务，并提供"安全、有效、方便、价廉"的诊疗服务，则医疗侵权制度及理论需作如下修正：医疗过失的考量纳入医疗机构地域、资质等因素；患者知情同意的事项应大幅度限制，产生风险概率高、损害后果严重的诊疗项目才应在患者知情的条件下由患者行使选择权，患者所需知道的信息应限于实质性风险、一整套的替代医疗方案；可操作的医疗产品侵权责任应采用过错责任原则。

适当的医疗侵权责任理论有助于扭转普遍的防御性医疗的恶劣局面，但损害赔偿风险依然存在。考虑到基本医疗的公共品性质，国家应承担基本医疗服务导致的损害赔偿风险。国家承担责任的形式不限于国家赔偿，还可考虑医疗责任附加保险、医疗损害赔偿基金等。具体哪种模式更适合，则是下一步的研究课题。

笔者本科专业是临床医学，在医生岗位工作了十几年，会不自觉地站在医生的角度思考问题：该制度会对医生产生什么影响？医生们会如何应对？思考的结果通常带有悲观绝望的色彩，各种制度要么难以落实、要么被扭曲变形，总之，立法目的往往落空。也因此，本书经常批评现行制度，但站在医生角度的制度完善建议又走向"保守"。

本书的观点有些与法学界主流观点背道而驰，"离经叛道、顽固保守"，难以见容于法学界。感谢首都医科大学、北京市社会科学基金支持本研究，感谢卫生管理与教育学院的领导、卫生法学系全体同人对本研究工作的支持，感谢项目组成员的辛勤工作，更要感谢导师杨立新教授、孙东东教授的指导与帮助。

感谢支持研究、出版工作的各位！

图书在版编目（CIP）数据

基本医疗背景下医疗损害责任研究/马辉著． —北京：中国人民大学出版社，2018.8
ISBN 978-7-300-25433-3

Ⅰ．①基… Ⅱ．①马… Ⅲ．①医疗事故-赔偿-研究-中国 Ⅳ．①D922.164

中国版本图书馆 CIP 数据核字（2018）第 006440 号

北京市社会科学基金项目
基本医疗背景下医疗损害责任研究
马　辉　著
Jiben Yiliao Beijing Xia Yiliao Sunhai Zeren Yanjiu

出版发行	中国人民大学出版社		
社　　址	北京中关村大街 31 号	**邮政编码**	100080
电　　话	010 - 62511242（总编室）		010 - 62511770（质管部）
	010 - 82501766（邮购部）		010 - 62514148（门市部）
	010 - 62515195（发行公司）		010 - 62515275（盗版举报）
网　　址	http://www.crup.com.cn		
	http://www.ttrnet.com（人大教研网）		
经　　销	新华书店		
印　　刷	北京玺诚印务有限公司		
规　　格	165 mm×238 mm　16 开本	**版　　次**	2018 年 8 月第 1 版
印　　张	15.5 插页 1	**印　　次**	2018 年 8 月第 1 次印刷
字　　数	272 000	**定　　价**	49.00 元